シリーズ
総合政策学をひらく
Exploring New Horizons in Policy Management

公共政策と
変わる法制度

慶應義塾大学総合政策学部

シリーズ「総合政策学をひらく」刊行にあたって

　未来を考える。そのための学問を展開してきた慶應義塾大学湘南藤沢キャンパス（以下 SFC）において、総合政策学部は、未来を切りひらくための政策を考えることを学部の教育と研究の中心に置いてきた。政策を「人間が何らかの行動をするために選択し、決断すること」と捉え（加藤 1989）、また「人間の行動が社会であり、その社会を分析する科学は、総合的判断に立脚しなければ成り立たない」という認識のもとに、総合政策学という学問が存在している（加藤・中村 1994）。この総合政策学という学問が生まれ、SFCに総合政策学部が設置されてから 30 年あまりが経過した。

　いま私たちが生活する社会は、大きく変動している。社会が共有してきた価値や利益は流動し、社会が了解してきた規範や制度といったゲームのルールは動揺している。これまで当然のこととされてきた前提の多くは変化している。グローバル化と相互依存の深化は、国際社会の平和と繁栄を保証すると見做されてきたが、現実の国際社会は異なる姿を示している。自由民主主義は、社会が追求する政治体制の既定値であって、これが後退することはないと考えられてきた。しかし自由民主主義の退潮、権威主義の台頭という認識が広まっている。情報通信技術の進歩は、自由民主主義の深化につながると理解されてきたが、それは権威主義の強化に貢献する側面もあることが分かってきた。

　社会が共有していると信じる利益や価値は、時間の経過とともに変化する。社会の秩序は流動する。社会問題の多くは、従来型の解決方法に常に懐疑的であり、常に新たな発想を要求している。

　SFC は、総合政策学を、現実社会の問題、すなわち政策問題を実践的に解決する取り組みをつうじて知の蓄積を図ろうとする、「実践知の学問」と定義している（國領 2008）。そうであるがゆえに総合政策学は、常にあるべき自らの姿を問い続けるべきもの、と理解してきた。「社会が変わり続ける限

り、総合政策学の知見は常に古くなりつつあり、更新され続けなくてはならない。社会に間断なく問題が生まれ続ける限り、これだけ学んでおけば良いという固定化された知識では不十分である」と（土屋 2021）。

　そもそも社会の問題は、必ずしも、特定の学問領域に立ち現れるわけではない。問題を解くための有効な政策的判断を導くためには、複数の学問分野からの視点が必要である。学問には、それぞれ固有の研究対象としての領域がある。経済活動を対象とする経済学、法律を扱う法学、政治現象を分析する政治学がある。これに対して総合政策学は、既存の学問領域とは異なる性格を持つ。既存の学問を discipline oriented の学問と捉えるのであれば、総合政策学という学問は issue oriented の学問といえる。より正確にいえば、総合政策学は、discipline oriented の学問を前提としながらも、社会問題の解決の方向性と具体的な解決手段である政策を検討し、その実践のあり方を模索する issue oriented の学問である。

　総合政策学が、個々の先端的な学問領域に通暁しつつも、それを総合的に捉え直して、問題解決のために学際領域に踏み込もうとする学問と理解される理由はここにある。総合政策学が魅力的であるのは、秩序の流動と社会問題の変化を的確に捉え、問題の変化に適応する学問を構築しようとする考え方を備えているからである。

　SFC と総合政策学部は、その開設から 30 年あまり、総合政策学のあるべき姿を繰り返し自問してきた。その最も包括的な取り組みが、学部の創設から 10 年を機に刊行された、シリーズ「総合政策学の最先端」（全 4 巻）である[1]。同シリーズは、総合政策学を「大きな変革を経験しつつある人間社会の動向を的確に理解するための視点としての方法ないし研究領域」と定義した（小島・岡部 2003）。そしてシリーズを刊行するための基盤となった研究プロジェクトが、「文部科学省平成 15 年度 21 世紀 COE プログラム『日本・アジアにおける総合政策学先導拠点』」であった。ここで総合政策学は「実践知の学問」と簡潔に定義された。研究プロジェクトの軌跡と成果は、慶應義塾大学学術情報リポジトリ（KOARA）に納められている（総合政策学ワーキングペーパーシリーズ 2003）。

　そしてこのたび総合政策学部は、SFC 創設 30 年を区切りとして、シリー

ズ「総合政策学をひらく」を刊行する。シリーズ「総合政策学をひらく」は、これまでの総合政策学の歩みを振り返り、現在の総合政策学の姿を確認し、これからの姿を展望する試みである。SFC で修学することを選択した学生たちが 30 年先の世界を切りひらく学問を示そう、という試みである。本シリーズは、『流動する世界秩序とグローバルガバナンス』、『言語文化とコミュニケーション』、『社会イノベーションの方法と実践』、『公共政策と変わる法制度』、『総合政策学の方法論的展開』の 5 つの巻によって構成されている。各巻のねらいは、それぞれの「はじめに」および「序章」が詳細に論じている。

　本シリーズの編集委員会は、2021 年 8 月に立ち上がった[2]。2019 年 12 月にはじまった新型コロナウイルス感染症の世界的な感染爆発、そして 2022 年 2 月のロシアによるウクライナ侵攻は、人間社会に大きな衝撃をあたえ、秩序の流動を強く促している。所収された各論文の筆者は、30 年後の世界に生きる学生たちの姿を思いながら執筆したに違いない。

　本シリーズの刊行は、湘南藤沢キャンパス教職員、慶應義塾大学出版会の編集担当者による共働の成果である。関係するすべての方と本シリーズの刊行を慶びたい。刊行にあたっては、慶應義塾大学からさまざまなご支援をいただいた。伊藤公平塾長、土屋大洋常任理事に感謝したい。

2023 年 1 月

総合政策学部長　加茂具樹

1)　岡部光明編『総合政策学の最先端 I　市場・リスク・持続可能性』慶應義塾大学出版会、2003 年。金子郁容編『総合政策学の最先端 II　インターネット社会・組織革新・SFC 教育』慶應義塾大学出版会、2003 年。梅垣理郎編『総合政策学の最先端 III　多様化・紛争・統合』慶應義塾大学出版会、2003 年。香川敏幸・小島朋之編『総合政策学の最先端 IV　新世代研究者による挑戦』慶應義塾大学出版会、2003 年。
2)　編集委員会は、加茂具樹総合政策学部長・教授、神保謙総合政策学部教授、廣瀬陽子総合政策学部教授、宮代康丈総合政策学部准教授、山本薫総合政策学部専任講師、琴坂将広総合政策学部准教授、宮垣元総合政策学部教授、新保史生総合政策学部教授、和田龍磨総合政策学部教授、桑原武夫総合政策学部教授、清水唯一朗総合政策学部教授によって組織された。

参考文献

加藤寛（1989）、「未来は君たちのものです 慶應義塾 SFC を志望する諸君へ」『慶應義塾大学湘南藤沢キャンパス 総合政策学部 環境情報学部 （1990 年 4 月開設）』慶應義塾湘南藤沢新学部開設準備室。

加藤寛・中村まづる（1994）『総合政策学への招待』有斐閣。

小島朋之・岡部光明（2003）「総合政策学とは何か」『総合政策学の最先端』慶應義塾大学出版会。

「平成 15 年度 文部科学省 21 世紀 COE プログラム研究拠点形成補助金『日本・アジアにおける総合政策学先導拠点』研究成果」（総合政策学ワーキングペーパーシリーズ 2003）https://koara.lib.keio.ac.jp/xoonips/modules/xoonips/listitem.php?index_id=77910

國領二郎（2006）「巻頭の辞」、大江守之・岡部光明・梅垣理郎『総合政策学 問題発見・解決の方法と実践』慶應義塾大学出版会。

國領二郎（2008）「政策 COR の軌跡と意義」『KEIO SFC JOURNAL』第 8 巻第 I 号、7–19 頁。

土屋大洋（2021）「巻頭言 特集 古くて新しい総合政策学のすすめ」『KEIO SFC JOUR-NAL』第 21 巻第 I 号、4–5 頁。

目　次

はじめに

　総合政策における「総合」には、理念や構想、政策立案および制度設計、政策実施から評価に至る一連の過程の全体を対象とすることが含まれている。これらの諸要素は相互に依存しており、学問分野間の対話だけでなく、政策研究と政策実践との相互往復も求められる。とりわけ、変革期、混迷の時代にあっては、既存の理論や培われた経験則だけでは対応することが難しく、こうした学問的・実践的取り組みが一層要請されている。

　本巻は、これからの公共政策の考え方、分析と評価、方向性についてその指針を提示する論考から構成される。その上で、様々な政策領域において、政治システム・行政機構・経済情勢のもと、実際にどのように政策形成がなされているのかという現状を跡づけるとともに、新しい政策課題を提示する上で求められる検討を行い、技術革新や社会の変容に伴い生じる新しい制度整備に向けた考え方を提示している。

　私たちの社会が成り立っているのは、多種多様な政策に基づいて、社会や経済の方向性が示されているからにほかならない。この巻では、様々な政策領域において、具体的にどのようなことが検討され、政策が立案されて、実際にその政策を実現するために必要な法整備などの手法や考えが示されている。

　しかしながら現実の政策立案にあたっては、しばしば個別の政策が極めて複雑で学問的にも高度な内容を含むことから、その分野の専門家でなければ

政策の全容を理解することも、政策立案の妥当性の判断も難しい。このため、本書を構成する各論考では、一般の人にもわかりやすく、政策立案のプロセスから実際にどのような政策を検討し実施することが求められているのかといった現実の問題にも焦点を当てている。さらに、専門的な各政策分野の課題や展望に至るまで解説がなされていることから、身近な問題として各政策分野の問題を把握、理解し実感することができる内容となっている。

　社会における様々な政策は、その時々の社会の状況に応じて変わるものである。1990年に慶應義塾大学湘南藤沢キャンパス（SFC）が開設されてから30年以上が経過したが、30年前の社会と現在の社会で決定的に違うところは、インターネットを用いて情報をやり取りしたり、SNSやスマートフォンが日常的に利用される状況はSFC開設当時は存在しなかったことである。情報化社会の急激な進展によって、検討しなければならない政策が大きく変わるとともに、その検討の方法も劇的に変化している過程は、SFCの歴史そのものでもある。

　例えば、政策立案に必要な情報を調査するときに、30年前は、膨大な量の紙の文書からなる書類を随時確認して、政策立案をする際の検討資料としていた。現在は、データベースやネットワークで政策立案に必要な情報を効率的に調査することができるようになっており、政策立案に必要な情報量やその取得スピードも大きく変容を遂げている。

　これからの30年は、研究開発が進み実用化が少しずつ進んでいるAIやロボットなど新興技術（エマージングテクノロジー）の進展によって、これまでの30年間において経験した政策立案の劇的な環境変化とその対象となる社会の変化と同様、またはそれ以上の変化が加速度的に生じると考えられる。その変化と今後の展望を、本書の各論考を通じて考える機会としていただければ幸いである。

新保史生・和田龍磨

第Ⅰ部
公共政策の理念と評価

第*1*章 社会的選択理論と公共選択論
センの規範とブキャナンの洞察の狭間で

小澤太郎

はじめに

　私の専門は公共選択論であり、本務校でも「公共選択論」という科目を担当してきた。ところで、公共選択（public choice）とよく似た社会的選択（social choice）という言葉があるのだが、経済学あるいはより広く政治学等も含めた領域の少なからぬ研究者が、これらの2つの言葉の間にかなり異質なイメージを持っていると言ったら意外に思われるであろう。

　まず、公共選択論の定義を述べると、主としてミクロ経済学、ゲーム理論の分析手法を用いて、政治現象を説明し、政治と経済の相互依存関係を明らかにし、法制度、社会的規範の存立根拠を解明していく学問ということになる。上記のゲーム理論とは、数学者のジョン・フォン・ノイマン（John von Neumann）と経済学者のオスカー・モルゲンシュテルン（Oskar Morgenstern）が生み出した、社会を構成するプレイヤーと呼ばれる主体（人、組織等）間の、戦略的相互依存関係を分析する数理社会科学的理論である。

　公共選択論は平たく言えば、政治経済学であり、さらに政治の経済学も含まれる。経済学的に望ましいとされる経済政策がなぜ政府により実行されないのかを検討するには、政策決定プロセスにまで立ち入った分析が必要であり、まさに学際的な政治経済学の領域に含まれる。また、政治の経済学とは、従来政治学の領域で扱われていた政党や有権者の行動を、経済学的な分析手法を用いて分析する等が例として挙げられる。分析手法は、数学的な理論分析やデータ分析だけでなく、制度や歴史を丹念に調べ上げていく帰納法的なものも多く、様々である。

それに対して、次節以降で説明される社会的選択理論は、個別の政策的課題を俎上に載せるようなやり方ではなく、集合論に依拠したフォーマルなモデルを用いて、道徳哲学的な問題を探求する規範的研究が大勢を占めてきた。したがって、公共選択論の研究者からは、社会的選択理論の研究者は数理モデルの世界の住人であり、非現実的な虚学に生きる人々と見なされる傾向が強かったのではないか。逆に、社会的選択理論の研究者からは、公共選択論の研究者は日々の政策課題に詳しく、政治的なウラ事情にも通じてはいるが、深い洞察に基づいた本質的理解には至らない人々と見なされる傾向があったように思う。

実は上記のどちらの見方も相手の学問領域に対する不勉強が招いた偏見であるというのが私の見解であり、本章はこうした偏見を少しでも正す目的で社会的選択理論と公共選択論の間を架橋しようとするささやかな試みである。

I　社会的選択理論とはいかなる学問か

私たちはスーパーで買い物をしたり、レストランで夕食のメニューを選んだり、自治体から送られてきた接種券で新型コロナワクチンを接種するかどうかを決めたり、選挙の際に候補者の誰かに投票する等、いろいろな選択の場面に直面する。そして、こうした場面に共通する特徴は、与えられた様々な選択肢の中から、自分にとって望ましいと思われる選択肢を選んでいるということである。

ところで、買い物や夕食のメニューの場合、自分が何を選ぶかは、あくまで私的な問題と言えるのに対して、選挙で誰に投票するかは公的な問題と関わってくる。例えば、衆議院選挙の結果は、政権を担う政党が決まることから、選挙結果は日本社会に大きな影響を与える。また、ワクチン接種の場合は、感染リスクや重症化リスクの軽減と副反応や手間の比較を行い接種するかどうかを決めるという意味では私的な側面があるが、社会全体の接種率の水準と、感染の流行や医療逼迫との間に関係があることから公的な側面も併せ持っている。社会的選択理論では、これらのうちの公的な諸問題を念頭に置き、それらに共通する一般的な特徴を捉えた上で分析が行われる。以下で

表 1-1　投票のパラドックス

	A 氏	B 氏	C 氏
1 位	x	y	z
2 位	y	z	x
3 位	z	x	y

簡単な例を示してみよう。

　まず、x、y、z を選択肢とする。これらは、選挙の際の候補者以外にも、問題によって、消費税率の水準であるとか、防衛費の対 GDP 比の上限等いろいろなものを考えることができる。ここでは A 氏、B 氏、C 氏の 3 人が、昼休みに一緒にどこに食べに行くのか（例えば、中華料理屋、イタリアンレストラン、寿司屋等）を決める状況を想像すると分かりやすいかもしれない。そして、A 氏は x を一番望ましいと思い、2 番目が y で 3 番目が z（すなわち、最悪）だと思っているとしよう。B 氏は y を一番望ましいと思い、2 番目が z、3 番目が x と思っており、C 氏は z を一番望ましいと思い、2 番目が x、3 番目が y だと思っているとする。

　今、3 人はペアごとの多数決をとってみることにしたとしよう。まず x と y については、A 氏と C 氏が x は y よりも望ましいと思い、B 氏が y は x よりも望ましいと思っているので、2 対 1 で x が y よりも望ましいことになる。次に y と z については、A 氏と B 氏が y は z よりも望ましいと思い、C 氏が z は y よりも望ましいと思っているので、2 対 1 で y が z よりも望ましいことになる。したがって、この 3 人にとって x が一番望ましく、2 番目が y で、3 番目が z ということになるのかというと、実はそうはならない。なぜなら、B 氏と C 氏が z は x よりも望ましいと思い、A 氏だけが x は z よりも望ましいと思っているので、多数決に従えば、z が x よりも望ましいということになるからである。すなわち、3 人にとっての望ましさの順序付けに循環が発生してしまい、望ましい順に選択肢を並べることができなくなってしまう。

　このようにペアごとの多数決といった、私たちに比較的馴染みのあるルールには、本質的な欠陥があることが分かる。もちろん、常にこうした循環が発生するわけではないが、非常に簡単に循環が生じる例を作れてしまうこと

もまた事実である。ではそもそも、公的な意思決定を行うにあたって信頼に足るルールとは一体どのようなものであろうか。この問いに答えようとする際に、いろいろなルールの持つ特徴を逐一調べ上げていく帰納法的なやり方では埒が明かないと考え、そうしたルールが満たすべき望ましい性質を事前にいくつか挙げて、ルールの絞り込みを行おうとする方法が思いつく。ただし、こうした推論は徹底した厳密さが要求されるため、形式論理に訴える方法に依拠することになる。そして、これがまさに社会的選択理論が行おうとしていることなのである。

II　3つの不可能性定理をめぐって

1　個人の選好関係

以下ではより一般的に、社会が直面する可能性がある選択肢の集合を X[1]とする。また、選択肢 x が X の要素（元）である時、$x \in X$ と表す。また、以下では複数の個人が登場するが、各個人には背番号が付いていると考え、個人の集合を $N = \{1, \cdots, n\}$ [2]とする。

今、個人 i にとって、選択肢 x が選択肢 y より少なくとも同程度に望ましいことを、xR_iy と表すことにする。ここで「x が y より少なくとも同程度に望ましい」という意味は、「x が y より望ましい」あるいは「x と y の望ましさが全く同じ」のいずれかが成り立つという意味である。なお、x と y の望ましさが全く同じ時、以下では「x と y は無差別」と呼ぶことにする。また、R_i は個人 i の選好関係と呼ばれ、以下の完備性（completeness）[3]と推移性（transitivity）を満たすものとする。

完備性：任意[4] の $x, y \in X$ に対して、xR_iy or yR_ix
推移性：任意の $x, y, z \in X$ に対して、$(xR_iy \ \& \ yR_iz) \Rightarrow xR_iz$

完備性は、任意の選択肢 x, y に対して xR_iy か yR_ix の少なくともいずれか片方は成り立つ[5]と言っており、すなわち、どのような選択肢 x, y に対しても、x が y より少なくとも同程度に望ましいか、y が x より少なくとも同

程度に望ましいかを個人 i は判定できることを意味する。逆に言えば、選好関係が完備性を備えていないと、どちらがどちらよりも望ましいとか、無差別であるとかという望ましさの判定ができない選択肢 x, y のペアが個人 i に存在してしまう。したがって、個人 i の選好関係が完備性を満たすということは、いかなる選択肢のペアに対しても、望ましさの判定を自律的に行う能力を個人 i が持っているということを意味するのである。

また推移性の方は、任意の選択肢 x, y, z に対して、もし x が y より少なくとも同程度に望ましく、y が z より少なくとも同程度に望ましいならば、x は z より少なくとも同程度に望ましいと言っており、個人 i の望ましさの判定が合理的であることを意味している[6]。

ここで、改めて無差別関係と強い選好関係を定義しておこう。任意の x, $y \in X$ に対して、

無差別関係：$x I_i y \Leftrightarrow x R_i y \,\&\, y R_i x$ 　（x と y は無差別である）
強い選好関係：$x P_i y \Leftrightarrow x R_i y \,\&\, \neg y R_i x$[7] 　（$x$ は y より望ましい）

なお、強い選好関係については、右辺の2つ目の条件である、「y が x より少なくとも同程度に望ましい」の否定によって、x と y が無差別である可能性が排除されている点を指摘しておきたい。

2　アローの不可能性定理

以上で個人の選好関係に関する概説を行ったが、社会的選択理論においては、社会の構成員である各個人は、選択肢に対する望ましさの判定を自律的かつ合理的に行えるとされていることが基本となっている。ここで、個人的選好関係と同様に、選択肢に対する望ましさの判定を表すものとしての社会的選好関係 R を考えてみよう。ただし、社会的選好関係は、すべての個人の選好関係が何らかの仕方で集約された結果として得られている可能性がある。このことに留意し定式化されたのが、アローの社会的厚生関数である。ここでアローとは、社会的選択理論の生みの親である理論経済学者のケネス・アロー（Kenneth J. Arrow）を指している。

アローの社会的厚生関数：個人 1 から個人 n の選好関係を並べた組（選好プロファイル）に対して、ある社会的選好関係を 1 つ対応させる関数
$R = f\ (R_1, \cdots, R_n)$

　ところでアローの社会的厚生関数（以下では、社会的厚生関数と記す）が満たすべき条件として、どのようなものが挙げられるであろうか。まず、関数の定義域は選好プロファイルの集合ということになるが、各個人の選好関係については、完備性と推移性が仮定されている。それらが仮定される以上には、個人の多様な選好の存在を排除しないという立場であれば、以下の公理を置くことになる。

　公理 U：広範性（Unrestricted Domain）
　社会的厚生関数の定義域は、完備性と推移性を満足する個人の選好関係（個人的選好順序）の論理的に可能なあらゆる組（選好プロファイル）から成る。

　また民主的な社会を望ましいと考えるのであれば、次の公理は当然受け入れられるものであろう。

　公理 ND：非独裁性（Non-Dictatorship）
　今、任意の選好プロファイル（$R_1, \cdots, R_n$）及び任意の $x, y \in X$ に対して、$xP_d y \Rightarrow xPy$ となる個人 d を独裁者（dictator）と呼ぶ。この時、独裁者は存在しない。

　上記の意味での独裁者が x は y より望ましいと思えば、他の個人がいかなる選好を持っていようが、社会的に x は y より望ましいということに決まってしまうのであり、このようなことは、民主的な価値観とは相容れない。
　同様に、民主的な社会を望ましいと考えるのであれば、次の公理も当然受け入れられるであろう。

公理 P：パレート原理（Pareto Principle）

　任意の選好プロファイル $(R_1, \cdots, R_n)$ 及び任意の $x, y \in X$ に対して、（すべ
ての $i \in N$ に対して、$xP_i y$）$\Rightarrow xPy$

　要するに公理 P は、皆が望ましいと思うことは社会的にも望ましいと言っているのであるが、タブーが存在するような社会では公理 P が満たされなくなることが考えられる。

　ところで社会的厚生関数が満足する条件を考える上では、それが民主的なものであるかどうかというだけでなく、合理的なものであるかどうかという視点も重要であろう。

公理 I：無関係な選択肢からの独立性（Independence of Irrelevant Alternatives）

　任意の選好プロファイル $(R_1, \cdots, R_n)$, $(R'_1, \cdots, R'_n)$ 及び任意の $x, y \in X$ に対して、

（すべての $i \in N$ に対して、$[(xR_i y \Leftrightarrow xR'_i y)\ \&\ (yR_i x \Leftrightarrow yR'_i x)]$）$\Rightarrow [(xRy \Leftrightarrow xR'y)\ \&\ (yRx \Leftrightarrow yR'x)]$

　公理 I の内容は至ってシンプルであり、選択肢のペア x と y 間の皆の評価が変わらないにもかかわらず、x と y 間の社会的評価が変わるのはおかしいというものである。また、無関係な選択肢からの独立性という表現であるが、仮に x, y 以外の選択肢（例えば z）に対する評価が変わった個人がいたとしても成り立つという意味で、z に対する個人の評価の変化は、x と y 間の社会的評価に影響を及ぼさないことを指している。

　さらに、個人の選好と同様に、社会的選好についても完備性と推移性を仮定することは自然であろう。実際、選択肢の優劣に関して、必ず何らかの社会的判定が下せると期待したいところだし、第 I 節で紹介した例のように、循環が生じて選択肢に対する社会的順序付けに不備が生じることも避けたい。

公理 C：社会的選好の完備性

　任意の $x, y \in X$ に対して、xRy or yRx

公理 T：社会的選好の推移性

任意の $x, y, z \in X$ に対して、$(xRy \,\&\, yRz) \Rightarrow xRz$

　以上挙げてきた公理のいずれも、至極妥当なもののように思えるだろうし、これらの公理のすべてを満足する社会的厚生関数にはどのようなものが含まれ得るのかを知ることが、次の段階の研究課題だと考えたかもしれない。しかし、以下の驚くべき結果が今日では知られている。

　アローの不可能性定理（Arrow 1963 = 2013）：

　個人の人数は 2 以上で有限であり、選択肢の数は 3 以上で有限であるとする。この時、公理 U、公理 ND、公理 P、公理 I、公理 C、公理 T をすべて満足する社会的厚生関数は存在しない。

　技術的な内容に深入りすることを避けて証明は省くが、このような不可能性をもたらした原因を考える上で、社会的厚生関数の定式化の仕方と公理 I が手がかりを与えてくれる。と言うのも、選好プロファイルに対して社会的選好を割り当てるのが社会的厚生関数だったが、このような定式化をしてしまうと、各個人の各選択肢に対する順序付け以外の情報には一切目が向けられないこととなる。

　例えば、個人 i にとって x は y より望ましいとしても、ほんのわずか望ましい場合もあれば、かなり望ましい場合もあるだろう。しかし、こうした選好の強度に関する情報が無視されているのである。したがって、公理 I で「x と y 間の皆の評価が変わらない」と言っても、選好の強度については変化している可能性がある。また、個人 i にとって x は y より望ましく、個人 j にとって y は x より望ましいとした時に、社会的に x ではなく y が実現することが個人 i にとっては実は大した問題ではないが、個人 j にとっては死活問題に匹敵するということもあるだろう。こうした厚生（welfare）[8] の個人間比較に関する情報もまた、無視されているのである。以上のことを考慮すると、社会的厚生関数の定式化の仕方と公理 I に対しては批判の余地があることが分かるだろう。

しかしさらに本源的な問題を指摘することが可能である。仮に選好の強度や厚生の個人間比較を考慮したとしても、まだ厚生主義（welfarism）の範疇に留まっている点は否めない。なぜなら、社会の平均所得や不平等度、個人のハンディキャップの有無といった客観的情報が、社会状態の望ましさの判定に直接的に利用されていないからである。ただしこのように書くと、平均所得が低く、不平等度が大きい社会に住んでいたり、ハンディキャップを背負っていたりすると、こうした状況は個人的厚生に間接的に反映されることになるだろうから、問題ないのでは？との疑問を持たれるかもしれない。しかし、生まれた時からごく一部の裕福な特権階級を除いて自分を含めたほとんどの人々が無学で貧しい生活を送っている場合、そうした生活に慣れてしまい、特に不満を持たないということはあり得る話だろう。同様に、ハンディキャップを背負っている人がバリアフリーとは全く無縁の社会で長らく生活をしてきて、ある種の諦観を抱くに至るというケースも考えられる。問題なのは、これらの人々の個人的厚生に反映される情報が、必ずしも劣悪なものになるとは限らない点にある。なぜなら人間には、失望感や挫折感を味わわないように、自らの現状を肯定的に評価しようとする心理的傾向があるからだ（Elster 1983 = 2018）。

3　センのリベラル・パラドックス

　社会的選択理論の2つ目の柱は、「自由」に焦点を当てたものである。自由に価値を見出す典型的な論拠は、通常、手段的価値に関わるものである。例えば、自由は人々の創造性を喚起し、イノベーションを促進することで生産性が向上し、経済成長に結びつくから価値があるといった類のものだ。他方、アマルティア・セン（Amartya Sen）は自由の内在的価値に着目し、何か望ましいことを実現するから自由に価値があるという見方とは一線を画したのである。そして、自由それ自体に価値があるのであれば、政治的・経済的自由が人々にどの程度許容されているかは、その国の経済発展の実現度合そのものを指し示している尺度にもなる。

　本項では、こうしたセンの問題意識に立脚した社会的選択理論について、以下で解説を試みたいと思う。まず、本章で選択肢と呼んでいるものは、あ

る社会状態を表していることを想起しよう。ここで各選択肢には、例えば、消費税率10％、新型コロナ感染者全数把握、原発再稼働7基追加等、特定の個人だけに関わるものではない内容の他に、ある人物が就寝の際に仰向けではなく横向きに寝るといった「私的な関心事（private matter）」に関わる内容も含まれているとしよう。この時、2つの選択肢 x, y の内容の唯一の差異が、ある個人の私的な関心事であるような選択肢のペア $\{x, y\}$[9] のことを私的ペアと呼ぶ。ところで、私的ペアの定義のためには、何が個人の私的な関心事であるのかを事前に確定できなければならないが、厚生情報（個人の効用に関する情報）に頼るだけではそれは不可能であり、社会状態に関するより記述的かつ客観的な非厚生情報の獲得が必要とされる点を指摘しておきたい。

　また、ある個人 i が選択肢のペア (x, y)[10] に対して支配的（decisive）であるとは、任意の選好プロファイルに対して、個人 i が選択肢 x を選択肢 y より選好する限り、x を含むいかなる選択肢の集合（X 自体を含む X の部分集合で、以下では機会集合と呼ぶ）からも y が決して社会的に選択されないことを指す。以上の準備の下で、最小限の自由尊重主義が満たされている社会状態を、次のように定義することができる。

公理 ML：最小限の自由尊重主義（Minimal Libertarianism）
　社会に少なくとも2人の個人（個人 1, 2）が存在し、各個人の私的な関心事に関わる私的ペアが少なくとも1組ずつ存在し（例えば、個人1には $\{x, y\}$、個人2には $\{z, w\}$）、各個人は自らの私的関心事と関わる私的ペアに対して支配的（個人1は $(x, y), (y, x)$ に対して支配的、個人2は $(z, w), (w, z)$ に対して支配的）である。

　仰向けで寝ようが横向きで寝ようが自分の勝手であり、自分の寝姿を社会的に監視されたくないと考える人がほぼ全員であろうから、公理 ML が個人のプライバシーの社会的尊重を意味していることは明らかであろう。また、たった2人の個人について、それぞれ1つの私的な関心事に関して、他の条件が一定の下で自らの意向が社会的に尊重されるケースが1つあれば十分と

言っているに過ぎないわけだから、文字通り最小限の要求に留まっている。

　パレート原理についてはすでに前項で説明しているが、社会的選好を明示せずに社会的選択を論じている本項に合わせて、以下の通り若干修正する。

　公理 P*：
　任意の選好プロファイルに対して、すべての個人が x を y より選好するなら、x を含むいかなる機会集合からも y は決して社会的に選択されない。

　このとき、パレート派リベラルの不可能性（Impossibility of a Paretian Liberal）、あるいはセンのリベラル・パラドックスとして知られる次の定理が成り立つ。

　パレート派リベラルの不可能性定理（Sen 1970）：
　どのような機会集合の中からも、必ず最善の選択肢を社会的に選び出せる（ただし、複数でも構わない）ようにしようとすると、公理 ML と公理 P* は両立不可能となる。

　ここでも証明は省き、定理の持つ含意について簡潔に述べてみたい。

　公理 ML については既に触れたが、そもそも条件が極めて弱いことを考え併せるならば、個人のプライバシーの社会的尊重にとって不可欠な条件と言える。次に公理 P* によれば、実際に選ばれた選択肢よりも皆がより望ましいと思う選択肢を社会的に選べたのであれば、後者の選択肢が選ばれるか、あるいは少なくともそれら以外の選択肢が社会的に選ばれるべきであったことになる。厚生主義に立脚する限りは当然の要請と言えるだろう。結局、この定理の結果が意味することは、選択肢に対する社会的な評価形成を行うにあたっての情報的基礎を提供する土台として、厚生主義的立場は狭すぎる疑いがあるということである。

　さらに、上記の不可能性定理は、公理 I（無関係な選択肢からの独立性）を要求していない点にも注目すべきである。過度に専門的な内容になるので詳細を省くが、公理 I を要求するアローの不可能性定理の場合、厚生の個人間比較可能性を認めるように分析枠組みに適度な修正を加えることで不可能性

から脱却できることが知られている。しかし、そもそも公理 I を要求しないセンの不可能性定理の場合、選好の強度や、厚生の個人間比較可能性を認める等の厚生情報の豊穣化により、公理 ML と公理 P*の対立を止揚することが望めない。

4　厚生主義的帰結主義を超えて

社会的選択理論に関するここまでの議論では、望ましい社会的選択が行われたかどうかについては、選択された選択肢の望ましさのみに依拠することが暗黙の大前提となっていた。こうした立場は帰結主義（consequentialism）と呼ばれ、規範的経済学の伝統的立場は帰結主義の中の厚生主義に立脚していると整理できる。ところが、こうした立場からは捕捉されない、重要な論点が残されている。

まず、社会的選択が行われるにあたって、各個人が十分な機会に恵まれていたかどうかが問題である。そうであれば、社会的に選択された選択肢の望ましさのみならず、選択されなかった選択肢に関する情報も、望ましい社会的選択が行われたかどうかを判定する上で有用となる。例えば、各個人が選べる選択肢がごくわずかしか与えられていなかったら、たとえ結果として選択された選択肢自体が不満のないものであったとしても、社会的選択の望ましさを少なからず損なうと考えるのが自然であろう。ただし、与えられた選択肢の数が多くても、それらのほとんどが考慮に値しないようなものであれば機会に恵まれたとは到底言えない点にも注意が必要である。

また帰結が得られるまでのプロセスが公正なものであるかどうかも、機会に劣らず重要な問題である。仮に結果的に選択された選択肢が同じであっても、それが得られるプロセス自体に対する各個人の評価は、全体としての社会的選択の評価を大きく左右する場合がある。例えば、東京 2020 オリンピック・パラリンピック競技大会の 1 年延期後の開催、および開催方式の決定について、コロナ禍の収束の目途が立たない中、国内で少なからぬ批判がなされたことは記憶に新しい。仮に、国際オリンピック委員会（IOC）、大会組織委員会、日本政府、東京都等の間での話し合いの経緯について、節目、節目でのより明快かつ理性的な説明により、意思決定プロセスの透明感が与

えられていれば、1年延期後の開催や具体的な開催方式に関する評価はより肯定的なものとなっていたのではないだろうか。

このような機会とプロセスを社会的選択理論に織り込む試みについては、帰結に機会とプロセスの情報を含めてしまう包括的帰結（comprehensive outcome）を扱うセンによるアプローチ（Sen 2002＝2014）と、鈴村興太郎が提唱した（帰結も併せて評価する）非帰結主義的アプローチ（Suzumura 2016）がある。

さらに、こうした機会・プロセスの重要性とは別の論点になるが、従来の社会的選択理論では、社会的意思決定が行われる過程で個人的選好関係が変容する可能性については全く考慮されてこなかったが、公共選択論の泰斗であるジェームズ・ブキャナン（James M. Buchanan）が、個人的な選好・価値観の形成に対して公共的討論が持つ役割を重視する議論を展開していたことは指摘しておきたい（Buchanan 1954a; Buchanan 1954b）。

5　ギバード＝サタスウェイトの定理

いかに理想的な社会制度を設けても、それがきちんと機能するかどうかは別問題である。なぜなら、制度の設計者が意図した通りに人々が自らの社会的役割を果たすかどうか分からないからである。ここが工学的なシステムの設計とは根本的に異なる点なのだが、この問題を社会的選択理論で扱うことが可能であり、この分野の3つ目の大きな柱を形成している。紙数の関係もあるので、あまり厳密な定式化にはこだわらずに以下で簡潔に説明したい。

まず、社会的厚生関数と似ているが少し異なる関数を考える。社会的厚生関数の値は社会的選好関係であったが、ここでは選択肢としよう。

社会的選択関数：個人的選好関係の組（選好プロファイル）に対して、ある選択肢を1つ対応させる関数

次に、社会的選択関数が満たすべき条件として、以下のものを挙げる。

広範性：自律的かつ合理的な個人的選好の多様性

市民主権（Citizen's Sovereignty）：いかなる選択肢についても、それが選択されることになる選好プロファイルが必ず存在する。

　戦略的操作防止（Strategy-Proofness）：各個人にとって、自らの真の選好を表明することが常に最適である。

　非独裁性：独裁者が存在しない。

　上記のうち、戦略的操作防止の条件について説明を補足すると、たとえ嘘の選好を表明する他者がいた（極端なケースでは、他者全員が嘘をついた）場合でも、自分は真の選好を表明することが最適になると言っている。そしてここでも、以下の不可能性定理が成り立つ。

　ギバード＝サタスウェイトの定理（Gibbard 1973; Satterthwaite 1975）：
　個人の数は 2 以上で有限であり、選択肢の数は 3 以上で有限であるとする。この時、社会的選択関数が、広範性、市民主権、戦略的操作防止の各条件を満たすならば、独裁者が存在する（非独裁性の条件を満たさない）。

　この定理により、上記の 4 つの条件がすべて満たされることはないので、仮に広範性、市民主権、非独裁性の各条件が満たされることを前提にするならば、戦略的操作防止の条件は満たされなくなる。つまり、制度の設計者の意図通りに自らの真の選好を表明する社会的役割を果たさずに、自らの利益のために嘘の選好を表明する人間が現れてしまうことを完全には排除できないのである。そして、これはいかなる社会的選択関数も免れることのできない不都合な真実だと定理は主張している。
　ところでこの不可能性定理が成り立つ前提として、各個人は徹底的に利己的な存在と捉えられている点に注意が必要である。しかし同じ社会的選択理論の研究者でも、センは人の行動の動機の多様性に着目する（Sen 2002＝2014）。例えば、私たちは苦労している人、困っている人を助けたいと思う時があり、被災地でボランティア活動を行ったりする。他者への共感は多く

の人にとって馴染みのある自然な感情であろう。また、人は自らの利益とは無関係に、自己の社会的責任を果たす行動にコミットすることがある。ワクチン接種が行われる以前の段階で、感染のリスクに晒されながらも医療現場で奮闘した医療従事者、ロシアの軍事進攻に抵抗するため自主的に戦闘に加わる決意をした予備役のウクライナ人、彼ら彼女らの行動を自らの利益の最大化として捉えるのには明らかな無理があろう。

Ⅲ　公共選択版「失敗の本質」

1　政府の失敗の4類型

　ここから公共選択論の話題に転じるが、公共選択論にとって重要なテーマを1つだけ挙げるとするならば、それは間違いなく「政府の失敗（government failure）」だと思う。市場の機能不全を経済学では「市場の失敗（market failure）」と呼び、各種の機能不全に対して政府が市場に介入して補正することが期待される。しかし政府もまた失敗するのである。以前に私は政府の失敗を4つに分類したのだが（小澤 2016）、ここでは新しい例も交えて以下に簡単に説明する。

①意図せざる政府の失敗

　政府の能力不足が招いた失敗は、このカテゴリーに属する。例えば、旧借地法・旧借家法が過度に借地人・借家人の権利を保護したために、市場に供給される借地・借家が過少となり、かえって借地人・借家人の利益を損なったとされる例や、インフレ懸念に関する過小評価に基づく連邦準備制度理事会（FRB）による利上げのタイミングの遅れが、2021年後半以降の米国の高インフレを招いたとされる例が挙げられる。

②意図した政府の失敗

　政府は時として、確信犯的に好ましからざる政策を実行することがある。わが国の農政が農業衰退の原因となった（山下 2016）例が典型的であろう。
　食糧管理法（1995年11月1日廃止）による生産者米価の引き上げによって、

コスト高の零細農家が退出しないので農地の集積は進まず、同じく価格政策としての減反政策（2018年度廃止）の下で、補助金の増加を避けたい政府から単収向上のインセンティブを奪うと共に、膨大な耕作放棄地を生み出した。また、農地法は農業生産法人（株式会社）に対する参入障壁として機能し、農業振興地域の整備に関する法律の下での土地利用規制（ゾーニング）の恣意的な運用により、農家の宅地への転用希望に対して政治的な対応が図られる場合があったとされる。また農協は、政治力の維持や経営の安定に資するべく、兼業農家の戸数維持と農民以外の准組合員数の増加を図ることで、脱農化の推進主体となってしまった。

　農業問題に精通した与党の農水族議員には、日本農業の長期的な衰退をある程度予見できたのではないかと思うが、選挙の際に農業関係者から支持獲得を見込める農政を、近視眼的に推し進めてきたのである。

③政府部内の戦略的相互依存関係がもたらす失敗

　このカテゴリーは各プレイヤー間のゲームが行われる「場」として政府を捉えている点に特徴がある。1990年代の住専問題が例として挙げられるが、政府部内（旧大蔵省、農水省、日銀、官邸間）での利害調整に手間取り、図らずも不良債権処理の先送りが「ゲームの解」としてもたらされた（奥野・河野 2007）のである。

④政府自体がプレイヤーとして参加したゲーム的状況で、結果として生じた失敗

　第1次岸田内閣発足直後の衆議院選挙（2021年）時の与野党の論戦を、矢野康治財務事務次官（当時）が「バラマキ合戦」と批判したことは記憶に新しいが、厳密には、この例は政府の失敗と言うよりは、政治の失敗と呼ぶほうがより適切かもしれない。その後、11月26日の臨時閣議で21年度の補正予算案が決定され、一般会計の総額が36兆円弱になるような過去最大のものとなったが、これも翌年の夏の参議院選挙を意識した場当たり的な戦術的対応の集積がもたらした予算の肥大化と言えるだろう。

2　プロスペクト理論の応用例

　近年、人間の認知機能の限界や、心理的傾向および感情を重視する行動経済学が注目を浴びている。そこで、まずプロスペクト理論（Kahneman and Tversky 1979）を例に、こうしたアプローチが公共選択論にとっても有用であることを示したい。

　プロスペクト理論には、参照点（reference point）、損失回避性（loss aversion）、感応度逓減性（diminishing sensitivity）の3つの重要概念がある。そして人間は、自らが定めた基準（参照点）と比較してどの程度利益を得たか、あるいは損失を被ったかに基づいて、状況の良し悪しを判断すると考えられており、また利益を得ようとするよりも損失を避けようとして行動する傾向が強いとされている。さらに、プロスペクト理論によれば、人間は利益を得ていると感じる局面ではリスク回避的に手堅い行動をとる反面、損失を被っていると感じる局面では過度のリスクを負担してでも損失を一気に取り戻そうとする傾向がある。

　選挙において現職は有利かについてプロスペクト理論を用いて考察した研究（Quattrone and Tversky 1988）によると、現職議員は任期中の経済状態が良かった場合、有権者にとってリスクの小さい手堅い選択肢と考えられて有利となるが、反対に任期中の経済状態が悪かった場合は、リスキーな選択肢である新人候補の活躍に期待しようとする有権者の心理的傾向が強まる結果、新人候補が有利となる。

　ところで、安倍晋三首相（当時）は、2019年7月9日の閣議後記者会見で、「今後10年は消費税率を10％超にする必要はない」と発言したが、我が国の財政状況を考えると、金利急騰、国債価格暴落のリスクを等閑視するものとの批判は免れ得ないと思う。しかし、もし少なからぬ有権者が、自らの生活は経済的損失局面にあるとの印象を抱いていたならば、さらなる10％超の消費税率の引き上げを「当分の間」拒絶するという、本来許容できない過度のリスクを負担する政治判断を、有権者が支持する可能性は十分にあったとプロスペクト理論は教えてくれる。

3 双曲割引モデルと消費税率引き上げの延期

双曲割引（hyperbolic discounting）も行動経済学において重要な概念である（Ainslie 1992; Loewenstein and Prelec 1992）。通常私たちは、今の1万円の価値よりも1年後の1万円の価値の方が低いと感じる。問題は将来の1万円の価値をどの程度割り引いて考えるかであるが、割引率が大きく（小さく）なるに従って、個人は現在（将来）をより重視するようになる。双曲割引は、今日を基準にした明日についての割引率が、半年後を基準にしたその翌日（すなわち、半年と1日後）についての割引率よりも大きくなる割引の仕方である。この時、基準日から「1日経過すると」どの程度価値が割り引かれるかを問題にしている点で、前者のケースと後者のケースに違いがないことに注意が必要である。こうした双曲割引を想定することは、時間的に十分余裕のある将来の事柄に対しては理性的な判断が下せるのに、間近に迫った事柄に対しては快楽を優先したり苦痛を先送りしたりする、まさに等身大の人間像の受け入れを意味する。

ところで、前項で消費税率に言及したが、当初、2015年の10月に8%から10%への引き上げが予定されていたにもかかわらず、その後、2017年4月、2019年10月と2度延期された。これは、上記のような有権者の時間選好に関する特質を踏まえた上で、政治的な支持拡大を狙った政権側による先送り行動であったとの解釈は十分可能であろう。

おわりに
——社会的選択理論と公共選択論に、今何が問われているのか

ここまで社会的選択理論と公共選択論の核心部分を、駆け足で解説してきた。社会的選択理論では、各人の選好は通常固定されているのに対して、すでに触れた通り、ブキャナンは「公共的な討論」により各人の選好は変化し得るものとの見解を示した。これは一種の公民的特性（civic virtue）の陶冶を意味するとも考えられ、熟議民主主義（deliberative democracy）（Fishkin 1991）との親和性が高いというのが私の見立てである。

また、公共選択論では、各人は通常、効用最大化に専心する主体とされて

いるのに対して、すでに言及した通り、センは各人の動機の多様性を指摘する。ただし、人は他者の幸福から効用を得ることもあるので、他人への共感が効用最大化と必ずしも矛盾するわけではないが、他方、自己の社会的責任を果たすためのコミットメントについては効用最大化とは全く関係がないことを改めて指摘しておきたい[11]。

ところで、内省・省察（reflection）と公共的討論の組み合わせは機能するのであろうか。この点については、SNS におけるエコーチェンバー現象により人々の分極化が進行している可能性や、2016 年の米国大統領選挙におけるロシアの介入疑惑（Wylie 2020＝2020；廣瀬 2021）に見られるように、個人の選好に対する操作が現実に脅威となりつつある現状を鑑みると、残念ながら楽観的な見通しを立てることはできない。

最後になるが、具体的な方策・手続き（戦術）を集積しただけでは、精査された合理的プラン（戦略）にはならない。多難な時代であればこそ、今一度、わが国の政策全般の戦略性を問い直すべきであろう（小澤 2010）。そのために有権者は、選挙の際に財源を明示されたまともな政策案を各党・候補者から提示される権利を有し（機会）、各案に対してあくまで理性的に評価する義務を負う（コミットメント）と考えるべきではないだろうか。私たちの運命は私たちが決めるべきなのであり、デルフォイの神託に委ねるわけにはいかないのだから。

1) 前節の例では、X = $\{x, y, z\}$ であった。
2) 前節の例では、例えば A 氏を個人 1、B 氏を個人 2、C 氏を個人 3 として、N = $\{1, 2, 3\}$ であった。
3) ここで完備性と呼んでいる条件は、連結性（connectedness）と呼ばれる場合がある。また、任意の相異なる $x, y \in X$ に対して、xRy or yRx という若干異なる条件を完備性と呼ぶ場合がある。本文で完備性と呼んでいる条件では、選択肢 x と y は同じもの（すなわち、$x = y$）であることを排除していない点に注意が必要である。
4) 「任意」とは any の意味であるが、分かりにくければ「すべての（all）」に置き替えて構わない。
5) 数理論理では or は and（記号 &）も含んでおり、この場合、xRy と yRx のいずれも成り立つ（すなわち、x と y が無差別な）ケースを排除していない点に注意が必要である。

6) 完備性と推移性の両方を満たす選好関係は、特に選好順序と呼ばれる場合がある。

7) ¬は否定の記号である。

8) 厚生とは、主観的な満足の大きさとほぼ同義と考えてよい。したがって、ここではミクロ経済学でよく用いられる概念である効用（utility）に置き替えても構わない。

9) x と y を中括弧で括った $\{x, y\}$ は非順序対と呼ばれるが、x と y の順番を入れ替えても構わないこと（すなわち、$\{x, y\} = \{y, x\}$）を指摘しておく。

10) x と y を小括弧で括った (x, y) は順序対と呼ばれ、x と y の順番を入れ替えることはできない。すなわち、ここの定義では、ある個人が (x, y) に対して支配的であっても、その個人が (y, x) に対しても支配的であることを意味するわけではない点に注意が必要である。

11) 詳論は避けるが、プレイヤーの利得の最大化を目的とする、ゲーム理論に出てくるコミットメントの概念とは異なる。

参考文献

奥野正寛・河野敏鑑（2007）「システム転換と利害調整に基づく先送り」林文夫編『経済制度設計』勁草書房、253-287。

小澤太郎（2010）「今、経済政策における戦略性を問い直す」『経済政策ジャーナル』7（2）、50-55。

小澤太郎（2016）「望ましい政策の実現がなぜ難しいのか」瀧澤弘和・小澤太郎・塚原康博・中川雅之・前田章・山下一仁『経済政策論——日本と世界が直面する諸課題』慶應義塾大学出版会、317-343。

廣瀬陽子（2021）『ハイブリッド戦争——ロシアの新しい国家戦略』（講談社現代新書）講談社。

山下一仁（2016）「農業政策」瀧澤弘和・小澤太郎・塚原康博・中川雅之・前田章・山下一仁『経済政策論——日本と世界が直面する諸課題』慶應義塾大学出版会、217-250。

Ainslie, George（1992）*Picoeconomics: The Strategic Interaction of Successive Motivational States within the Person*, New York: Cambridge University Press.

Arrow, Kenneth J.（1963）*Social Choice and Individual Values*, 2nd ed., New York: Wiley（＝2013, 長名寛明訳『社会的選択と個人的評価（第3版）』勁草書房）.

Buchanan, James M.（1954a）"Social Choice, Democracy, and Free Markets," *Journal of Political Economy* 62（2）, 114-123.

Buchanan, James M.（1954b）"Individual Choice in Voting and the Market," *Journal of Political Economy* 62（4）, 334-343.

Elster, Jon（1983）*Sour Grapes: Studies in the Subversion of Rationality*, Cambridge: Cambridge University Press（＝2018, 玉手慎太郎訳『酸っぱい葡萄——合理性の転覆について』勁草書房）.

Fishkin, James S.（1991）*Democracy and Deliberation: New Directions for Democratic Reform*, New Haven and London: Yale University Press.

Gibbard, Allan F.（1973）"Manipulation of Voting Schemes: A General Result," *Econometrica* 41（4）, 587–601.

Kahneman, Daniel and Amos Tversky（1979）"Prospect Theory: An Analysis of Decision under Risk," *Econometrica* 47（2）, 263–292.

Loewenstein, George and Drazen Prelec（1992）"Anomalies in Intertemporal Choice: Evidence and an Interpretation," *The Quarterly Journal of Economics* 107（2）, 573–597.

Quattrone, George A. and Amos Tversky（1988）"Contrasting Rational and Psychological Analyses of Political Choice," *The American Political Science Review* 82（3）, 719–736.

Satterthwaite, Mark A.（1975）"Strategy-Proofness and Arrow's Conditions: Existence and Correspondence Theorems for Voting Procedures and Social Welfare Functions," *Journal of Economic Theory* 10（2）, 187–217.

Sen, Amartya K.（1970）"The Impossibility of a Paretian Liberal," *Journal of Political Economy* 78（1）, 152–157.

Sen, Amartya K.（2002）*Rationality and Freedom*, Cambridge MA and London: Harvard University Press（＝2014，若松良樹・須賀晃一・後藤玲子監訳『合理性と自由（上）（下）』勁草書房）.

Suzumura, Kotaro（2016）*Choice, Preferences, and Procedures: A Rational Choice Theoretic Approach*, Cambridge MA and London: Harvard University Press.

Wylie, Christopher（2020）*Mindf*ck: Inside Cambridge Analytica's Plot to Break the World*, London: Profile Books Ltd（＝2020, 牧野洋訳『マインドハッキング——あなたの感情を支配し行動を操るソーシャルメディア』新潮社）.

第2章 大都市自治体の経営改革
臨床的知見を手がかりに

上山信一

はじめに

　政令指定都市や東京都など大都市自治体の経営は難しい。財政規模や従業員数の大きさで大企業を凌駕し、事業領域も産業振興から福祉・教育まで幅広い。二元代表制のもとで首長と議会の間の政治対立も起こりやすい。筆者はこの20年間に数多くの大都市自治体の経営改革をプロデュースし首長らに助言してきた。本章ではそこで得た "臨床的知見" をまとめたい。

　Ⅰでは90年代から今日までの自治体改革の大きな流れを総括する。Ⅱでは筆者が深く関わった福岡市、大阪府及び大阪市（以下「大阪府・市」）、新潟市、東京都の4つの経営改革を振り返り、Ⅲでは従来の行政改革との違いを考察する。その上で経営改革であぶり出される大都市制度や規制等の課題を整理する（Ⅳ）。Ⅴでは今後の大都市の経営改革への着眼点を提示する。なお本章は筆者の実地での見聞と体験をもとにまとめた。当事者であるがゆえに偏った見方や盲点がありうる旨、あらかじめお断りしておく。

Ⅰ　90年代に始まるわが国自治体の経営改革

　90年代後半から2000年代前半にかけ、「無党派」「改革派」を旗印に与野党相乗り候補に挑戦する首長候補者が相次ぎ当選した。典型が三重県の北川正恭知事（1995〜2003年）、宮城県の浅野史郎知事（1993〜2005年）、岐阜県の梶原拓知事（1989〜2005年）、横浜市の中田宏市長（2002〜2009年）らである。彼らは顧客志向、成果志向を唱えた。これは手続きの正しさよりもサー

ビス受益者の便益と満足度を重視し、数値による成果管理の考え方を行政サービスに持ち込もうという発想であり、欧米のニュー・パブリック・マネジメント（以下「NPM」）の影響を受けた考え方だった。NPM改革の嚆矢は英国のサッチャー改革だった。冷戦終結や新自由主義の浸透を背景に行政サービスへの企業の「経営改革」手法の導入を図った。NPMによる経営改革は、筆者らが提唱した「行政評価（政策評価）」や「行政経営」等の改革手法を通じてわが国の行政現場にも広まり、先述の首長のほか福岡市（山崎廣太郎市長、1998〜2006年）、新潟市（篠田昭市長、2002〜2018年）、大阪府及び大阪市（橋下徹氏、松井一郎氏、吉村洋文氏、2008年〜現在）、東京都（小池百合子知事、2016年〜現在）などが実践してきた。

1　改革派首長とNPM改革

　NPM改革の代表格は三重県の北川知事（当時）であろう。同氏は「生活者起点」から行政のあり方を考え直すと主張し、県庁に民間経営の考え方を入れるべく日本能率協会を起用し事務事業評価を始めた（1996年）。やがて事務事業評価は『日経ビジネス』や『朝日新聞』で紹介され全国的ブームとなった。おりしも米国ではクリントン政権がGPRA（Government Performance and Results Act）法を1996年に制定し政策評価に取り組み始めていた。またオレゴン州等が州の現状とビジョンを指標で示すベンチマーク手法を導入していた。またデビッド・オズボーン（David Osborne）とテッド・ゲーブラー（Ted Gaebler）が1992年に出版した *Reinventing Government: How the Entrepreneurial Spirit Is Transforming The Public Sector*（邦訳名は『行政革命』、1995年に日本能率協会マネジメントセンターから出版）が米国におけるNPM改革のバイブルとなっていた。こうした流れを受け、わが国政府でも「官から民へ」「国から地方へ」という構造改革の基本方針が示され（「経済財政運営と構造改革に関する基本方針」、2002年）、NPM改革の機運が高まった。また地方自治体に追随する形で中央省庁にも政策評価制度が導入された（「行政機関が行う政策の評価に関する法律」、2001年制定）。

2 事務事業評価の全国伝播と民間企業の参画

　三重県庁発の事務事業評価は急速に全国自治体に導入され定着した。背景には第1に税収減の中、どこも予算査定の便利な道具を求めていた。第2に事務事業評価はすべての事務と事業を棚卸ししてインプット（予算、人員）、アウトプット（産出、仕事量）、アウトカム（住民にとっての成果）を数値指標で見える化したこと。加えて達成目標を掲げ、Plan、Do、Check、ActionのPDCAサイクルを回す考え方を採用したこと。これは企業経営で行われてきた手法で議員やメディア、住民の支持が得やすかった。おりしも行政機関は情報公開や説明責任を求められており、事務事業評価はその手法としても便利だった。第3に三重県の事務事業評価は地味な話題にもかかわらずマスコミが全国ニュースで紹介し、首長や議員の関心を集めた。第4にシンクタンクとコンサルティング会社の積極参入である。彼らはかつては黒子だったが、三重県では知事が日本能率協会を民間視点の伝道師と位置付け注目を集めた。ちなみに筆者は当時は多国籍コンサルティング企業マッキンゼーの社員だった。同社は自治体向けビジネスは行っていなかったが筆者は政策評価に興味を持ち、米国出張のついでにヒアリング取材を重ね、時事通信社の『地方行政』に記事を連載した（後に『行政評価の時代』（1998年）、『行政経営の時代』（1999）の2冊にまとめNTT出版から単行本化）。こうした情報提供も政策評価を普及させかつ"市場化"する後押しのひとつになったと思われる。

3 評価から経営改革へ

　事務事業評価の導入とともに自治体に成果主義、顧客志向、PDCAの考え方が普及した。特に事務事業評価は費用対効果の薄い事業の廃止や予算規模縮小の根拠によく使われた。だが、事務事業を単位とする見直しだけでは大きな政策や業務プロセスの改革にはつながらない。本格的な経営改革には事務事業より上位の施策（プログラム）や政策のレベルの見直しも必要である。また現場部門だけでなく幹部や首長、議会との調整も必要となる。やがて政策レベルの大きな課題については首長直轄の改革プロジェクトチームを設け、そこに民間経営に詳しい有識者が参画する場合が増えた（たとえば横浜市の市立病院の民営化プロジェクト、2003年等）[1]。

4　自治体の経営改革の多様性と決定要因

　自治体の経営改革には様々なタイプがある。市町村合併、区役所の再編、地下鉄の民営化、公立大学や公立病院等の独立行政法人化などは事業や経営体制の枠組みを大きく変える手法だ。補助金や施設の見直しなども経営改革である。こうした多種多様な経営改革のテーマのどれをいつ、そしてどこまで抜本的に改革するかは首長の総合判断で決まる。判断材料は財政事情、議会や労組の理解と協力の度合い、担当部局の改革意欲や能力のほか、首長の再選への意思、経営センス、改革意欲、経験、自信、性格など様々である。

　経営改革の手法やスケールを決める第2の要素は地域環境の厳しさである。たとえば村井嘉浩知事（宮城県）は人口減と震災復興の中で空港や上下水道の民営化に取り組んだ。篠田昭市長（新潟市）は人口と経済の先行きを懸念して周辺市町村との大型合併と政令指定都市化に取り組んだ。大阪の改革も経済の地盤沈下に裏付けられたものだ。一方、財政的にも経済的にも他地域より恵まれた東京都と福岡市の改革はややマイルドである。福岡市の行政経営改革（1999〜2001年）の手法は企業が行うTQC活動と庁内手続きの簡素化等が中心だった。東京都の小池知事による行政改革（2016〜2019年）では当初は五輪予算の見直しや入札制度改革に切り込んだが、議会との政治的対立を経て、現場発の業務改善活動を中心とするものに変化した。自治体の経営改革は一様ではなく、中身もスピードも様々である。次節では4つの大都市自治体の例をとり経営改革の中身をみていきたい。

II　ケーススタディ——大都市自治体の経営改革

　経営改革は、企業でも自治体でも個別かつ具体的、つまりサイト・シチュエーション・スペシフィックな営みである。経営改革を進める側、特に経営コンサルタントは時折、BPR（ビジネス・プロセス・リエンジニアリング）やCS（カスタマー・サティスファクション）評価等を主軸に掲げた経営改革を提案する。だがこれらは改革ツールにすぎない。経営改革とは現場組織が仕事のやり方の改善を常に意識し、それを進化・発展させ続けていく活動をいう。たとえていえば様々な手法を次々に駆使して演じられる総合芸術、オペラの

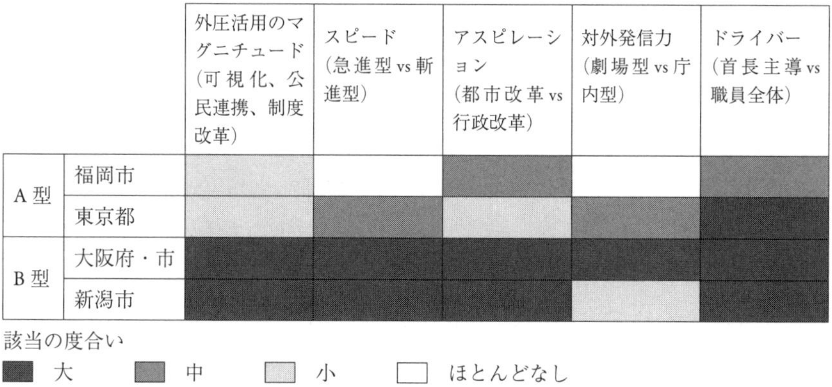

		外圧活用のマグニチュード（可視化、公民連携、制度改革）	スピード（急進型 vs 斬進型）	アスピレーション（都市改革 vs 行政改革）	対外発信力（劇場型 vs 庁内型）	ドライバー（首長主導 vs 職員全体）
A型	福岡市	ほとんどなし	ほとんどなし	中	ほとんどなし	中
	東京都	小	ほとんどなし	小	ほとんどなし	大
B型	大阪府・市	大	大	大	大	大
	新潟市	大	大	大	中	大

該当の度合い

■ 大　　■ 中　　□ 小　　□ ほとんどなし

図2-1 「A型：庁内改革型」と「B型：都市再生型」の違い

ようなものである。経営改革の内容は行政改革大綱や首長の施政方針に文章化される。しかしその実態は行政サービスが現場で変化する姿を実際に見なければわからない。

　本節ではそうした経営改革の実際の例として筆者が関わった福岡市役所のDNA改革（1999～2001年）、大阪府・市の維新改革[2]（2008年～現在）、新潟市の篠田改革（2007～2018年）、東京都の小池改革（2016～2019年3月まで）の4つを取り上げたい。

1　4つの大都市自治体の改革事例

　ここでとりあげる福岡市、大阪府・市、新潟市、東京都の経営改革は、いずれも、当時において与野党相乗り体制を打破して当選した首長が行政のあり方を全面的に見直そうと考えて始まった。その際には外部の第三者による評価と民間経営の視点が取り入れられた。内容は福岡市、東京都では庁内現場の改善運動（サービス、働き方）（以下「A型：庁内改革型」とする）が中心だった。一方、新潟市、大阪府・市では庁内改革にとどまらず都市の競争力強化を意識した地域や事業の戦略の見直しに力点が置かれた（以下「B型：都市再生型」とする）。

　A型とB型の違いを図2-1にまとめた。第1にA型では現状の不都合の是正（赤字収支、不祥事等）から出発して正常化を目指す。B型では改革の必

要性を外部環境の厳しさから説き、将来ビジョンに向けて現状を変えようとする。第2にA型では日々の現場の改善活動で目の前の課題を解決し、それが積み重なって改革となる。B型では業務や事業のやり方を一気に改変する非連続型の改革である。第3に改革の担い手だがA型では現場の執行責任者に改革を委ねる。対してB型では首長と外部専門家が主導する。A型は大胆な改革につながらないが、現場が納得して実施するので歩留まりは低くない。第4にA型では行政職員が内部の対話と説得で物事を動かそうとするため外から様子が見えない。B型では積極的に情報公開をする。非効率やいわゆる悪さ加減も全部表に出し、外圧を頼りに現場の改革を迫る。しかし場合によっては、マスコミや議会も巻き込んで、不必要な対立や摩擦を生じる可能性がある。

　A型、B型いずれにおいても筆者は首長顧問として[3] 着手の前から首長と相談し、数年にわたる改革の道筋を設計し、適宜軌道修正していった。大きな流れは次のとおりである。最初に筆者ら外部専門家が主導して専任の改革担当部局とともに第三者評価を行う。そして経営課題を抽出する。それに基づき各事業部門の職員チームが自らデータによる現状分析と課題の見える化を行う。そして数年後の事業の姿を予想する。それが「あるべき姿」からずれる場合には、改革案を複数考えて首長の判断を仰ぐ。これは筆者が大企業向けの経営改革のコンサルティング業務で行っていた手法と同じである。しかし企業改革とは異なり、自治体改革では第三者評価と情報公開が前提となる。調査で出た課題はすべて公開する。職員も参加するが外部委員主導で主要事業や業務の現状評価を行い、結果は報告書にまとめ公開する。公開はHP掲載のほか、場合によって記者会見を行う。公開は重要である。例えば2005〜07年の大阪市役所の市政改革プロジェクトで主要事業の生産性を調べると、多くの事案で投入人員も予算も同等の大都市を2割程度上回っていた。また2011年の大阪市の橋下改革では補助金がどこにいくら払われているかも公開した。事実が公開されると不都合は放置できなくなる。議会でも市民目線を意識した議論が始まり、いわゆる既得権益の打破がしやすくなる。だから改革の前には情報公開制度を点検し、公文書の原則公開などのルールを整備しておく。現場レベルでは同時にTQM（トータル・クオリティ・マネ

ジメント）やサービスデザイン、CS 活動（顧客満足度調査）等を展開する。自治体の場合、成果指標は収益のほか、利用者の満足度や費用対効果など多様な指標を使う。なお、投資判断を伴う事業や大きな事業の見直しでは戦略ビジョンの練り直しや経営形態の見直し（PPP、民営化等）に至る場合もある。例えば 2008 年に始まった大阪府・市の一連の改革では事業の経営状況の分析を経て地下鉄、水道などは民営化、病院、大学、研究施設は独立法人化を提案した（大阪府・市の水道と大阪市のゴミ収集の民営化以外は実現した）。

2 「A 型：庁内改革型」の具体事例（福岡市、東京都）

(1) 福岡市の行政経営改革

　福岡市の行政経営改革は 1998 年の山崎廣太郎市長の当選を機に始まった。同氏は市長公約に「行政経営」を推進すると掲げ、99 年に「経営管理委員会」を設置し 7 人の民間出身委員を任命した。委員長には国鉄民営化を主導した石井幸孝氏（当時 JR 九州社長）を、委員には筆者のほか株式会社麻生の松田美幸氏らが選ばれた。委員会は第三者、外部の視点から市役所のあり方を見直すと宣言し、職員アンケートや委員自らによる幹部ヒアリングを行い、現場の問題意識を把握した。出てきた意見は市民サービスの改善提案や庁内の制度や手続きの簡素化、人事制度の柔軟化が多かった。委員会は「行政経営」を職員の自律的な改革から始めようと考えた。そこで 2000 年 4 月にDNA 運動を提案した。これは「D（できる）から始めよう、N（納得する仕事）、A（遊び心を忘れずに）」という語呂合わせだが、市役所の行動様式を手続き主義から結果主義へ、役所起点から市民起点に変えることを狙った。取り組んだテーマは地下鉄の終電繰り下げや職員の出張時の経費の精算方法の簡素化など具体的かつ身近なテーマが多かった。それを市長以下幹部の会議で一つ一つ議論してすぐに変えることを決めていった。経営改革委員会はそのほかにも現場への権限移譲や市民との対話など様々な仕組みの見直しを提言し「行政経営」の全体像を示した。当時の委員会の報告書の根幹の考え方が図 2-2 である。経営管理委員会の活動は 2 年で終わり、その後は市役所による自律改革にゆだねられたが、DNA 運動の手法はその後、全国各地の自治体に広がった。

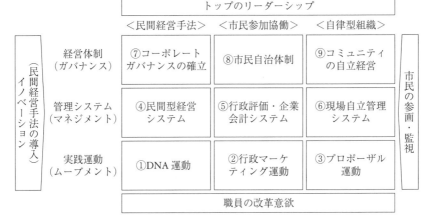

図 2-2　福岡市の DNA 改革の全体像
出典：『市長への提言：「行政経営」の確立を目指して―DNA2002 計画　市役所の "DNA 転換"
　　　に向けて』、福岡市経営管理委員会、2002 年 4 月 26 日

（2）東京都の都政改革

　東京都では 2016 年 7 月に小池百合子氏が知事に当選した。小池氏は五輪
予算の見直し、築地市場の豊洲移転の妥当性の検証、議会改革等を公約に掲
げていた。そして就任後、直ちに都政改革本部を設置して、情報公開や五輪
予算の検証等に着手した。都政改革本部には外部の大学教員、経営コンサル
タント、弁護士等が特別顧問や特別参与として就任した。筆者は特別顧問の
リーダーとして都政改革本部の設計と庁内での位置付け、また知事や専任職
員の役割、取り組みテーマの設定等を行った。同本部の当初の優先課題は、
第 1 に 3 兆円を超えると舛添前知事が懸念していた五輪の総予算の抑制策を
考えること、そして都庁が自ら建設する五輪関連施設のあり方と予算の縮減
余地を見直すこと、第 2 に不透明といわれた都庁の情報公開や入札のあり方
を見直すこと、第 3 に長年、行われていなかった行政改革の方針づくりと立
ち上げだった。

　第 1 の五輪関連については筆者のほか経営コンサルタント 4 名等で調査チ
ームを編成し、企業の事業経営分析と同様の手法で第三者視点からの調査を
行った。調査の中間報告は 2016 年 9 月 29 日の都政改革本部で発表した。そ
こでは総予算が 3 兆円を超えるリスクがあること、五輪開催の予算総枠を管

理する仕組みが不十分でIOC（国際オリンピック委員会）を含む関係団体との協議体制の見直しが必要ということ、そしてボート競技場、アクアティックセンター、有明アリーナについては施設の建設そのものの必要性の見直しと規模の縮小を提案した。

　第2の課題の情報公開についてはすぐに方針を出し、規則改訂が始まり、年度内に制度改革を終えた。入札制度の見直しは当初は年度内を目標に取り組んだが、事業部局や応札する事業者の動向を把握しながら行う必要があり、翌年度いっぱいを要した。この作業には筆者のほか、コンサルタントや弁護士の特別顧問でチームを作り他の自治体の制度との比較分析によって現行制度の不備を指摘し、規則を改訂した。

　第3の行政改革の方針づくりは総務局や財務局の幹部職員との討議を通じて提案に至った。具体的には大阪府・市の取り組みを参考に都庁の「2020改革プラン」を作成し、18年3月に発表した。ビジョンの最大の特徴は改革推進主体を現場部局としたことだった。行政改革の推進部局は調整役に徹し、まずは各部局が自ら改革のテーマを決めて自主的に取り組む体制とした。従来は全部局に一律割合で予算削減や事務事業の縮小・見直しを迫っていた。だが今回は各局に自律的に改革の計画を立ててもらった。その結果、改革テーマは予算削減や事務簡素化だけでなく、職員の働きやすさや個人の業務効率の向上、庁内手続きの簡素化やICT活用等に広がった。

　「2020改革プラン」は職員個々が取り組む「仕事改革」、各局が主要事業の目的、費用対効果等を見直す「見える化改革」、全庁的な「仕組み改革」の3つを柱とした。だが各局の自主性だけでは限界がある。そこで都政改革本部会議をマスコミにも公開して毎月開催し、毎回、2〜3の局の進捗状況を局長に発表してもらい、講評を知事や外部委員（特別顧問）が述べ、深度を深める工夫をした（実際の会議の場で辛辣な講評を述べることは少ないが、外部委員は事前に各局に何度もヒアリングと内容指導を行った。局長が最終成果物を知事とマスコミの前で発表して外部委員による講評を受けるしつらえは事前のヒアリングの有効性を高めた）。外部委員が参加する都政改革本部主導の行政改革の体制は18年3月末に特別顧問制度が廃止されるまで約1年半続いた。

3 「B型：都市再生型」の具体事例（新潟市、大阪府・市）

（1）新潟市、篠田市政の改革

新潟市では2002年11月に篠田昭氏が市長に当選した。その後2005年に同市は周辺13市町村と合併し、さらに2007年4月に政令指定都市となった。その後、同氏は新政令市のビジョンを構築すべく2007年4月に市役所内に都市政策研究所を作った。所長には市長の要請により筆者が就任した。所員には専任の職員のほか地元新聞の元記者に加え非常勤でコンサルタントや大学教授が参加した。研究所は14年3月まで7年間設置され計16個のテーマに取り組んだ[4]。当初は合併後の新政令市の農業、産業、交通（空港、公共交通）、環境などの調査を行い2010年1月に田園環境都市構想をまとめた。その後は区役所や文化施設の在り方や高齢者の医療介護や子育て環境の見直しなど民生分野に研究テーマを広げた。しかし14年4月、市役所各部の施策との接合を図るべく、研究所は廃止され、新たに「政策改革本部」が設けられた（筆者は「本部統括」に就任）。本部では医療・保健、複合施設の見直し、ICT戦略の刷新等に取り組んだ（19年3月の同市長の退任にあわせ同本部は廃止され筆者も12年間の新潟市での活動を終えた）。

新潟市の改革を前期の政策研究所時代と後期の政策改革本部時代の2つに分けて振り返る。前期では、合併と政令指定都市化を機に行う調査だったため検討テーマは「空港」「米作」「産業」など市役所の業務を超えた地域戦略、そして県政に近いものが多かった。若手職員が次々と配置され、外部委員との協働作業で政策形成能力を高める工夫がされた。研究所と市役所の各部局は不即不離の関係とされ、「高齢者医療・介護」などでは保健所や医師会等との意見交換を踏まえて提言した。研究テーマで既存の担当部門がある場合には当該部局の職員も参画した。

後半の「政策改革本部」時代の取組テーマは健康寿命延伸、ICT活用、下水道事業など市役所内部の懸案を解決すべく選定された。テーマ一つにつき約4か月から半年をかけたが分析にはマッキンゼーの企業の経営分析手法を応用した。提言内容は下水道整備の更新計画の見直しなど大きなものから健康診断の受診案内のダイレクトメールのデザイン変更まで多岐に及んだ。テーマの選択は主に市長と筆者（本部統括）が行った。プロジェクトチームは

調査結果と提言を約 3 か月ごとに本部長である市長以下の全部局長が出席する幹部会に報告した。こうしたしつらえのもと、本部は市役所の各現場部門に経営改革を促すペースメーカーとなった。

(2) 大阪府・市の維新改革

　大阪市と大阪府は 2008 年 2 月の橋下徹氏の知事就任以降、数々の経営改革に取り組んできた（以下「維新改革」とよぶ）。維新改革は現在も続き 14 年間に及ぶ。その間に大阪維新の会の設立（10 年）、同会の国政進出（12 年）、首長選挙による知事と市長のペアの組み合わせの交代（11 年、15 年、19 年の 3 回）があり、さらに府市統合（大阪市の廃止と特別区の設置）の是非を大阪市民に問う 2 度の住民投票（15 年 5 月、20 年 11 月）があった。

　維新改革の狙いは大都市圏・大阪の活性化である。経営改革の内容は行政改革にとどまらず 3 つのレベルから成る。第 1 は庁内の行政改革である。これは特に現業を数多く抱える大阪市役所で 2011 年の橋下徹氏の市長就任後に始まった。見直しはほぼ全ての分野に及び、成果指標に連動した補助金の付与（文化団体の支援等）や公園等の施設運営の民間委託から、地下鉄・バスの民営化、美術館・博物館や動物園の独立行政法人化等の経営形態の見直しまで広範に及んだ。第 2 は統治機構の見直しである。これは政令指定都市制度のもとで生じる府庁と市役所の二重行政の無駄やインフラ等への分散投資による非効率を打破すべく、大阪市と大阪府を解体・再編しようというもので、具体的には東京都と同様の都区制度を導入する制度改革案（いわゆる「大阪都構想」。以下「都構想」）だった。都構想は金融機関の経営統合に似ている。大阪の経済圏域は府域全体に広がり、高速道路や空港アクセス鉄道の建設ニーズは市域を超えていた。合理的に考えると、大阪全体の繁栄を目指して府と市は市域の内外にかかわらず共同でインフラ投資等の政策を展開すべきだった。しかし 2 人の首長と 2 つの議会の足並みがなかなか揃わず分散投資となっていた。また大阪は狭く南北に細長い。近接した所に府と市が会議場等の施設を別々に作るなどの無駄があった。さらに基礎自治体としての大阪市役所は人口 276 万人（22 年 11 月 1 日現在）を擁し、巨大すぎて市民サービスの目が届かない。そこで都構想では大阪市役所は政令指定都市制度か

ら離脱し、広域行政は府に任せ、住民サービスは新たに4つ（当初案は5つ）の特別区を設置する案を提唱した。しかしこの実現には地方自治法の改正が必要だった。それを国に迫るために大阪維新の会は国政にも進出し（12年9月）、当時の民主党政権、続いて自民党政権との協議を経て「大都市地域における特別区の設置に関する法律（12年）」を成立させた。その規定に沿って都構想の是非を問う住民投票が2回（15年5月及び20年11月）行われた（但し、過半数は得られず）。第3は地域の成長戦略である。内容は関西空港へのアクセス鉄道であるなにわ筋線の建設、淀川左岸線の道路整備、大阪駅前のうめきた地域の再開発、臨海地域の夢州へのIR（統合型リゾート）や万国博覧会の誘致等である。また企業誘致や住民の経済的自立を支えるためには学力向上や現役世代の自立支援が必須と考え、教育・育児支援の予算増強などが行われた。さらにこれらの前段階としての関西空港の経営再建（最終的には国がコンセッション方式によって伊丹空港を民営化して新関西国際空港株式会社と経営統合）、自治体の財政基盤の回復（府・市の不良債権の整理、財政再建、府・市の外郭団体の事業の売却、市の遊休不動産の処分等）があった。

　以上のように大阪府・市ではスケールの大きな経営改革が長期にわたり継続されてきた。背景には大阪維新の会という強力な政治基盤を構築したことがあろう。同会は府知事と大阪市長のポストを獲得し、さらに府議会と大阪市議会で最大多数の会派を形成してきた。その強い政治基盤のもとで行政の内部経営改革（庁内改革）はもとより地域全体の活性化策や国の自治制度を含む統治機構の改革まで手掛けてきた。

Ⅲ　従来の行政改革との違い

　前節でみた大都市の経営改革は従来の行政改革とどこが違うのか。第Ⅱ節の4つの事例を手掛かりに、大都市の経営改革がどういうメカニズムと動力源のもとに動いてきたか掘り下げる。

1　資源投入の削減よりも費用対効果に着目
これまでの自治体の行政改革の目標はおしなべて財政緊縮や組織・人員の

簡素化だった。多くの場合、財政当局が主導し、推進のよりどころは財政赤字だった。現場部局は当然、抵抗する。そこで行政改革を推進する専任の部門が設けられ、「全部門一律に予算を○○％削減」といった数値目標が掲げられた。また行政機関では何事も時間をかけて毎年少しずつ取り組むことが多い。行政改革も漸新主義のもと、少しずつ継続して進められてきた。

　これに対し、経営改革の手法では事業・サービスの在り方を全面的に見直す。すなわち、事務や事業の必要性を見直し、次に顧客（住民）が期待するサービスのレベルや政策手段の妥当性を見直す。そのうえで存続意義があると考えた事業について、費用対効果の最大化を図る。その手段には民営化、民間委託、独立行政法人化など経営形態の見直しを含む。このように経営改革ではいきなり投入予算や人員の削減から入らない。作業は現場部局の行政パーソンが自らの事務事業を数字とロジックモデルを使って客観的に経営分析して事業の現状の妥当性を検証することから始める。また現場の思い込みや独りよがりを排すべく検証には庁外の第三者が関与することが多い。こうして個々の事業の見直しをした上で、全体の予算と人員の優先順位を決める。また大きな改革には現場や住民から疑問や反発も出ることがある。首長が総合判断する。

2　現場改善からスケールアップ

　経営改革は個別の事務事業の合理化の積み重ねから始まる。管理部門の抽象的スローガンでは進まない。担い手は行政改革の推進部門ではなく、個別の事業、施設、機能を担う現場部門である。改革の手順もまずは現場レベルが生産性とサービス品質を自ら評価する。現場で解決できること、例えば作業手順の見直しなどはすぐに実行する。予算、人員、組織、制度を変える必要がある場合は課題を数字とともに「見える化」して幹部、管理部門、首長に問題提起する。さらに行政機関内での改善に限界がある場合には、直営から民間委託へ、あるいは民営化などの経営形態の見直しや近隣自治体との共同事業化など水平連携も考える（特に水道、下水、消防、ごみ処理、公共交通エネルギーなどのインフラ事業）。このように経営改革は、最初は地味な現場の見直しから始まるが、必要な場合には大きな改革に至る。

3　見える化、情報公開と情報発信

　行政機関には競争がない。株主もおらず倒産のリスクもない。一方で行政機関は戦略を秘匿する企業経営とは異なり、情報は公開するのが原則である。よって行政機関の改革では情報公開をうまく使って世論喚起をする必要がある。課題が情報公開されると各事業部門で議会やメディアからの外圧を意識した自律改革が進む。

　経営改革の「見える化」の第一歩は首長も出席する定期的な進捗チェックの会議（大阪府・市では府・市合同の府市統合本部（後に副首都推進本部会議）、先述の東京都の改革では都政改革本部会議）での情報公開である。会議はメディアに公開し、議事録も全文を開示する。福岡市や大阪市の改革の初期では外部委員が第三者の視点から発見した課題をプレス発表する場面もあった。また維新改革に先立つ大阪市役所の 2005〜2006 年度の市政改革では筆者は職員チームと多数の事業分析を行った結果を 2008 年に『行政の経営分析』（時事通信社）として出版した。これは關淳一市長の退任に伴う改革の風化を防ぐためだった。3 年後、橋下徹氏が市長に就任した際には同書の指摘課題への取り組みから経営改革が始まった。また改革が長期にわたるとその成果を経過とともに総括する作業も必要となる。筆者は福岡市の場合には『自治体 DNA 革命』（2001 年、石井幸孝氏らとの共著、東洋経済新報社）、大阪の維新改革では前掲著のほか『大阪維新改革』（2015 年、紀田馨氏との共著、ぎょうせい）、『大阪から日本は変わる』（2021 年、松井市長・吉村知事の共著、朝日新書）を、新潟市の場合には『住民幸福度に基づく都市の実力評価』（2012 年、筆者が監修、時事通信社）の出版を通じて改革の成果を対外発信した。

4　外部専門家の関与（第三者評価、専門的助言、変革触媒）

　経営改革では首長が指名する顧問、改革委員等の外部の専門家が参画する場合が多い。コンサルティング企業に調査委託する場合もある。役割は医療・教育・ICT などの専門的知見の提供や経営改革全体の企画、設計、進行管理（変革プロデューサ）等である。専門家に求められる能力は、他自治体や企業改革の経験、経営分析スキル、そして住民の視点である。経営改革とは非日常的な、ときには即興的な判断の連鎖である。多くの臨床事例（先行

事例）の経験が判断の決め手や有益な助言につながる。

IV　経営改革であぶりだされる制度課題

　以上みてきたように経営改革は従来の行政改革の限界を超える改革の手段として有効だが、逆に経営改革をやったがゆえに浮かび上がる課題がある。典型が国が法で定める各種制度による自治体に対する規制、いわゆる官々規制の問題である。

1　国の市町村中心主義と事業の最適規模のずれ

　官民を問わず、およそ事業には最大効率をもたらす最適の規模がある。例えば防衛や通貨は国の単位で、保育や介護・福祉は市長村の単位で、産業誘致や観光戦略は都道府県やそれよりやや広いくらいの単位がよい。ところが大都市自治体住民サービスの経営改革に取り組むと事業規模が最適規模からずれていることにしばしば気がつく。例えば水道事業は市町村よりも広範囲とした方がよい。ゴミ収集は収集の物流と焼却炉の能力に照らして最適範囲が決まるが、多くの場合、ひとつの市町村では小さすぎる。わが国では多くの事業が国の法律で市町村単位と決められている。しかし、特に大都市圏では小さすぎて非効率が生じやすい。事業の範囲を広げる、あるいは経営規模を拡大するべきだ。その方法は、民間ビジネスでは合併や経営統合だが自治体の場合、市町村まるごとの合併は容易でない。また事業によって最適規模は異なる。そのため特定の事業に限って複数の自治体が合同で事業を営む一部事務組合や広域連合を構築する、あるいは市町村を超えて業務が分担できる県や県関連の団体に委ねる等の方法がある。あるいは複数の自治体が共同で特定の企業に委託し、そこを経由してスケールメリットを実質的に実現する等の方法がある。いずれにせよ、各自治体は柔軟に方法を模索すべきだし、国も全国一律に「市町村単位」とする原則を見直すべきである。

2　大都市自治体に特有の事業経営形態の必要性

　わが国の地方自治制度は原則として全国一律である。そのため大都市自治

体が各種の現業事業を運営する際の効率性を考慮した制度が用意されていない。東京都の都区制度はほぼ唯一の例外だが他都市への制度の適用が想定されていない。大阪の維新改革を経てやっと東京以外の大都市に適用する方法が法制化された。また国の場合は法律さえ通せば自由に特殊法人が設立できる。だが自治体の場合、法人形態は財団法人、地方独立行政法人、公益法人、株式会社等の既存のメニューから選ぶしかない。しかも地方独立行政法人の場合、担える事業が政令で定める領域に限定され、劇場などは独立行政法人化ができない。米国のオレゴン州には交通や住宅政策の権限を州政府や市役所から切り出した Metro という広域の地域政府が存在する。フランスにもメトロポールという大都市の行政サービスを広域で担う制度があり、ともに課税権まで持つ。わが国にも例えば首都圏全体の交通政策を担う広域政府があってもいいだろう。だがわが国では個々の自治体の枠を超えた組織・制度作りは全て国の権限となる。そして国が出てくると必ず全国一律の制度となってしまい、使い勝手がよくない。国は大都市自治体には事業の多様性に合わせた自由な法人形態を認める制度改正を考えるべきだろう。

3　自治体の意思決定に関する国の法規制の制約

　大阪市営の地下鉄・バスの民営化は議決までに 12 年を要した。これは地方自治法の特別議決制度で「特に重要と定めた事業」の廃止には出席議員の 3 分の 2 の賛成を要すると定められており、賛成票の獲得が難しかったためだ。事業を重要と定めたのは地方議会だからこれは、形式的には地元の意思の反映といえる。しかし国の事業の場合、経営形態の変更は国会の過半数の議決で足りる。それにもかかわらず地方自治体について国が法の定めをもとに特にきびしくするのは地方自治の本旨に反する。

　また都構想には大阪市と大阪府の両首長と両議会が賛成していた。しかし、国はそれに加えて先述の「大都市地域における特別区の設置に関する法律」に基づき、大阪市民に対する住民投票を義務付けた。自治体の合併や垂直統合（都道府県と市町村の再編）に際しては首長の合意と議会の議決だけでなく住民投票も行うという考え方自体は否定されるべきではない。だがその要否の判断を地元自治体の首長と議会に委ねず頭ごなしに予め国法で義務付け、

さらにその実施の手続きまで条例に任せず国法で細かく定めるのは地方自治の本旨に反する。

　以上、3つの課題を挙げたが、これらの課題は従来の行政改革では浮かび上がって来なかった。企業の事業改革でも社内の様々な改善努力を経たうえで事業の廃止や他社との合併、M&Aなど外科的改革の必要性に目覚める。大都市自治体の経営改革もそれと同じだろう。個別事業の経営改革に取り組めば取り組むほど国が数十年前に定めた大都市制度をこのまま放置していることの限界があぶりだされてくる。

V　経営改革の着眼ポイント

　以上述べてきたことをまとめ、本節では今後、大都市自治体の経営改革に挑む首長や支援スタッフが持つべき視点を4つあげて結びとしたい。

1　経営改革の必要性は首長選挙時から掲げる

　経営改革とは現状をよしとせず、将来の理想の姿に向けて事業と仕事のあり方を変える営みである。だが官僚組織は現状維持や前例踏襲を旨とする。従って現場のサービス改革を超えた行政機関の経営改革の必要性は公務員はもとより住民や議員の間では必ずしも共有されていない。よって経営改革に挑む首長は選挙の際に経営改革の必要性を公約に掲げる必要がある。首長が公約に掲げた事項は当選後に議会からも行政組織からも尊重されやすい。経営改革の土台作りは首長公約の準備段階から始まる。

2　事業分野別にA型かB型か見極める

　第Ⅱ節では福岡市と東京都は「A型：庁内改革型」、大阪府・市と新潟市は「B型：都市再生型」と総括した。だが同じ組織内の経営改革でも事業分野と時期によってA型、B型が混在する。早期の見極めが必要だ。

3　民営化と広域化は融通無碍に進める

　個々の事業の経営改革を進めると民営化や民間委託という解に帰結する場

合は多い。だが企業への事業譲渡や株式会社化は抵抗を招く場合がある。この場合、民間企業への包括委託や指定管理者制度などを柔軟に駆使して実をとる方法もある。また前節で述べたように自治体事業は市町村単位の小規模なものが多い。隣接自治体との共同事業化等で広域化のスケールメリットを追求する機会を探るべきだ。あるいは民営化が政治的に難しい場合にも事業別に隣接市町村との共同事業化を進め、それを民間委託し、実質的に民営化する方法を考える。

4 大都市が連携して国に制度改革を求める

大阪の維新改革では当初は知事が都構想を掲げ、政令指定都市制度の見直しを国に要望した。同時に地域政党「大阪維新の会」が国政政党を創設し国政に影響を与えた。その結果、住民投票が実現できた。地方自治制度の見直しでは陳情や要望を超えた政治的解決策が有効であることを示した例である。また都構想の場合は全国の政令指定都市の中で大阪府・市のみが制度の見直しが必要と考えたが将来的には他の課題でも複数もしくは地域外の首長同士が連携して国に制度見直しを迫る、あるいは国会で地域政党の連合体の会派を作る等の動きもありうる。むしろそうした構えを示さないと国は全国一律主義のもとにある地方自治制度を見直すことはないだろう。

おわりに

大都市自治体は巨大な事業体だが改革の舵取りを担うのは多くの場合、新任の首長である。しかも任期は4年しかない。これはベンチャー企業の立ち上げに等しい難行である。筆者はそうした"ベンチャー首長"と数々の経営改革プロジェクトを経験したが、日々が即興的判断の連続だった。本章の副題を臨床的知見としたゆえんだ。政策と政治に即興的判断はつきものである。本稿はそこに密着して得た経験知は研究対象になりうると考えてしたためた。今後、改革に取り組む関係者の参考になれば幸いである。

1) 横浜市は市立病院の経営形態を「横浜市市立病院のあり方検討委員会」を設けて検討
   し、最終的に日本赤十字社を指定管理者として市立みなと赤十字病院が開院した（「横
   浜市市立病院のあり方について（最終答申）」2003 年 3 月 26 日）。
2) 維新改革は 2008 年に橋下知事のもと大阪府庁で始まったが、11 年 11 月以降は大阪
   府と大阪市の首長がともに大阪維新の会に所属し（当初は橋下市長と松井一郎知事の組
   み合わせ。次に吉村洋文市長と松井一郎知事、さらにその後は松井市長と吉村知事の組
   み合わせ）、また同会が二重行政の打破と府・市の統合（すなわち「都構想」）を公約に
   掲げたため大阪府と大阪市が連携して進められた。またその推進のため大阪府・市は合
   同で府市統合本部（後に副首都推進本部）を設置した。
3) 筆者は大阪府および大阪市では特別顧問、新潟市では都市政策研究所長（のちに政策
   改革本部統括）、東京都では東京都顧問及び特別顧問、福岡市は福岡市経営管理委員会
   委員として参画した。
4) 新潟市の都市政策研究所の内容については https://warp.da.ndl.go.jp/info:ndljp/pid/
   10205551/www.city.niigata.lg.jp/shisei/seisaku/toshi_ken/theme.html を参照。

参考文献

石井幸考・上山信一（2001）『自治体 DNA 革命——日本型組織を超えて』東洋経済新報社。
上山信一（1998）『「行政評価」の時代——経営と顧客の視点から』NTT 出版。
上山信一（1999）『「行政経営」の時代——評価から実践へ』NTT 出版。
上山信一（2002a）『行政の経営改革——管理から経営へ』第一法規出版。
上山信一（2002b）『「政策連携」の時代——地域・自治体・NPO のパートナーシップ』日
   本評論社。
上山信一（2002c）『日本の行政評価——総括と展望』第一法規出版。
上山信一（2010）『大阪維新——橋下改革が日本を変える』KADOKAWA。
上山信一（2012）『公共経営の再構築——大阪から日本を変える』日経 BP 社。
上山信一（2014）『組織がみるみる変わる　改革力』朝日新聞出版。
上山信一・井関友伸（2003）『自治体再生戦略——行政評価と経営改革』日本評論社。
上山信一・大阪市役所（大阪市市政改革本部）（2008）『行政の経営分析——大阪市の挑
   戦』時事通信社。
上山信一・紀田馨（2015）『検証　大阪維新改革——橋下改革の軌跡』ぎょうせい。
上山信一監修・玉村雅敏副監修・千田俊樹編著（2012）『住民幸福度に基づく都市の実力
   評価——GDP 志向型モデルから市民の等身大ハッピネス（NPH）へ』時事通信社。
上山信一・檜森隆一（2013）『行政の解体と再生——ニッポンの"公共"を再構築する』
   東洋経済新報社。
オズボーン，デービット、テッド・ゲーブラー（1995）『行政革命』日本能率協会マネジ
   メントセンター。
木村俊介（2017）『グローバル化時代の広域連携——仏米の広域制度からの示唆』第一法
   規。

堺屋太一・上山信一・原英史（2012）『図解　大阪維新とは何か』幻冬舎。

篠田昭（2019）『緑の不沈空母——にいがたの航跡』幻冬舎。

橋下徹・堺屋太一（2011）『体制維新——大阪都』文藝春秋。

南学・上山信一他（2004）『横浜市改革エンジンフル稼働——中田市政の戦略と発想』東洋経済新報社。

山内弘隆・上山信一編著（2012）『公共の経済・経営学——市場と組織からのアプローチ』慶應義塾大学出版会。

山内弘隆・上山信一編（2003）『パブリックセクターの経済・経営学』NTT 出版。

吉村洋文・松井一郎・上山信一（2020）『大阪から日本は変わる——中央集権打破への突破口』（朝日新書）朝日新聞出版。

若松茂美・上山信一・織山和久（1993）『変革のマネジメント——明るい「リストラ」を考える』NTT 出版。

第3章 経済の変動と経済政策
——理念と実際の概要

和田龍磨

はじめに

われわれは日々経済活動をしているが、そこではミクロ経済学の最も単純なモデルが想定するような財、市場、売り手、買い手だけではなく、さまざまな財・サービスが多数の異なる市場で取引されている。政府による課税、給付、購入などがあるうえに、中央銀行の存在とそれが金融市場に及ぼす影響も無視できない。本章ではマクロ経済における政府の役割と中央銀行の政策を中心に取り扱う。

経済に関する政府の政策は多岐にわたり、その多くを網羅的にこの章で論じるのは現実的ではないため、ここではまず、なぜ経済政策が必要なのかという経済政策の根拠を論じ、その後マクロ経済の長期的および短期的な動きを見る。そのうえで金融政策、為替政策、財政政策について、個別の目的と各政策が持つ効果を、長期および短期について論じる。最後に日本の今後の課題から、経済成長のための長期的な政策を提示する。

I 経済政策の根拠

需要曲線と供給曲線の交点によって市場均衡を示す基本的なミクロ経済学では、均衡で生産者余剰と消費者余剰の和を最大化するため、課税など政府による市場介入は余剰で示される効率性を減少させるという意味で非効率である。もう少し厳密には、ある条件のもとでは市場経済の結果である競争均衡、すなわち消費者が予算制約下でその効用を最大化し、企業が利潤を最大

化し、需要量と供給量が一致するような価格で取引が行われることがパレート最適であるとする。すなわち、誰かの効用を下げずには他の誰かの効用を上げることができない状態になる。これを厚生経済学の第1基本定理という。

　もしこの定理が実際に当てはまるのであれば、なぜ政府による市場介入が行われるのであろうか？　この問に対してはいくつかの答えが存在しうる。まず、パレート最適という基準が実際には政策目標ではない可能性がある。少数の犠牲によって多くの人の効用が上がるのであればよい、という政策目標も多数決で政策を決める民主主義では十分ありうる。また、パレート最適が政策目標だとしても、第1基本定理の前提である仮定が崩れる可能性も現実にはあり、それらは市場の失敗と呼ばれる。原因の典型的なものとしては外部性、公共財、収穫逓増産業の存在がある[1]。

　外部性の例として挙げられるのは公害である。工場が有毒物質を川に排出することで、河口付近の海でとれる魚の価格が下がると漁業関係者には打撃であるが、これは魚市場参加者の外部で起こることが魚の価格に影響を与えている例である。このような場合には工場の操業レベルが社会的に望ましいレベルより高くなり、工場の操業レベルを何らかの方法で下げさせれば経済全体の厚生が上昇する。すなわち、政府には工場の操業レベルを下げさせるような政策が求められるのである。公共財とは各個人が費用を負担せずとも使用することができ、また誰かが使用したとしても別の個人も同じように使用できるような財であり、例としては道路のようなものをいう。このような場合には、各個人が費用を負担して公共財を作るインセンティブがないので、政府介入なしには望ましいレベルの公共財が供給されない。収穫逓増産業は多少複雑である。平均費用逓減産業ともいわれ、作るほど単価あたりの費用が安くなるような産業であるが、その多くは莫大な固定費用が必要となるためにそのようなことが起きている。例として航空機産業や電力産業を考えるとわかりやすい。このような産業に新規参入することは困難である。参入にあたって航空機を造る施設や発電所などが必要で、それら莫大な費用を負担しなければ参入できないが、既存の企業は造るほどに単位産出あたりの費用は下がるので、競争において有利になる。結果、自然独占と呼ばれる状態かそれに近い状態が発生する。実際に大手航空機メーカーは世界に2社しかな

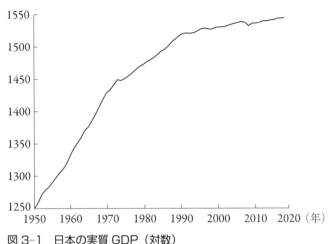

図 3-1　日本の実質 GDP（対数）

出典：Federal Reserve Bank of St. Louis, FRED より

（系列名 RGDPNAJPA666NRUG）

く、規制があるとはいえ発電を行う電力会社は限られている。独占において
生産者は、消費者の需要を所与として自らの利潤が最大になるように価格を
コントロールできてしまうので、単に独占者の利潤が不当に大きくなるだけ
でなく、競争的な市場での取引に比べると生産量が少ないために死荷重と呼
ばれる、厚生損失が発生するのである。端的にいえば市場の規模が縮小し、
誰かが得ることができた余剰がなくなってしまうという望ましくない側面を
持つために、政府の介入が必要になるのである。

　このように、市場の失敗が起きる際には市場をゆがめることになるが政府
の介入は経済学的に肯定される。しかし現実には所得格差の縮小を目指した
政策や景気促進、成長を目指した政策などがあり、これらについてはコスト
とベネフィットについての理解のもとに政策論議を進めるべきと考えられる。

II　短期と長期の分離──成長と循環

　戦後日本の実質国内総生産（GDP）を見てみよう。1950 年から 2019 年ま
での実質 GDP について自然対数をとり、100 倍したものが図 3-1 である。
自然対数をとることにより、傾きが GDP の成長率、すなわち経済成長率と

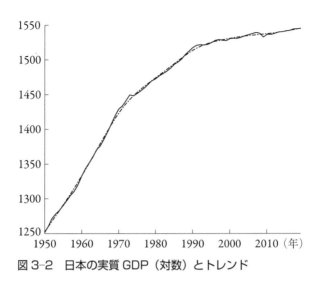

図 3-2　日本の実質 GDP（対数）とトレンド

解釈できる。すると、この期間で成長率は 2 回ないし 3 回変化していること
がわかる。ただし、GDP の変化あるいは経済変動には経済成長というゆっ
くりとした、長期的な GDP の変化（トレンド）と、景気循環（サイクル）と
呼ばれる短期的な変動がある。それらをどのように計測するか、GDP をト
レンドとサイクルにどのように分けるべきかという問題がトレンド・サイク
ル分離問題とよばれる。マクロ経済研究においてしばしば使われるのはホド
リック・プレスコット（HP）フィルターであり、最近では主要な統計ソフ
トウェアに組み込まれている。もちろん、GDP データをトレンドとサイク
ルに分離する方法は無数に存在し、この HP フィルターであっても、スムー
ジングパラメターの値を変化させることで異なる分離法になる。ここでは扱
っているデータが年次データであることから Hodrick and Prescott（1997）に従
い、スムージングパラメターの値に 100 を用いている。図 3-2 に示したもの
が GDP（実線）とトレンド（破線）である。

　1970 年代中盤にみられる傾きの急激な変化は、石油危機によるものと思
われているが、この分離法によれば突如として傾き（成長率）が変わったの
ではなく、ゆっくりと低下している。

　そして図 3-3 には GDP の値からからトレンドの値を各時点について引い

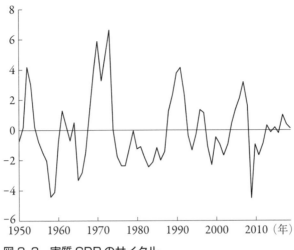

図 3-3　実質 GDP のサイクル

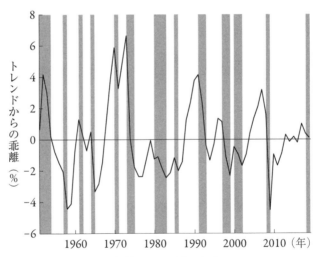

図 3-4　景気日付と実質 GDP のサイクル
出典：景気日付は内閣府経済社会研究所の発表したものによる。

たものであるサイクルが示されている。その計算方法から、ここでいうサイクルとは、トレンドからの実際の GDP の乖離をパーセントで示したものとなっている。この図 3-3 によると、1960 年代の終わりから 1970 年代中盤にかけては好況であり、1980 年代の終盤から 1990 年代初頭にかけては好況で

あったといえる。内閣府経済社会総合研究所が発表している景気日付は GDP のみならず多くの経済指標から景気動向指数研究会での議論を踏まえて景気の山と谷と決定しており、そこで示された景気後退期をサイクルとともに示したものが図 3-4 である。完全には一致していないものの、HP フィルターによってもある程度景気日付に合致した景気変動を推定することはできている[2]。

なぜトレンド・サイクル分離が経済政策の議論にとって重要なのであろうか？

それは短期的な効果しかない政策と長期的な効果を持つ政策が存在するからである。短期の政策に長期的な効果を求めることはできず、短期では望ましい効果を持つ政策が長期では望ましくない効果を持つ場合もある。

III 景気循環のコスト、経済成長と経済政策の目的

標準的な経済モデルでは、家計や企業は、小さな景気循環を好む。所得が毎期ごとに大きく変化するよりも安定していた方がよく、企業も経済環境が不確実で大きく変化するよりも安定的である方が計画を立てやすく、在庫や生産調整のコストも小さい。このため、景気循環をできるだけ小さくすることが経済政策の目的の 1 つともいえる。

もう 1 つの目的は長期的な経済成長経路を高めることである。生活水準を高め、経済厚生を向上させるための政策も重要な経済政策であるといえる。

次に経済政策に含まれる政策のうちで主なものである、金融政策、為替レート政策と財政政策について詳細にみてゆくことにする。

IV 金融政策の目標と短期的・長期的効果

金融政策が目標とするところは、多くの中央銀行の場合には、物価の安定と完全雇用である。この 2 つは短期的には相反するものであり、上記の例にもある通り、短期的には貨幣供給量を増やせば多少の物価上昇と引き換えに景気が上向き、雇用が増大するのである。一方、長期的には物価上昇が起き

るのみである。多くの国で「テイラールール」と呼ばれる金融政策ルールが採用されており、これはこの2つの目標を追求するために生み出されたといってよい。詳細は本書第6章を参照のこと。

　金融緩和を行って景気浮揚を図る、日本経済を成長させるという議論がしばしばなされる。しかし経済学者のコンセンサスは、金融政策には長期的な効果はなく、あったとしても短期的なものである。このことは数十年といった、超長期で考えるとわかりやすい。もしも貨幣を増発させることで経済成長が成し遂げられるのであれば、政府・中央銀行の役割は、できる限り貨幣増発に努めることである。これが間違いであることは直感的に理解できるだけでなく、歴史的にも証明されている。戦後の混乱期、政府支出が税収によって賄えないために中央銀行に国債を買わせ、代わりに貨幣を増発させればインフレーションが起きるが、それによって経済成長が起こるわけではない。生産物は増えずに、物価だけが上がるのである。端的に言えば、貨幣が増発されたために貨幣の価値が下がり、同じものを買うために多くの貨幣が必要になる。これを貨幣の購買力の低下という。長期の成長に必要なものは、財やサービスの生産に必要となる資本、労働、技術レベルの増加であって、貨幣量ではないのである。

　ではなぜ、短期では貨幣の増加が生産量を増加させることがあるのであろうか？　それは物価が短期では動きにくいうえに、需要によって供給が決まるからである。次のような例を考えよう。ある日、特別給付金1000万円が市役所から銀行口座に振り込まれ、「あなたが給付金対象者として選ばれました」という通知から来たとしよう。何のことかわからず驚くが、市役所から通知も来ているので怪しいお金ではなく、くじのようなものに当たったのだと理解する。知り合いにも同じようなことが起きているかと考え、連絡しようとするが、もしその知り合いが当たっていない場合を考え、連絡することはやめ、インターネットでも検索するが、同じようなケースはないようである。そこで、このお金をどのように使うかを考えることにする。将来のために残しておく部分と、使う部分に分けることを思いつく。そして、普段買えないようなものを買う。この場合には、この1000万円をもらった人は消費が増えてうれしいであろう。何割かは貯蓄するにせよ、この1000万円で

かなり財・サービスが買えることになる。これがもし、人口の 30 パーセントくらいの人に起きたとしたら、これらの人々がお金を使うので需要が増え、それに伴って生産も増やす必要がある。労働者が足りないということになるかもしれない。財やサービスが売れ、利益が増え、所得が増え、景気はよくなると考えられる。では、もしこの 1000 万円が全員に配られるとどうなるであろうか？　すると、需要が急増するが生産はすぐには増加できないので、さまざまな財・サービスの価格が上昇することが予想される。玉ねぎ 1 個が 500 円になるかもしれない。すると 1000 万円の価値はかつての 1000 万円の価値よりも下がることが考えられる。物価が上がれば、お金の購買力は下がるのであるから、もしも物価が 10 パーセント上昇すれば購買力は 10 パーセント下落する。そのようにして考えると、仮に給付金によって所得が 10 パーセント増えたとしても、10 パーセントのインフレーションが起きれば、買うことのできる財・サービスで見た際には給付金をもらう以前と同じ水準の消費しかできないのである。しかし、この物価の上昇がゆっくりとしか起きないのであれば、物価が上昇しきるまでの間は消費が上昇し、そして生産が増えるのである[3]。

V　金融政策は必要なのか？——金本位制、電子通貨の供給量と価値

　金融政策が長期的には経済成長をもたらさず、物価変動の原因でしかないのであれば、そもそも金融政策は必要なのであろうか？　今日のような貨幣量をコントロールする金融政策をやめて、かつて世界各国が採用したような金本位制に戻れば貨幣価値も物価も安定するのではないか？　実際、ビットコインなどのいくつかの電子通貨は供給量に制限があるということが特徴であり、長期的に価値が下がらないであろうということが多くの買い手を安心させていると見ることもできる。しかし、ビットコインの価格は大きく変動しているのが事実であり、また将来価格が上昇するであろうという投機的な購入が価格を上昇させてきたことも事実である。

　貨幣供給量の急速な増加は物価を押し上げ、インフレーションを招く。しかし、物価は貨幣供給量と貨幣需要量によって決まり、貨幣需要量が貨幣供

給量よりも早く上昇する局面では物価は下落する。このことを如実に示している例に 19 世紀末から 20 世紀初頭におけるアメリカが挙げられる。1873 年までアメリカでは金銀両本位制であったが、諸外国に歩調を合わせてドルの信認を高めるべく金本位制に統一した。このことは、銀が本位通貨から単なる貴金属にその地位が変わったことを意味し、通貨供給が減少したことを意味した。これは物価の下落を伴い、Ⅵで述べるような富の再分配をもたらした。この後、もしも貨幣需要が増加しないのであれば物価下落はどこかで止まるはずであったが、実際には経済は成長を続け、貨幣需要が増加しているにもかかわらず貨幣供給が限定的である状況が続いた（これは南アフリカとカナダでの金鉱の発見により、貨幣供給が上昇するまで続いた）。そもそもアメリカの金銀両本位は、金本位制のみでは貨幣供給が貨幣需要に追い付かずに物価が安定しない、継続的なデフレーションに苛まれるという懸念から建国初期に 15：1 という交換比率を決定したのであった。

　金本位制あるいは金の量に貨幣供給量が依存することの難しさは、20 世紀の出来事の多くからも見て取れる。第一次世界大戦に際し、各国は金本位制を離脱した。金本位制を維持すると戦時に拡張的な金融政策が不可能になるからである。ところが、第一次大戦後の 1929 年ニューヨークでの株価暴落に端を発する世界的大恐慌では、金本位制を維持し続けた国ほど、恐慌からの回復は遅かった[4]。戦後のブレトンウッズ体制は金 1 オンスを 35 ドルという固定価格での交換と、ドルと各国通貨の固定為替レートにより、体制内の各国通貨の価値は金によって裏付けられていたが、これはアメリカ以外の国ではドルと自国通貨の為替レートの固定に努める義務があったため、その為替レートと整合的にならないような金融政策は自由に行えないことを意味した。アメリカは理論上、金融政策が可能であったが、拡張的な金融政策は諸外国に増加したドルを交換できるほどの金がアメリカに存在しないのではないかという疑念を抱かせることとなり、早めの金交換を望む諸外国によってアメリカから金の流出を招いた。最終的には、アメリカがドルと金との交換を停止することでブレトンウッズ体制は崩壊した。

　この例からわかることは、貨幣需要は長期的には変化しており、貨幣供給も同様に変化しなければ物価は安定しないということである。つまり、金な

ど政府・中央銀行がコントロールできないものに貨幣供給量を依存させることは、長期的には物価の安定につながらない。

VI　なぜ物価の安定は必要なのか？——インフレーションのコスト

　インフレーション・デフレーションのコストにはさまざまなものが考えられる。インフレーションについてはメニューコストがよく知られている。レストランを考えると、物価上昇に応じて提供する料理の価格が上昇するので、メニューを書き換えなければならない。この手間などをメニューコストという。一般に、販売製品の価格が上がるので価格変更とその周知にかかるコスト全体をさす。ほかにもコストは考えられるが、予想しなかったインフレーションやデフレーションのコストは深刻である。これは現金の貸借を考えるとよくわかる。100万円を借りる際に支払う金利であるが、もしインフレーションが予想されるのであれば、金利に予想されるインフレーションを上乗せしなければ貸し手は同意しないであろう。なぜならばインフレーションの後、100万円で買える財・サービスは以前より少なくなっている、つまり100万円の購買力は下がるはずなので、その分を補償してもらわなければ貸さずに今使った方がよいからである。しかし、インフレーションが予想できなかったとしたらどうであろうか？　金利にインフレーションは上乗せされていないから、100万円を返してもらったときには、その購買力は低下しており、貸し手が損をすることになる。これを貸し手から借り手への富（所得）の移転という。デフレーションではこの逆のことが起きる。100万円の購買力は上昇するので借り手から貸し手への富の移転が起きる[5]。

　これこそがインフレーションとデフレーションの最も大きなリスクであり、このリスクが存在するために、インフレーション率が年々変化し、予想が難しい経済では貸したくない、借りたくないということから、経済活動が限定的になってしまう。

　上記のようなコストを考慮すると、インフレーション率が低く、安定的で予測可能であることが望ましい。

VII　中央銀行の存在と独立性——長期の課題

　日本をはじめ多くの国では政府ではなく半民間のような形で設置された中央銀行によって通貨政策がとられることが多い。これは政治から独立を保つことにより、中央銀行とそれが行う金融政策の信頼を高めるという理由によるものである。アメリカで political cycle と呼ばれるものは、選挙前に現職が再選のために拡張的な金融政策を模索するというものである。このようなことを防ぐために、連邦準備制度理事会の7人の理事[6]の任期は14年、日本銀行政策委員会の9人のメンバーは5年という比較的長い期間が法律で定められている。とはいえ、民主主義国家において国民生活に影響を及ぼす政策を行うのであるから、政治から完全に独立しているわけではなく、アメリカの場合には大統領による指名と議会上院の承認が必要で、日本でも衆議院・参議院の承認が必要である。

　中央銀行になぜ信認が必要なのかという疑問に対して、アメリカにおける1970–80年代のインフレーションが挙げられる。端的にいえば、将来のインフレーション予想が実際の将来インフレーションに影響してしまうことにより、中央銀行がインフレーションを許容すると市場が予想すればインフレーションは止まらない。将来のインフレーション予想が実際の将来インフレーションに影響を及ぼす理由は、例えば将来の原料費上昇を見込んで製品価格を上げる、生活費上昇を見込んで賃金上昇を要求する、などが挙げられる。上述のように、価格が上昇しないときには金融政策が非常に有効であるから、中央銀行がアナウンスメントによってインフレーションを許容しないと人々に信じさせておいて、これを裏切って拡張的な金融政策を行えば、このサプライズは相当の効果を持つはずである。しかしこれを行うと、人々は中央銀行のアナウンスメントや中央銀行そのものを信用しなくなる。つまり、どうせまた拡張的な金融政策を採るだろうという予想から、インフレーション予想が高止まりするので、実際のインフレーションを止めることが非常に困難になるのである。

　このため中央銀行は、通貨の価値を揺るがすインフレーションに対しては強い姿勢で臨むということを、実行によって示しておくことで信認を得てお

かなければ通貨の価値が揺らぐわけである。

VIII　為替レート政策

　現在、日本円と諸外国の通貨との為替レートは変動為替制である。つまり、時々刻々、為替レートは市場動向によって変化する。円が諸通貨に対して減価することを円安、逆を円高というが、円安では国内物価に上昇圧力がかかり、円高では輸出産業に悪影響があるという問題がある。為替レートは短期では内外金利差によって決まり、長期では物価の差で決まるとみられているが、為替レートが急変動を繰り返すようであると、財・サービスの貿易のみならず、株などの有価証券といった資産の国際的な取引が行いにくくなる。しかし為替市場は将来期待や投機的取引によっても大きく変動する。このため、急激な変動や本来為替レートを決定すべきファンダメンタルズとよばれる貨幣供給量、金利、国民所得から大きく乖離する場合には政府や中央銀行がその所有する外貨準備を使って為替市場に介入を行う。日本では必要に応じて財務省が日本銀行に対して介入を指示し、その資金は外国為替資金特別会計から支出される。外貨準備は外貨分だけでも 2022 年 7 月時点で 1 兆2000 億ドルに上り [7)]、その内訳はドルを中心にしているとみられるが、どの通貨を持っているかなどの内訳は公表されていない [8)]。金融市場に関わり、金利や貨幣供給量に影響を及ぼしうる政策であるが、中央銀行が政府から独立して行う金融政策と異なり、政府が詳細を決定する政策であるところは興味深い。データを見ると、比較的頻繁に為替介入を行っているようである（図 3-5）。一方で、アメリカでは中央銀行に相当する連邦準備制度の公開市場委員会と財務省の指示によりニューヨーク連邦準備銀行が為替介入を行っている。連邦準備制度、財務省ともに外貨準備を持ち、それらはほぼ同額である [9)]。2022 年 3 月時点で外貨準備高は 390 億ドル程度であり、そのうちユーロが 6 割で円が 4 割である。これにより日本に比べると外貨準備が格段に少ないことがわかる。1996 年以降であれば、3 回しか介入を行っておらず、そのうち 2 回は日本円（もう 1 回はユーロ）である [10)]。

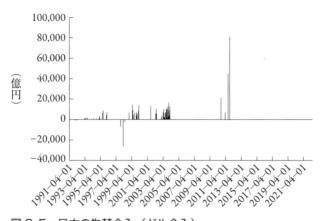

図3-5　日本の為替介入（ドル介入）
出典：Federal Reserve Bank of St. Louis Database, FRED より

IX　リカードの等価定理と財政政策

　不況時には税額を下げて景気浮揚を図るべき、という議論がある。税額が下がれば税引き後の所得（可処分所得）は増加するので、消費が増え、需要が増えるというのがこの主張の論理である。しかし、次のような反論もある。政府も家計同様に借りたものは返す、そして貯蓄はいずれ使うという原理で動いているのであれば、（政府の支出計画に変更がないとすると）現在税収を減らして支出のために借金をすると、将来これを返済しなければならない。そのため、将来増税をしなくてはならないということを所与とすると、家計は可処分所得が増えたからといって現在の消費を増加させることをせず、将来の増税のために貯蓄を増やしておくことになる。なぜならば通常、家計は時間を通じて安定した消費を好み、現在大量に消費し、将来はほとんど消費しないというような消費計画を望まないからである。このとき、現在の消費は増加しないので、減税という財政政策は、景気浮揚効果がないことになる。これをリカードの等価定理という[11]。現実にはここで想定しないような消費計画を好む家計もあり得るし、政府が家計同様の予算制約に服しているかも疑問である。したがって、減税という財政政策がどの程度の短期的効果を持つかは計量経済学的手法で推定を行ってみなければわからない。

X　長期的政策──今後の発展に向けて

では長期成長のための政策とは何であろうか？　成長の源泉については経済成長論で研究されているが、重要な要因として資本ストックの増加、労働の増加、および技術進歩によって国内総生産（GDP）は上昇する。しかし、今後の経済とりわけメタバースが大きな商業価値を持つであろう社会においては、資本と労働の増加が成長のためにどれほど重要であるのかはまだわからない。

しかし、財政および金融に関する以下の政策は長期的なインパクトを持つものであり、生産性を高めて経済厚生を向上させる今後の成長のために必要であると考えられる。

1　公共投資

厚生経済学の第1基本定理が成立しない例でもある公共財については、政府が必要な量を供給するべきである。市場の環境を整えることは政府の役割だからである。これからの社会における政府の役割はメタバースによる新たな経済での社会的資本の整備、行政サービスの電子化、成人をも対象としたメタバース社会を生きていくための教育への補助、電子取引の市場環境の整備など多岐にわたる。同様に道路や橋梁、水道といった伝統的なインフラストラクチャーは今後の少子高齢化ではこれまでの規模での維持が難しくなってくる。取捨選択を含め、これらをどのようにしてゆくかは今後の大きな課題である。

2　税制

今後はこれまでの累積政府債務に加え、少子高齢化によって政府支出は増える一方で政府収入は伸び悩むことが予想される。このような財政赤字が累積しないためには収入を増やして支出を減らすのがよいわけであるが、特に所得税については効率的な労働のインセンティブを高めるように設計することが望ましい。具体的には労働のインセンティブとならない扶養者控除の縮小、課税最低限の引き下げ、限界税率の所得区分ごとの変化を緩やかにす

る [12] ことなどが考えられる。法人税については今後施行されるであろう 15％ の国際最低課税ルールに従い、可能な限り抜け穴となる例外を認めない [13] で行う必要がある。

3　貯蓄

　少子高齢化により、現在の水準での社会保障、年金制度の維持は困難になってくるものと思われる。1つの解決策は勤労者各個人に貯蓄を求めることである。これは個人に自助努力を要求するものであるが、現在および将来の収入・支出について個々人が自らの責任のもとに計画を立てることを必要とし、それによって各個人が自由で独立した生活を営むことができるようになる。現在、拠出額を課税前所得から控除できる個人型確定拠出年金（ideco）は加入できる職種が限定されているだけでなく、拠出額の上限が最高でも年間 81 万 6,000 円というのはかなり限定的である [14]。アメリカの確定拠出 401（k）の上限が 2022 年に 1 万 9,500 ドル（1 ドル 130 円として 253 万 5,000 円）だったがこれに比べると相当少ない [15] と言わざるを得ない。

　また、退職金にかかる所得税が通常の所得税よりも優遇されているという現行税制も、退職金制度のない企業従業員から見れば不公平であるし、さらに実際には企業が運用責任を持ち、受け取る個人ではないために非効率でもある。この軽減所得税については、退職金とは長期にわたる慰労金が一時的に支払われているものであるというのが根拠になっている [16] が、各年で企業が従業員に報酬として支払った方が公平であるだけでなく、労働市場の流動化につながって効率的である。つまり、退職金の存在が必要以上に勤務先の企業に長く留まるインセンティブを個人に与え、適材適所を妨げる可能性があるのである。そのような観点からも、退職金への軽減課税ではなく、個人型年金の拠出額を大幅に引き上げる方が望ましいといえる。

4　金融市場

　メタバース社会の本格的到来を受け、金融市場は今後も変貌を続けていくことになると思われる。このために重要なことは市場の整備、市場の透明度を上げることで信頼できる市場にすることである。具体的には監督官庁によ

る十分な監視と規制を設けることである。例えば、電子（仮想）通貨については、現状に規制が追いついていない。電子通貨取引について最も進んでいると思われるアメリカであっても、最近の報告書 Presidents' working group on financial markets, the Federal Deposit Insurance Corporation, and the Office of the Comptroller of the Currency（2021）が述べているとおり、規制の必要性が認識されつつも立法化は十分に進んでいないのが現状である。例えば、取引所やディーラーの持つ認証システムが、それらの運営者が主張するほど安全であるのか。法貨に交換できるということになっていても、いつでもいかなる額でも換金できるのか、については十分に明らかになっているとは言えず、どのようにして詐欺行為を防ぐのかについてもその制度作りはこれからである。

おわりに

　経済政策は、市場経済が十分に機能しないところを政府が補完するとともに、効率性という価値基準のみにとらわれず、経済厚生を向上させるという目的のために行われている。ただし、経済全体には成長と循環という2種類の変動があるため、経済政策がどちらに影響を与えるのかを認識することが重要である。現実には循環を抑えることで安定した経済活動のために、金融政策や財政政策が用いられることが多い。しかしながら、実際にそれらの効果がいかほどであるかは定量的な問題であり、経済学研究者が即答できるものは少ない。一方、成長に影響を与える政策は、取捨選択が必要な社会資本や市場の整備、税制変更といった制度改変に近いため、政治力なくしては実行できないといえる。今後ますます変化が激しくなる世界経済に生きていく我々にとっては小手先の短期的な政策に期待するのではなく、議論を経て民主主義的に決められる長期的な政策が待たれる。

1）　このほか、第1基本定理が成り立たない例として個人が無限に存在する場合がある。これは有限の寿命を持つ有限の個人がいる経済が未来永劫存続するような場合を考えるときに、個人が自由に交換を行うよりも、年金制度のような政府による所得移転の方がパレートの意味で望ましくなるということがいえ、ここでも政府介入の必要性が示せる。
2）　ほかの分離法について、実際のデータについて検討したものは Perron and Wada（2009;

2016）がある。

3）　ただし、現実の金融政策は給付金を支給することによってではなく、市場利子率をターゲットに近づくように市場で債券の売買を行うことによって貨幣供給量を変化させる。例えば利子率を下げるような金融緩和では、主に投資需要を増加させることで総需要を増やすことが期待される。

4）　Krugman *et al.*（2018），p.279 の議論にまとめられている。

5）　前述のように 19 世紀後半に銀が本位通貨でなくなって以来、アメリカではデフレーションになり、特に農産物価格の下落は農民を苦しめた。農業では収穫時期すなわち収入のある時期が限定され、また比較的土地や機械といった固定費がかかったため、恒常的に銀行借入に頼っている状態であった。そのため、借り手である農民にはデフレーションは大変厳しく、これはポピュリズムの源泉となり、1896 年の大統領選の論点が金本位制を維持するか、銀を本位通貨に復帰させるかであった。ロックオフ（Rockoff 1990）によれば、L. フランク・バウムによる童話「オズの魔法使い」は実はこの銀の本位通貨復帰運動によるものである。この中のカカシが農民であり、ブリキの木こりはポピュリズムの担い手であった東部の工場労働者で、ライオンは銀の復帰（free silver）を掲げて 1896 年の大統領選を戦ったウィリアム・ジェニングス・ブライアン（William Jennings Bryan）だという。歴史上は金本位制維持のマッキンリーが当選し、次の 1900 年の大統領選も全く同様、2 人の対決となったがマッキンリーが当選した。

6）　実際に政策決定を行う公開市場委員会のメンバーとしては 7 人の理事に加え、ニューヨーク連銀総裁など、12 の連邦準備銀行から 5 人の連邦準備銀行総裁が投票権を持って加わる。連邦準備銀行総裁は上院承認人事ではない。

7）　https://www.mof.go.jp/policy/international_policy/reference/official_reserve_assets/data/0407. html　（最終アクセス：2022 年 8 月 30 日）。

8）　最近の介入はドルおよびユーロで行われている。

9）　https://www.newyorkfed.org/markets/international-market-operations/foreign-reserves-management　（最終アクセス：2022 年 8 月 30 日）。

10）　https://www.newyorkfed.org/markets/international-market-operations/foreign-exchange-operations　（最終アクセス：2022 年 8 月 30 日）。

11）　厳密には、支出の計画が決まっているときに、政府が支出をするために税で徴収しても、国債などによる借入でも、マクロ経済に与える影響は変わらないという意味で等価なのである。

12）　諸外国も日本同様、限界税率については歴史的変遷が激しく、また地方税や社会保障税、所得控除が国ごとに相当程度異なるので国際比較は容易ではないが、財務省の資料から判断すると、日本における累進性の程度については大いに議論の余地がある。https://www.mof.go.jp/tax_policy/summary/income/234.pdf　（最終アクセス：2022 年 8 月 30 日）https://www.mof.go.jp/tax_information/images/image16.pdf　（最終アクセス：2022 年 8 月 30 日）。

13）　現在の OECD の取り決めでは、大規模な多国籍企業が対象となるため、必ずしもす

べての企業に対して法人税が最低税率以上である必要はない。

14）　企業年金に加入している場合には、iDeCo に加入できない場合があるほか、現在の加入している年金や共済の有無によって、年間 144,000 円しか拠出できない。https://www.mhlw.go.jp/stf/seisakunitsuite/bunya/nenkin/kyoshutsu/ideco.html　（最終アクセス：2022年 8 月 30 日）。

15）　これに加え、個人退職金（IRA）の上限が 6,000 ドルであり、これも課税前所得から控除できる。なお、これら最大拠出額はインフレーションの影響を考慮して毎年変化する。

16）　https://www.nta.go.jp/publication/pamph/koho/kurashi/html/02_3.htm　（最終アクセス：2022 年 8 月 30 日）。

　「この退職金は、長年の勤労に対する報償的給与として一時に支払われるものであることなどから、退職所得控除を設けたり、他の所得と分離して課税されるなど、税負担が軽くなるよう配慮されています」。

参考文献

Hodrick R. and E. Prescott（1997）"Postwar U.S. Business Cycles: An Empirical Investigation," *Journal of Money, Credit and Banking* 29（1）, 1-16.

Krugman, P., M. Obstfeld and M. Melitz（2018）*International Finance Theory and Policy,* 11th ed., Boston: Pearson.

Perron, P. and T. Wada（2009）"Let's Take a Break: Trends and Cycles in US Real GDP," *Journal of Monetary Economics* 56（6）749-765.

Perron, P. and T. Wada（2016）"Measuring Business Cycles with Structural Breaks and Outliers: Applications to International Data," *Research in Economics* 70（2）, 281-303.

Presidents' working group on financial markets, the Federal Deposit Insurance Corporation, and the Office of the Comptroller of the Currency（2021）Report on Stablecoins https://home.treasury.gov/system/files/136/StableCoinReport_Nov1_508.pdf　（最終アクセス：2022 年 8 月 30 日）.

Rockoff, H.（1990）"The "Wizard of Oz" as a Monetary Allegory," *Journal of Political Economy* 98（4）, 739-760.

第Ⅱ部
政策形成プロセスの実際

第4章 医療政策の形成過程
合意形成のガバナンスとプロセス

印南一路

はじめに

　政策は、一般的には「公共的（社会的）な問題解決のための方向性と具体的手段」であると定義される（秋吉ほか 2010）ので、医療政策は「医療の問題解決のために決定された行動指針」ということになる。ここでいう「医療」は、狭い意味の「診断・治療」だけでなく、疾病予防・健康維持のための活動や治療後の療養、さらに介護まで含む広い概念（ヘルスケア）である。また、医師不足・介護従事者不足問題に見られるように労働政策、また医薬品の研究開発に見られるように科学技術政策、そして医療 DX の振興に見られるように情報政策・産業政策とも交錯する。

　秋吉（2017）は、公共政策学と他の個別学問、例えば経済学や行政学・政治学との違いを、問題志向、コンテクスト志向、知の多元性志向、規範志向の 4 つに要約している（pp. 25–26）。

　遡って、1990 年に慶應義塾大学総合政策学部は創設されたが、当初からの学部の基本理念は「問題発見・解決」であった。問題解決のためには、個別学問の発展を目指すよりも、関係学問分野や実務的・実践的な知見を分野横断的に活用・融合する必要があるので、総合政策もこれらと同じ志向を持たざるを得ない。公共政策と総合政策の違いは、前者が政策の担い手として、ガバメント（中央・地方政府）を中心に考えるのに対し、後者は非営利組織や営利企業、さらに多様なコミュニティをも政策主体として包摂し、ガバナンス（意思決定の規律）を考えることにある。医療でいえば、地域包括ケアの概念に見られるように、NPO や企業活動の参加による問題解決が不可欠

になっていることから、公共政策と総合政策の違いは相対的に小さくなっている。

　政策を中心に扱う学問分野は、政策科学、公共政策学（総合政策学）などと呼称されるが、確立された体系があるわけではなく、論者によって参照する学問分野もさまざまである。ちなみに、医療政策分野では、行政学、政治学、公共経済学、計量経済学などの他、医療経済学、疫学、医療情報学など多くの分野が関連する。さらに、多元的な「知」の中には学術的な知見だけでなく、行政官や政治家、政策関係者の実践的な知識も含まれる。また、問題解決を志向する以上、制度や政策の歴史的経緯や政策問題特有の状況であるコンテクストを切り離して考えることはできない。

　公共政策学では、政策過程に関し、of-知識とin-知識が区別されている（秋吉ほか 2010, 3-24）。前者は政策過程そのものに関する知識であり、後者は特定の政策領域に関する知識をさす。医療政策は専門性が高く、理解するには公的医療保険制度や医療提供体制に関する知識が必要不可欠であるが、紙幅の関係上、これらについての記述は割愛する。また、公共政策学自体の歴史的展開については、類書に詳しい（宮川 1994；秋吉ほか 2010；大山ほか 2013；秋吉 2017 など）。そこでは、ラスウェルやドロアの功績、米国における偉大なる社会の展開、予算制度の改革とその挫折等が記述されている。その他、政策形成過程については多くの分析枠組やモデルが提示されているが、それらも最低限の記述で済ませた。

　本章の課題は、of-知識である医療政策の政策形成過程を合意形成に重点を置いて論じることであるが、医療政策が他の政策分野とどこがどう同じでどう異なるのかについては、他の政策分野の記述を含めた本書全体を通じて明らかになるはずと考える。そこで本章では、意思決定論・合意形成論から見て、第一に医療政策がどのように形成されているか、特に課題設定はどのように行われ、最終的に合意形成がどのように実現するのかというプロセスと、それらを決定するアクターはどのような構造になっているのかという合意形成のガバナンスを中心に議論したい。

I 日本の医療政策の合意形成のプロセスと構造

1 段階（ステージ）モデル

　政策が問題解決である以上、もっとも単純な枠組は、「問題発見⇒問題解決」という2段階ステージであろう。しかし、例えば医師不足という問題が発見されたとして、それを解決するには、解決策（政策案）がなければならない。だから、「問題発見⇒政策案の創出・選択⇒問題解決」になるはずである。これを意思決定（判断と選択、合意形成）の問題と捉えると、政策案は通常複数あるはずだから（例えば、医学部定員の増加、医師偏在問題の解消、医師の働き方改革）、その中から仮に一つを選択するには、各政策案（選択肢）を評価することが必要になる。そして、政策案を評価するには評価基準が必要になり、この評価基準も通常は複数あるはずである（例えば、医療へのアクセス改善、医療安全の確保、個人情報・患者プライバシーの保護、実務コスト、費用など）。すべてに高評価の選択肢はまず存在せず、多くの選択肢は、ある基準では高評価であっても別の基準では低評価になりがちである。すると、もし最適な政策案を決定するというのであれば、どの基準をどれくらい重視するのかという基準間のウェイトの決定が必要になる。ウェイトは多分に価値観を含むので、このウェイトを決めるには、さらに上位の目的概念である理念が必要である[1]。

　また、時間軸を考えると、社会の問題が一度の政策選択で解決されることは稀である。特に、医療政策分野では現在議論している課題が、実は10年越しのものであることは珍しくない。画期的な解決方法（政策）を採用すれば、完全に問題が解決するということはほとんどなく、したがって、政策案の決定・実施後も、実際にどれくらい問題が解決されたのか、予想しなかった副作用はないのか等の評価（政策評価）が必要になる。2000年代中頃に、医師不足問題が脚光を浴び、その解決策として医学部定員の増加が図られた。しかし、実際の問題は医師の国家資格をもつ者の数が不足していたのではなく、地域や診療科に医師が偏在していたことであった。2006年から実施された医学部の定員増は20以上の医学部新設に匹敵する大胆な政策であったが、問題の根本的解決にはほど遠く、15年以上経っても医師不足（偏在）問

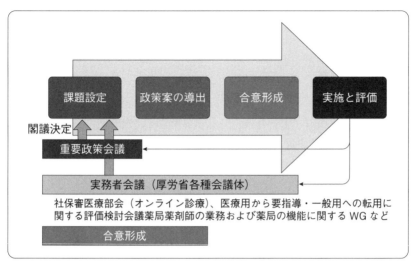

図4-1　政策形成過程におけるもっとも基本的な骨格（段階モデル）

出典：筆者作成

題は解決されていない。

　問題が解決されていなければ、最初の問題の部分に戻って（問題が細分化されたり変容したりする）、議論が再開・継続する。中長期的に見れば、全体がPDCAサイクル化していく（図4-1）。

　なお、この議論は「問題発見」から出発したが、全く新しい問題が新たに「発見される」というのは稀である。多くの政策問題は過去から長期間にわたって存在している。新型コロナ禍に伴い、医療DXの遅れ、防疫体制の不備、ワクチン開発力の問題など多くの保健・医療問題がクローズアップされたが、有識者や行政官の間では、問題の存在自体は新しいものではなかった。世界規模の新型コロナ禍によって、その問題自体の相対的重要性が認識され、優先的に解決すべき課題として、広く国民に共有されたということである。したがって、「問題発見」というのは、重要な政策課題として早期に解決が望まれる「課題設定」と言いかえるべきであろう。

　留意点がある。図4-1では課題設定の後に政策案の導出を置いているが、実際には課題（基本方針を含む）と解決案は不可分であることが多い。例えば、先の医師不足問題では、医師数全体の数が少ないことが問題であるとい

う課題設定は、医学部定員の増加という政策案と実は一体になっていて、初めから医学部定員の増加を図るために、医師不足問題を医師という資格の保有者数が国全体として不足しているという課題として設定されたことになる。一種の解決策先行型課題設定ともいえる。

　また、行政官や研究者などの多数の専門家からなる政策コミュニティでは、課題・基本方針と解決案はセットになっていて、常に漂っているといってよい。そこから、実際に課題設定されるには、テコとなる仕組みとモーメンタムが必要である。前者は重要政策会議であり、後者は事件と世論ということになる。図では、重要政策会議を要素として入れておいた。課題設定自体が時には政治化し、多くの場合、利害調整、交渉、合意形成の対象となる。

　このような課題設定を、与党・政府全体としては、どのように行うのであろうか。これが本章の中心課題である。

2　伝統的な合意形成の構造モデル

　どのようなアクター（個人・組織体）が、どのような会議体に関わり、相互にどのような関係があるか、すなわち合意形成のガバナンス構造に関して、政策一般については、古くはアリソン・モデルや政策の窓モデル、近年では利益（Interest）、制度（Institution）、アイディア（Idea）という3つのIに着目したフレームワークなど、種々のモデルが提示され、これらを援用した研究も広く社会保障分野を対象に蓄積されてきた（西岡 2003；北山 2011；宗前 2020 など）。

　医療政策に特化した合意形成のモデルに関しては2つの研究がある。印南（1990）は、被用者保険自己負担率導入に関わる1984年の健保法改正時の、合意形成構造をモデル化し、財界・自民党・健保連／野党・労働組合／医師会・歯科医師会・医系議員の主要3グループが政治献金や選挙支援などを通じてそれぞれネットワークを形成し、厚生省審議会と国会という2つのアリーナで、ネットワーク同士が闘争する構造を示している。池上・キャンベル（1996）は、医療政策の主要アクターは厚生省と日本医師会であり、前者は政策過程において中心的な役割を果たし、後者は診療サイドの最大のアクターとして政治的な影響力を有しているとした。医療費の適正化を推進する立

場にある厚生省を支援するのが財務省と保険者団体であり、日本医師会サイドを支援する立場にあるのが医療団体と、そして日本医師会からの強力な支持を得ている自民党であり、野党やその他の関係団体、専門家、一般国民については、影響力がないか、そもそも関心が低いと整理した。

いずれのモデルも、中央省庁再編前の官僚主導の審議会政治時代のものであり、現在のものではない。後述するように、官邸機能の強化に伴ってアクターは増加し、合意形成のアリーナであり正統性付与の場である会議体も増加している。現在の医療政策の形成過程を理解するためには新しいモデルが必要である。

3 合意形成の二元モデル

筆者自身の政策形成過程への関与[2]、および公表資料や複数の業界関係者・行政官・政治家へのヒアリングを通じて得た知見に基づき、利害対立が熾烈でもっとも合意形成が難しいとされる医療費問題を念頭に、主要なアクター・会議体と相互関係を整理した（図4-2）。議院内閣制の下では、政府・与党の合意がもっとも重要な政策推進のテコであり、それを実現するのが、経済財政諮問会議（以下、諮問会議）が毎年6・7月に公表する「経済財政運営と改革の基本方針」（以下、骨太方針）である。骨太方針の文言の記述には多数の組織、グループが関与するが、大きく分けると財政再建系の組織・関係者、医療団体の支援を受けた族議員の系統の組織グループ、中立系の組織・グループに分かれる。これら3つのグループが政府の会議体、与党内の会議体を通じて、ほぼ同時に医療政策に関する課題設定と政策案の審議を行っているという見方である。

政策の正統性確保

条約の問題を除外すれば、あらゆる政策の正統性（拘束性）の根本は憲法に求められる。法案・予算の執行に国会の議決が必要である所以であるが、日本国憲法は議院内閣制を採用しているので、与党が衆議院・参議院で安定多数の場合には、与党・政府間の合意形成が政策の正統性確保の基本になり、必然的に政治性を帯びている。

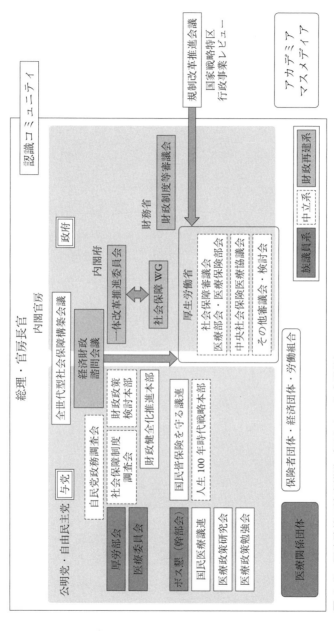

図 4-2 医療政策の決定構造（アクターと会議体）

出典：印南（2021d）を一部改編

与党・政府間の合意形成を明確化するものが閣議決定であり、その正統性が反対集団の抵抗を抑え、合意形成を行うテコであるともいえる。予算は閣議決定であり、諮問会議が公表する「骨太方針」も閣議決定であり、規制改革推進会議が策定する規制改革実施計画も閣議決定であり、全世代型社会保障検討会議（以下、全世代型会議）の報告書も閣議決定であった。

　会議体が大きくなり、正統性のピラミッドの中で上位に行くほど、事前の調整が重んじられ、閣議を含め会議体自体での議論は形式化する。閣議決定が難しい場合には、会議の開催自体が延期されることもあるし（全世代型会議）、民間議員ペーパーが提出されて終わることもある（諮問会議）。究極的には、与党自民党の総裁である総理大臣の決断に委ねられる。政府内の合意形成と与党内の合意形成をつなぐアリーナとしては、諮問会議がもっとも重要であり、その閣議決定である骨太方針が鍵になる。骨太方針に間に合わない場合には、大臣間合意が行われる（2016年暮れの「薬価制度の抜本改革に向けた基本方針」に関する四大臣合意など）。

　逆に総理の決意が明確な場合には、それがわかった段階で事実上の決着がつくことになる。菅総理の2020年10月26日の所信表明演説では、後期高齢者2割負担問題は明言が避けられ、紹介状なし外来受診時定額負担問題は言及の対象外であった。一方、薬価の毎年改定問題については、実施を明言しており、大きな違いが生じている。

　なお、上記は最終的な合意形成に関するものであるが、政策形成に当たっては、課題設定と基本方針の決定が通常不可欠であり、諮問会議がその役割を果たしている。特定の政策に反対する場合には、課題設定や基本的方向の決定自体に抵抗するはずなので、閣議決定を行う諮問会議にあっては、厚生労働大臣は臨時委員であって正式委員ではなく、全世代型会議においても医療関係者を排除している。

　一方、医療政策の分野は専門性が高いため、厚生労働省のみならず医療関係団体の実務的な知識が、実務的に実行可能な政策の内容を決定（制度設計）するに当たって必要不可欠である。したがって、課題設定、基本方針の決定、最終的な決定には重要政策会議[3]である諮問会議が、政策の細部を詰める実務者会議としては社会保障制度審議会（以下、社保審）、中央社会保

険医療協議会（以下、中医協）などが主要な会議体となるというように、役割分担していると見ることができる。

さらに、医療政策、とりわけ患者負担、受診抑制、医療費適正化に絡む案件は、国の財政再建と深い関わりをもつことから、財政制度等審議会が課題設定上重要な役割を果たしており、課題設定のイニシアティブを握っているといってもよいだろう。

同様の構造は、与党内にも存在している。自民党内では政務調査会の総会が最上位であるが、その下の政調審議会が事実上の決定機関である。政務調査会の下に、法案の与党審査権をもつ厚生労働部会、社会保障制度に関する特命委員会（その下に医療委員会）、財政再建に関する特命委員会（その下に構造小委）があり、さらに周囲には、「国民皆保険を守る国会議員連盟」や「製薬産業政策に関する勉強会（いわゆる衛藤晟一勉強会）」など多数の議員連盟や勉強会が存在する。族議員は元厚生労働大臣経験者や医療の専門職であることが多く、医療政策に関する専門知識を保有するので、与党内では財政再建系の議員よりも優位にあるかもしれない。

極めて大雑把にいえば、医療関係団体の支援を受けている族議員・会議体と、受けていない財政再建系の議員・会議体、さらに両方の構成員からなる中立系の会議体が複数存在しており、党内の多様な意見を集約できるよう全体としては巧妙に構造化されている。患者負担の増加（医療費適正化）に関わる政策形成については、財政重視派（財務省、財政再建系議員）と医療経営重視派（医療関係団体と族議員）間の合意形成が鍵であり、厚生労働省はその間で板ばさみになっている。

合意形成のガバナンス構造は以上の通りであるが、概念的には重要政策会議（と実務者会議）が重要である。以下、2つの重要政策会議である経済財政諮問会議と規制改革推進会議について、設置の経緯を含めて少し詳しく論じていこう[4]。

4　重要政策会議1――経済財政諮問会議
官邸機能の強化

2001年の中央省庁等改革において、内閣機能の強化の重要な柱の一つと

して内閣府が設置され、内閣および内閣総理大臣を助ける機関として「重要政策会議」が設置された。重要政策会議は、内閣総理大臣または内閣官房長官を議長とし、関係大臣と有識者からなる重要政策に関する会議体であるが、経済財政諮問会議（以下、諮問会議）はその1つである。実際には、それ以前に存在していた社会保障制度審議会（1948年創設）を解体し、社会保障審議会と諮問会議がその機能を引き継いだことになっている。

　中央省庁等改革は、縦割り行政の弊害を除去し、内閣機能を強化することによって、総合性・戦略性の高い政策立案を行えるようにすることが主目的であった。議院内閣制をとる日本では、国民が選挙を通じて議会をコントロールし、与党総裁が内閣総理大臣になることを通じ与党が行政府をコントロールする。形式的には内閣総理大臣は立法・行政にまたがる最高権力者であり、本来政策形成にリーダーシップを発揮できるはずである。しかし、総理大臣には実際的な権限がなく、改革以前には各大臣を通じて政策を実現するしかなかった。

　加えて、実質的な政策形成に大きな影響力をもつ職能団体については、上記のようなコントロール関係がない。職能団体は、専門的な知識およびさまざまな行政における協力関係によって、規制の対象から抜け出し、むしろ規制や政策を通じて監督官庁に影響力を行使し、省庁も規制を通じて業界利益に奉仕するようになるという見方も可能である（J・スティグラーの「捕囚理論」）。

　一方で、与党に対する官邸の機能強化は、1990年代の選挙改革に遡る（竹中 2020）。小選挙区制の導入により、選挙資金の分配、候補者に対する党の公認を通じて、党総裁の与党に対するコントロールが強まった。職能団体は、選挙協力・政治資金の提供を通じて党に対しても大きな力をもつ。特に、族議員と呼ばれる専門知識を蓄積した議員が、法令の事前審査の権限をもつ厚生労働部会、その他さまざまな党内会議体、議員連盟での議論を通じて、省庁および官邸に影響力を行使しようとする。官邸機能の強化は、その動きを牽制する役目を担うことになった。

財政再建と医療費問題

　経済財政諮問会議の下には経済・財政一体改革推進委員会が設置され、その下にさらに社会保障ワーキング・グループ、国と地方のワーキング・グループ等が設置されている。社会保障に関する政策は、社会保障ワーキング・グループで議論し、経済・財政一体改革推進委員会で議論し、さらに親会議で議論し、正式な意思決定になる。上に行くほど政治性が高くなり、社会的権威を背景とする委員が多くなる。諮問会議の正式な意思決定は2つあり、毎年6・7月に策定される経済財政運営と改革の基本方針（骨太方針）と12月に策定される新経済・財政再建計画「改革工程表」（会議決定）である。前者は閣議決定なので、与党・行政双方の統一的な意思決定ということになる。したがって、その一言一句に対して、水面下で激しい交渉が行われる。

　現代貨幣理論5) による批判はあるものの、経済成長を図りつつ財政再建を進めるという基本方針は現在の岸田内閣の下でも変更されていない。日本の財政支出を見れば、最大の支出項目は社会保障費であり、その中でも年金、医療分野が極めて大きい。年金にはマクロ経済スライドが導入されたため財政との関係は比較的明確になっている。結果として、社会保障ワーキング・グループにおける議論の9割は医療分野にあてられている。サービス提供者が介在し、社会保障費用の増加に攪乱要素があるからである。

　毎年、骨太方針が定まる6・7月の前の4・5月と、改革工程表が議論される12月の前の11月には、財政制度等審議会が開かれ、諮問会議で財務省提出資料と厚生労働省提出資料が議論される。社会保障ワーキング・グループにおける議論は、資料が膨大なうえ時間が限られているので、各委員からの省庁への質問とコメントに限られる。実質的な調整は、委員の意見を踏まえた上での、会議外の厚労省対財務省対内閣府の間で行われている。全体として、予算編成過程と密接な関係がある。

　一方、改革項目の多くは、職能団体の利害に関係する。職能団体は、諮問会議には参加できない。したがって与党サイドの会議体に対し、影響力を行使する。大まかに言うと、財政再建を旨とする財務省・財政再建系の議員と職能団体に影響を受ける族議員、および中立系の厚生労働省との間の不断の交渉が医療政策の多くを決定づけるといってもよい。

実務者会議との関係

実際の医療政策を理解し、政策案を形成するには高度な専門知識が必要であり、その政策案は現場での状況、実務レベルでの実行可能性、細かい部分の利害調整などに大きく左右される。諮問会議が与党・政府全体を縛る上位の会議体だとしても、政策の詳細は、社保審、中医協その他厚生労働省内の種々の審議会・検討会に代表される「実務者会議」に任さざるを得ない。財政に絡む医療政策の範囲では、諮問会議が課題設定、基本的な方向性の決定、KPI（政策目標値）および大まかな期限設定を行うのに対し、実務者会議が利害調整を含めた政策の詳細を決定する関係になっている。そして、諮問会議の決めた内容が実務者会議で変容し、時には骨抜きにされることもある。

5 重要政策会議2──規制改革推進会議

会議体の特徴

諮問会議が2001年の中央省庁等改革で創設され、民主党政権時代を除き一貫して維持されているのに比べ、規制改革系の会議体は変遷が著しい。推進会議の前身は規制改革会議であり、その前身は……と見ていくと、1995年の規制緩和小委員会まで遡る（図4-3）。規制緩和小委員会の後継の規制緩和委員会創設の背景には、日米包括経済協議と米国の「年次改革要望書」があるため、日米経済摩擦が遠因であるともいえる。その後の会議体群の目的は主として、経済環境の変化に即したイノベーションの推進、新製品・新サービスの創出、生産性の向上、地域経済の活性化などである。対応する分野は、医療・介護のみならず、教育、労働、農林、地方など幅広く、親会議の下に複数のワーキング・グループが設置されている。

会議体の変遷は著しいが、議長は同一人物であることが多く、しかも、前会議体からのフォローアップも行っているので、課題の継続性は一定程度保たれている。諮問会議の場合、経済成長と財政再建を一体的に改革するという趣旨から、財政当局である財務省が、財政審の建議を通じて課題設定し、厚生労働省が反論する、ないし対案を提示するという形式が主であり、いずれもかなりのエビデンスに基づく議論が主になっている。一方、規制改革推進会議（以下、推進会議）には特定の官庁のバックアップがあるわけではな

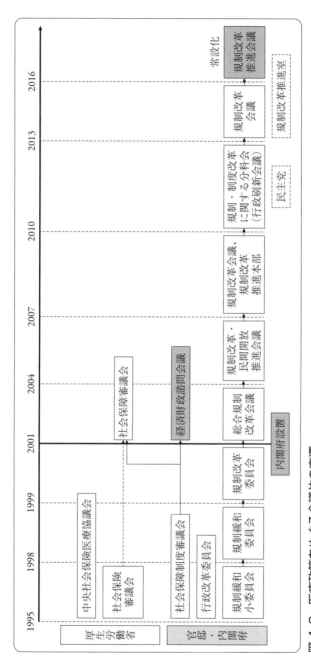

図4-3 医療政策をめぐる会議体の変遷

出典：印南（2022b）。

く、その事務局である規制改革推進室の責任者は、偏向を防ぐため各官庁からの出向者が持ち回りで担当している。独立した調査機構をもたず、むしろ特定の事業者や業界団体のヒアリングに基づいて議論を進めるという特徴があり、規制改革ホットラインなどの一般からの課題募集も重視している。

　なお、規制改革に関係する会議体としては、国家戦略特別区域（国家戦略特区）も存在する。日本経済再生本部（内閣に設置）からの提案を受け2013年に制定された制度で、地域や分野を限定することで、大胆な規制・制度の緩和や税制面の優遇を行う。推進会議も国家戦略特区もどちらも独立した相談窓口があり、前者は主として民間事業者、後者は自治体が申請者となっている。両者の間に特別な連携関係があるわけではない。

政策サイクル

　諮問会議も推進会議も、国全体の政策サイクルである予算編成、国会審議と同調している。諮問会議は6月の骨太方針の策定（閣議決定）が節目であり、年末の改革工程表とともに、課題設定・進捗管理を行う。その前に行われる財政審と合わせ、議論を行う期間は春と秋に集中する。推進会議は、同じく6月の規制改革実施計画（閣議決定）が節目であり、年末の「当面の規制改革の実施事項（中間とりまとめ）」で課題設定・進捗管理を行う。議論は年間を通じてかなり頻繁に行われるのが特徴である。諮問会議では、厚労省と財務省との間の水面下の調整・交渉が主となるが、推進会議では、規制改革推進事務室と所管官庁（医療・介護分野では厚労省）の調整・交渉が鍵となる。両会議とも、族議員、与党議員が当然絡んでくるが、諮問会議では財政再建系の議員が多数いるのに比べ、推進会議では、後押しする与党議員は限られている。行政改革担当大臣の意欲と調整力に大きく依存するともいえるであろう。

　また、諮問会議同様、推進会議も課題設定・基本方針の設定までは行うが、制度の詳細は「実務者会議」である厚労省の社保審、中医協などの関係審議会に一定程度依存している。規制改革会議が提案した「選択療養」が結局は「患者申し出療養」になったように、政策変容が起きることもある。このことが、諮問会議や推進会議においても、次第に制度の細部まで議論する傾向

を助長しているともいえる。現在では、重要政策会議においては、課題設定・検討の依頼に終わることなく、基本的方向性の決定、スケジュールの策定も定めることにしており、場合によっては所管官庁の会議体の構成、省令・通知案の内容にまで口を挟むようになってきている。

目指している利益

　諮問会議の根本的な目的は経済再生・財政再建であるが、推進会議の根本的な目的は何か。過去の規制改革系の会議体では、一般医薬品のインターネット販売、選択療養（患者申し出療養）等が取り上げられてきたので、市場原理主義の医療への導入、あるいは患者の利便性重視と捉えられるかもしれない。事業者の都合が優先され、患者の利益が損なわれるのではないか、特に医療安全の観点から異論が出されてきた。統計的なエビデンスというよりは、特定の事業者・団体からのヒアリングを多用するアプローチに対する懸念もあるかもしれない。しかし、プログラム医療機器（SaMD）の推進、ICTの活用、再生医療の推進、科学的介護など、最近取り上げられた課題を見ると、現在の推進会議の目的は、患者の利便性の追求というよりは、環境変化に呼応した社会イノベーションの推進に重点がある。

　およそ制度を改革することに対しては、必ず抵抗がある。これは改革が既得権益の毀損につながるだけでなく、新しい制度を学習する認知コストがかかること、慣れ親しんだ事務手続きを変更する手間がかかること、さらに将来に対する予測可能性が減少することが原因である。抵抗する側の論理としては、医療・介護分野では医療安全、患者のプライバシー保護、大規模なエビデンスの要求がある。根本的には、今までうまくいっているのに、なぜ変える必要があるのかという感情もあるかもしれない。しかし、そのような態度が、例えば薬局関係の昭和30年代の規制をそのまま残すことになって、イノベーションが生まれない結果となっている。新しいものが生まれない限り、現状の問題点は認識されずに時間は過ぎ去り、結局は国民も医療関係者もイノベーションの恩恵を受けることがなくなるのではないか。医療DXについては、日本は現在先進諸国中で最低レベルである。

　新型コロナ禍の教訓の一つは、日本はデジタル後進国であることを、これ

まで以上に明確に認識できたことである。デジタル庁、デジタル臨調が設置され、今後3年間程度で4万件以上にわたる法律・政令・省令・告示・通達・ガイドライン等がデジタル化の視点から見直されていく。すでに押印については見直され、目下は「書面」と「対面」が課題になっている。オンライン診療・服薬指導はその好例である。業務のDX化は、効率性を高め、対人業務への重点化に資するだけでなく、患者の利便性向上を通じ、医療へのアクセスが改善されることにつながる。デジタル技術の活用を通じ、医療現場の革新を図るプロアクティブな議論が望まれる。

II　事例過程分析——後期高齢者医療費2割負担の導入

　政策形成過程の実態を示す例として、後期高齢者医療費2割負担の導入を取り上げる[6]。

　この事例過程分析は、図4-2の決定構造図に従い、厚生労働省審議会、財務省審議会、諮問会議などの重要政策会議、与党、関係団体の5つのアクターについて、年表（割愛）を作成することによって行った。年表の作成に当たっては、業界記事[7]、一般新聞記事、各省審議会資料、団体HP等を参考にした。公開されている審議会資料や議事録は、おおむね会議における審議状況を反映している[8]。

1　政策課題の淵源

　公的医療保険における自己負担率の導入・引き上げの議論は長い歴史をもつ。後期高齢者医療制度は、2006年の医療保険制度抜本改革の際に、老人保健制度を廃止して創設したものなので、老人保健制度における自己負担の話が前史として存在する。さらに遡れば、高度経済成長期が終わる1970年代までは、国民健康保険をはじめ、給付率を引き上げる政策が主であった。また、1973年の老人医療費無料化により、高齢者の過剰受診、老人病院の乱立と病床数の急拡大、検査漬け・薬漬け医療、社会的入院、老人医療費の高騰など、さまざまな弊害が生じ、これらに終止符を打つための最初の政策が、1983年の老人保健制度の創設であった。無料化されている状態に自己

負担率を導入するのは政治的にも難しい。そこで当初導入したのは、定額の自己負担であったが、2002年には定率自己負担（一般3割、老人1割）が導入され、後期高齢者医療制度の創設とその自己負担率の問題につながった。

　高齢者のための特別な医療保険制度の創設は、1997年には与党の抜本改革案の一つとして提案され、骨太方針2002にも謳われていたが、実際に決定されるのは2006年の医療制度抜本改革においてであった。財政調整を行う前期高齢者医療制度と、独立した保険である後期高齢者医療制度の2つの組み合わせとして成立する。自己負担割合については、現役並所得を有する高齢者は3割、70〜74歳の前期高齢者は2割、75歳以上の後期高齢者は1割となった。

　この後、自民党の短期政権（安倍第1次、福田、麻生）が続き、後期高齢者医療制度の導入問題が一因となって民主党への政権交代が起こったが、民主党も短期政権（鳩山、菅、野田）となり、その間リーマンショック（2008年）、東日本大震災（2011年）と続き、議論は停滞した。ただし、2012年に野田内閣が提出した社会保障制度改革推進法により、社会保障制度改革国民会議が設置され、その最終報告（安倍政権下の2013年）では、全世代型の社会保障に転換することを謳っている。

2　最近数年間の経緯

　議論再開の最初のマイルストーンは、骨太方針2015が「世代間・世代内での負担の公平を図り、負担能力に応じた負担を求める観点から、医療保険における高額療養費制度や後期高齢者の窓口負担の在り方について検討する」と明記したことである。諮問会議自体は民主党政権時代には廃止されたが、2012年4月の衆議院選挙、2013年7月の参議院選挙、2014年12月の衆議院選挙において自民党が圧勝し、政権復帰したことで復活していた。同年の「新経済・財政再生計画改革工程表」（以下、改革工程表）、骨太方針2016でも同様に明記され、2016年7月には社保審医療保険部会で議論された。

　2017年9月、衆院解散・総選挙に向けて自民党が検討している公約原案の中で、全世代型社会保障の構築を目指す方針が明記された。さらに、10

月の財政審は、「現在70歳〜74歳について段階的に実施している自己負担割合の2割への引き上げと同時に、75歳到達後も自己負担を2割のままとすることに加えて、すでに後期高齢者となっている者についても、数年かけて段階的に2割負担に引き上げるべき」と一歩踏み込んだ。

　しかし、骨太方針2018、同年末の諮問会議、さらに骨太方針2019では、骨太方針2020に取りまとめるよう先送りしている。この間、2016年7月の参議院選挙、2017年10月の衆議院選挙でいずれも自民党が大勝しているが、事態は進展せず、社保審での議論も2018年10月に1回行っているだけである。財政審は、2017年10月の主張を繰り返した。

　次のマイルストーンは、2019年7月の参議院選挙で自民党が大勝した後の全世代型会議の創設である。自民党の社会保障制度調査会（鴨下一郎会長）が8月に役員会を開き、翌年の骨太方針2020を視野に入れ、今後の社会保障改革に向け、従来の諮問会議などとは別の「新たな会議」の設置を求めたことを受け、9月の第4次安倍内閣発足時に安倍総理が会議の設置を明言した。これに対し、日本医師会は「ステークホルダーである医療と介護の現場の人間は除外して考えたいということがわかる」と懸念を示した。同月の社保審では、後期高齢者の窓口負担原則2割の導入や保険の適用範囲見直しなどの必要性を指摘する1号側の意見と、受診抑制につながりかねないという2号側の意見が表明されている。

　同年9月の全世代型会議では、医師会長が意見陳述し、「負担ができる方には負担を上げていくということには私も賛成をしている」と発言。11月の全世代型会議では、「原則2割引き上げを中間報告で決めて、（中略）その上で、低所得者への配慮、激変緩和のあり方など、具体的な設計を急ぐべきだ」という意見が出される。これに対し、12月10日の自民党の人生100年時代戦略本部（本部長＝岸田文雄政調会長）の「取りまとめ案」では、基本的な考え方として能力に応じた負担（応能負担）の必要性を強調したが、医療保険制度改革の項はすべてペンディング（未決着）とし、後期高齢者の負担割合や外来受診時定額負担の導入に関する記載を見合わせた。しかし、17日の案では「一定所得以上の方に限っては、その医療費の窓口負担割合を引き上げる」と明記した。

2019 年 12 月 18 日、公明党全世代型社会保障推進本部（本部長＝石田祝稔政務調査会長）は、首相官邸で安倍晋三首相に対して「中間提言」を手渡した。「現行の原則 1 割負担という仕組みを基本として、具体的な影響を丁寧に見つつ、負担能力に応じた負担という観点に立って慎重に検討するべきだ」とした。これに対し、首相は「来年夏の最終報告に向け、公明党からの提言も踏まえて、さらに議論・検討を深めたい」と語った。12 月 19 日の全世代型会議の中間報告では、後期高齢者の 2 割負担が明記され、同日の医師会会見、健保連発表コメントでも中間報告案を評価している。また、同日の諮問会議の改革工程表 2019 では「遅くとも 2022 年度初までに改革を実施できるよう、2020 年夏までに成案を得て、速やかに必要な法制上の措置を講ずる」と明記された。議論は一歩進み、焦点は低所得者への配慮と実施時期に移ることになる。

3　2020 年の動き

　骨太方針 2020 の取りまとめを見据えて、夏までに成案を得ることが一つの目標になっていたが、コロナ禍により、全世代型会議の最終報告が年末に延期され、7 月に遅れて出された骨太方針 2020 は社会保障改革について「骨太方針 2018、骨太方針 2019 等の内容に沿って、……」という抽象的な内容にとどまった。

　9 月には菅内閣が発足する。10 月 8 日の財政審は、「可能な限り広範囲で 2 割負担を導入」すべきだと主張。遅くとも団塊の世代が後期高齢者入りする 2022 年度初めまでに改革を実施できるよう、施行時期を定めるべきだとした。自民党「国民皆保険を守る国会議員連盟」（鴨下一郎会長）は 11 月 5 日の総会の要望聴取で、健保連は後期高齢者について、低所得者を除き高額療養費の一般区分該当者すべてに 2 割負担を導入するよう求めた。一方、11 日の医師会長会見では、「できる限り限定的な引き上げにとどめるべきだと主張していく」とした。なお、この間 10 月 26 日の菅首相の所信表明演説では、「高齢者医療の見直しを進めます」と表明したが、明確に実施を表明した毎年薬価改定とは異なり、「見直し」と書いてあるだけで、具体性が欠けていることに注意する必要がある。その理由は、議論の焦点が 2 割負担の導

入の可否のみならず、所得の線引きや実施時期等の論点にも拡大し、同じ与党である公明党との調整が念頭にあったからと推測される。

　11月には社保審が2回開かれ、線引きの対象となる「低所得」の定義をめぐり、具体的な議論がされた。一方、20日に開かれた自民党の社会保障制度調査会（鴨下一郎会長）の医療委員会（橋本岳委員長）では、「（所得基準の）どこで線を引いても受診控えが起きる」として、2割負担の導入について慎重な検討を求める意見が相次いだ。医師会も、この時期には一転して慎重姿勢を示した。全世代型会議は24日に会議を開くが結論は出ず、25日の財政審は10月18日の主張を繰り返した。

　この時期は、自民党内の合意形成、および与党・政府間の合意形成の双方でギリギリの攻防が続く。25日、自民党の人生100年時代戦略本部（本部長＝下村博文政調会長）は、医療制度改革をテーマに検討したが意見はまとまらない。26日、自民党の「国民皆保険を守る国会議員連盟」（鴨下一郎会長）は、負担能力のある後期高齢者の窓口負担を2割にすることなどを求めた緊急提言を田村憲久厚生労働相に提出した。同じ26日、自民党の厚生労働関係議員は幹部会を開いた。意見が割れて集約できなかった結果、12月4日に予定されていた全世代型会議は延期された。

　12月2日には、公明党がコロナ禍で議論の前提が変わっているとして、今後の影響を慎重に検討・分析するよう政府に申し入れたが、菅義偉首相から"年内決着"の固い意向が示されたことを受け、見直しの影響を最小限にすべきとの姿勢で政府・自民党と協議を重ねていくとの記述がある[9]。

　12月9日、菅首相と公明党の山口代表が、東京都内で会談し、線引きとなる所得基準について、年金収入のモデルで年間200万円以上とすることで大筋合意した。所得金額の線引きについては、この与党合意が決定的であったと思われる。翌10日には、自民党の下村政調会長と公明党の竹内政調会長が会談し、2022年10月から23年3月の間に負担割合を1割から2割に引き上げることに合意した。その後14日に検討会の最終報告（案）を了承し、自民・公明は政調会長に一任することを決めたが、同日の自民党の人生100年時代戦略本部（本部長＝下村博文政調会長）と厚生労働部会（福岡資麿部会長）の合同会議では、一任反対の意見も出た。しかし、結局は15日に、

後期高齢者の窓口負担2割を盛り込んだ「全世代型社会保障改革の方針」が閣議決定された。この後、17日に社保審で議論される。18日に諮問会議の改革工程表に改革内容が盛り込まれ、2021年1月21日、自民党の厚生労働部会（福岡資麿部会長）は、「全世代対応型の社会保障制度を構築するための健康保険法等の一部を改正する法律案」の法案審査を実施し、了承した。

　なお、年間200万円以上という線引きの金額は、平均的な収入で40年間働いた会社員が受け取る年金額（単身で187万円）を上回る水準という点で、公明党の主張に配慮したものであり、また激変緩和措置に関して、政府原案は負担増加額が月最大4,500円となっていたのを3,000円に縮減した点、さらに実施時期を2022年後半以降とした点も公明党の主張が反映された[10]。

4　分析

　まず、この課題特有の特徴を考えてみよう。今まで1割負担だった後期高齢者の自己負担が2割になるということは、高額療養費制度による毎月の負担緩和があるとはいえ、患者にとってみれば医療機関での窓口負担が2倍になることを意味する。保険財政、国家財政の健全性や応能負担、世代内・世代間の公平性といった、正当ではあるが抽象的な議論に比べ、患者負担の話は具体性が高く、給付と負担の種々の政策の中でも、2割負担の導入はとりわけわかりやすい。マスメディアの報道も盛んに行われ、与党は特に選挙を意識して、議論すること自体に敏感になる。長期安定政権であった安倍内閣においても、選挙への配慮が優先されて、先送りされてきた感がある。

　次に、関係団体の抵抗の強さを考える。2割負担問題は、同じ与党である公明党の重大関心事でもあった。一方、医療団体は受診率の低下を招く政策に対しては、一般的にかなり強く抵抗するが、同時期に提案されていた保険免責制や外来受診時定額負担に比べると、この課題に対する抵抗の度合いは低く、一定の理解を示していた。予想される受診率の低下が、一定以上の所得のある後期高齢者に限られ、国民一般ではないことと関連する。しかし、総じて評価すれば、政治性はかなり高かったといえるであろう。

　にもかかわらず、合意形成ができた要因の一つは、首相のリーダーシップの発揮の仕方にあると思われる。公明党が深い関心を持ったことで、総理と

公明党代表の直接対談で最終的に決定した。しかも、比較的早い段階で公明党にメッセージを送り、2割負担の導入という大きな課題ではなく、低所得者の定義をめぐる線引きという実務的な課題を政治化し、公明党に譲歩した形をとっている。

　一方、医療関係団体の抵抗に対しては、新たな会議体の設置で対処した。政治性の高さから合意形成の困難さが予想されたためと思われるが、これまでの財政審建議⇒諮問会議（与党・政府の合意）⇒骨太方針・改革工程表⇒厚生労働省審議会での具体的な制度設計の検討というパターンではなく、全世代型会議という改革目標そのものを冠にした会議体を立ち上げ、報告書を閣議決定の対象にして正統性を確保した。総理が議長になることは諮問会議と同じであるが、諮問会議の民間議員、社保審会長、旧規制改革会議のメンバー等で有識者を固め、医療関係者を排除し、かつ社会保障に関する総合的な会議体としての位置づけを行い、反発する利害関係者の抵抗を抑えたと思われる[11]。

おわりに

　問題発見・解決というもっとも基本的な理念から出発し、実際の政策形成過程のステージモデルを経て、合意形成のガバナンス構造とプロセスに関する二元モデルを提示した。さらに、「後期高齢者への2割自己負担導入」の事例過程分析を通して、実際の政策形成は長期にわたること、多数の当事者が絡むこと、重要政策会議が正統性確保の手段として位置づけられていること、抵抗を抑えるために援用される政治的スキルは、政策案に対して予想される抵抗の強さを配慮し、巧みに選択されていることを明らかにした。本章で展開した合意形成モデルが、他の政策分野でも適合するのか、医療政策と他の政策分野で政策形成過程がどの程度同じでどの程度異なるのか等については、他の政策分野を含め、本書全体を通じて明らかになるものと期待する。

1）　医療政策の理念や目標については、本章では論じない。印南ほか（2011）をご参照いただきたい。そこでは、医療を救命医療と自立支援医療に分け、医療政策の根本目的は

救命であること（二段階理念論）、一般的に医療政策の目標とされるアクセス確保、質の維持・向上、効率性の達成は、この基本理念の手段に過ぎないこと（目的と手段の連鎖）等を論じている。

2) 筆者は 1984〜86 年、厚生省保険局企画課に調査員として出向し、通常の国会対応、陳情・請願の対応等に加え、1986 年診療報酬改定、民間医療保険の導入、保険証の IC カード化に関わった。2009 年からは厚生労働省系のシンクタンクである一般財団法人医療経済研究・社会保険福祉協会医療経済研究機構の研究部長・副所長を務めており、中央社会保険医療協議会、政策評価に関する有識者会議、高齢者医薬品適正使用検討会等の厚生労働省の審議会に数多く参加している。さらに、内閣府の経済財政諮問会議一体改革推進委員会社会保障 WG、規制改革推進会議医療・介護・感染症対策 WG 専門委員であり、さらに自らの政策案についてのロビイング活動や複数の議員連盟でのプレゼンテーションの経験もある。

3) 内閣府に設置され、総理大臣ないし官房長官を議長とする会議体。

4) 経済財政諮問会議については印南（2021d）、規制改革推進会議については印南（2022b）を参照。

5) 現代貨幣理論と社会保障の関係については印南（2021a）を参照。なお、筆者自身が 2022 年 4 月に行った積極財政派議員へのヒアリングでは、社会保障分野に現代貨幣理論の考えを適用し、給付費を大幅に増やすという主張は与党内にはないということであった。

6) 印南（2021b）では、紹介状なしの大病院受診時定額負担の拡大、印南（2021c）では、毎年薬価改定を取り上げた。印南（2022a）では、前者との比較を行った。後者との比較を行えば、一層論点が明確になるはずであるが、本章では割愛した。

7) 株式会社じほうの MEDIFAX、株式会社医薬経済社の RISFAX および医薬経済 WEB。

8) 与党内の会議体については、議事録は公開されず、資料も非公開の場合が多いため、一部の資料のみしか入手していない。したがって、政治的プロセスについては、取り上げ方や解釈にバイアスがかかっている可能性は否定できない。実際には、関係する全ての会議体、関係者間の議論や合意形成のプロセスを全て把握している組織体や個人は存在しないと思われることから、バイアスの有無や方向・程度について検証することは困難である。印南（2022a）を参照。

9) 公明党ニュース「竹内政調会長に聞く」2020 年 12 月 12 日。

10) 同上。なお、2022 年 7 月には参議院選挙が予定されていたことと関連すると思われる。

11) この事例分析の限界について述べておこう。まず、結論は与党が衆議院・参議院とも安定多数である第 2 次安倍政権時代から現在時点のものである。小泉政権時代、その後の自民党、民主党の短期政権時代、第 2 次安倍内閣の長期政権時代で、合意形成の決定構造も力学も異なっていると思われるが、それらの時系列的な変化には注目していない。第二に、リーマンショック、東日本大震災、コロナ禍のような社会情勢の急速な変化がもたらす影響や、医療政策以外の大きな政策課題と医療政策との相対的重要性等は

捉えきれていない。

参考文献

秋吉貴雄（2017）『入門公共政策学——社会問題を解決する「新しい知」』（中公新書）中央公論新社。

秋吉貴雄・伊藤修一郎・北山俊哉（2015）『公共政策学の基礎 新版』有斐閣ブックス。

池上直己・J・C・キャンベル（1996）『日本の医療——統制とバランス感覚』（中公新書）中央公論新社。

印南一路（1990）『医療政策の形成に関する研究——ネットワーク間闘争による政策形成』日本製薬工業協会

印南一路（2021a）「時事評論　現代貨幣理論と社会保障」『週刊社会保障』No.3122。

印南一路（2021b）「時事評論　紹介状なしの大病院外来受診時定額負担」『週刊社会保障』No.3113。

印南一路（2021c）「時事評論　薬価の毎年改定を振り返る」『週刊社会保障』No.3104。

印南一路（2021d）「時事評論　経済財政諮問会議」『週刊社会保障』No.3150。

印南一路（2022a）「患者自己負担をめぐる政策過程——合意形成の効率化」医療科学研究所監修『徹底研究医療費の患者負担の在り方（医研シリーズ；4）』法研。

印南一路（2022b）「時事評論　規制改革推進会議」『週刊社会保障』No.3159。

印南一路・堀真奈美・古城隆雄（2011）『生命と自由を守る医療政策』東洋経済新報社。

大山耕輔監修、笠原英彦・桑原英明編著（2013）『公共政策の歴史と理論』ミネルヴァ書房。

北山俊哉（2011）『福祉国家の制度発展と地方政府——国民健康保険の政治学』有斐閣。

宗前清貞（2020）『日本医療の近代史——制度形成の歴史分析』ミネルヴァ書房。

竹中治堅（2020）『コロナ危機の政治——安倍政権 vs. 知事』（中公新書）中央公論新社。

西岡晋（2003）「医療供給制度改革の政策レジーム分析——供給抑制型政策への転換をめぐって」『公共政策研究』3。

宮川公男（1994）『政策科学の基礎』東洋経済新報社。

第**5**章 教育政策形成過程の問題点
大学一般入試への英語四技能試験導入の挫折を例に

鈴木　寛

はじめに

　2019 年から 2022 年にかけて、日本教育政策史に長く記憶されるであろう教育改革の進展と挫折があった。

　進展した改革としては、2020 年から 2022 年にかけて改訂された小中高の学習指導要領に、すべての種類の学校を通じてアクティブ・ラーニング（主体的で対話的で深い学び）の重視が盛り込まれ、小学校への外国語活動とプログラミング的思考の導入、高等学校への総合的な探究の時間、理数探究などの探究的学び・Project Based Learning の導入、歴史総合・地理総合・公共の創設による社会科改革、情報Ⅰの必修化と共通テストへの採用などがある。

　大学入試に関しては、共通テストでは導入が見送られた記述式であるが、改革前、大学の個別試験で本格的な記述式・論述式を行っていたのは旧七帝大はじめ歴史と伝統があり一定規模の教員を抱えている国立大学と、私立大学では慶應義塾大学などにとどまっていた。しかし、今回の改革で、国立大学のほとんどが個別入試で本格的な記述式・論述式を導入することとなり、また、私立文系コースの高校生の学びに決定的な影響力を有している早稲田大学などが一般入試で記述式の導入と数学の必修化に踏みきった。この効果は絶大で、地方も都会も論述・記述力に学びの重点を移し始め、高校や進学塾も変化を迫られている。

　加えて、国立大学での総合型選抜の入学定員割合の大幅な拡充がある。これまで国立大学は一般入試が主流で AO 入試は限定的であったが、このたび、AO 入試を修正・進化させた総合型選抜の入学割合を、国立大学協会が入学

定員の3割まで引き上げることを表明し、名古屋大学、東北大学はじめ多くの国立大学でその割合を着実に増やしている。これを受け、地方公立高校でも総合型選抜を目指す生徒が次第に理解と協力を得られるように変わりつつある。先述の「総合的な探究の時間」「理数探究」の導入とあいまって、高校生の学びがアクティブ・ラーニングに大きくシフトしつつある（全国高校生マイプロジェクトアワードの2021年度の参加高校生は1万6,000人を超えた）。

　頓挫した改革としては、2021年1月から始まった共通テストに一旦は導入が決定され準備が進められていた「大学入学者選抜に係る大学入試英語成績提供システム」と「国語・数学の記述式」の、突然の中止があげられる。

　本章では、英語四技能試験導入の挫折の経緯から、教育政策形成過程の特徴と問題点を明らかにする。

I　大学入試への民間英語試験導入の決定過程と土壇場での延期・中止

1　国際教養大学から始まった民間英語試験の入試活用

　日本では、10年英語教育を受けても使えないと多くの識者から苦言が呈せられ続けてきた。2010年8月、楽天の三木谷社長は「英語の社内公用語化」を発表し[1]、一石を投じた。

　そもそも、TOFEL、IELTSなど英語四技能（話す、聞く、書く、読む）を含む民間英語試験は、欧米先進国の多くの大学では何十年間も入学者選抜で利用され、東京大学でも帰国子女枠の入学者選抜や大学院の入試では利用されている。これらの試験は、世界中で膨大な人数が受検するので、作問や採点の質向上とコスト削減が不断に図られている。

　大学入試への民間英語試験活用は中嶋嶺雄氏から始まる。東京外国語大学学長や公立大学法人国際教養大学理事長兼学長を務め、教育再生会議のメンバーでもあった中嶋嶺雄氏は「我が国の高等教育から失われた豊かな教養教育の確立と実践的な外国語コミュニケーション能力の養成」[2]を、秋田の国際教養大学開学理念に掲げた。同大学では、個別入試に英語民間試験を活用し、授業は英語で、学生全員に海外留学を義務づけるなどして、優秀なグローバル人材の輩出に成功した。

2　民主党政権下での民間英語試験入試活用の提言

　民主党政権下の 2010 年 12 月、文部科学省（当時、筆者は文部科学副大臣）は「産学連携によるグローバル人材育成推進会議」を設置し、2011 年 4 月 28 日に「TOEFL、TOEIC 等の英語資格試験の活用などを奨励する」[3] と提言した。

　さらに、2011 年 5 月、新成長戦略実現会議の下に内閣官房、外務、文部科学、厚生労働、経済産業、国家戦略担当大臣からなる「グローバル人材育成推進会議」[4] が設置され（筆者は同推進会議幹事会の座長）、前述の中嶋嶺雄氏、元国連事務次長の明石康氏、檜田松瑩日本貿易会会長らの協力を得て、「一般入試において TOFEL・TOEIC の成績等をどのように評価・換算するかの標準的方法の開発・普及を推進する。4 つの技能をバランス良く問うタイプの入試問題を、大学関係者・高校関係者等で共同開発する。AO 入試等の際に TOFEL・TOEIC 等の活用を促進する」を 2012 年 6 月 4 日の審議まとめで提言した。

　こうした流れを受け、民間英語試験活用は 2015 年末で、すでに推薦入試で 29.2％、AO 入試で 24.2％ にまで広がった（ただし、一般入試での活用は 6.3％）。またアンケートで 65.7％ の学生が「民間英語試験を活用して入試ができる大学が増えることが有益」と答えた[5]。

　2012 年 8 月 28 日に中央教育審議会は答申「新たな未来を築くための大学教育の質的転換に向けて」を取りまとめた。筆者は、与党の政策調査会副会長として文部科学政策を担当していたが、高校生の家庭・塾含む高校内外での学びには、大学入試が大きな影響を与えていることから、高校と大学が連動する高大接続改革の必要性が強調された。

　これを受け、同日、「大学入学者選抜の改善をはじめとする高等学校教育と大学教育の円滑な接続と連携の強化のための方策について」を中教審に対して諮問し、中教審に高大接続特別部会を設置。同部会は、自民党への政権交代後も継続され 2014 年 10 月まで計 21 回開催された。

3　自民党第二次安倍政権下での民間英語試験導入の加速

　2012 年 12 月 26 日に第二次安倍内閣が発足した。文部科学大臣に就任し

た下村博文氏は、英語四技能教育の重視、高校生の留学の促進、英語資格・検定試験の入学者選抜での活用等の路線を踏襲し、「トビタテ！留学JAPAN」などを着々と実現していった。

2013年1月設置の政府の産業競争力会議に先述の三木谷氏もメンバーとなり、2013年6月の成長戦略に「2015年度の国家公務員総合職試験から、外部英語試験を導入するとともに、大学入試や卒業認定へのTOFEL等の活用を促進する」と盛り込まれた[6]。

2013年2月14日に第7期中央教育審議会会長に安西祐一郎（独）日本学術振興会理事長（元慶應義塾長）が就任した。

2013年4月には経済同友会も「実用的な英語力を問う大学入試の実現を～初等・中等教育の英語教育改革との接続と国際標準化～」という提言をまとめ、「大学一般入試に英語外部資格試験（TOFEL）を活用する」よう提言した[7]。

内閣官房におかれた教育再生実行会議でも、2013年9月、民間団体等による外部検定試験の活用が提示され[8]、2013年10月31日「教育再生実行会議」（座長、鎌田薫早大総長）は外部試験を活用した大学入試などを提言した。同日、政府は国家公務員試験へのTOFEL等の採用も決定した。

2014年2月4日、文部科学省は三木谷氏らをメンバーとして「英語教育の在り方に関する有識者会議（座長　吉田研作　上智大学教授）」を設置。2014年9月26日、同会議は報告書をまとめ「従来から設定されている英語力の目標（（中略）中学校卒業段階：英検3級程度以上、高等学校卒業段階：英検準2級程度から2級程度以上の生徒の割合50％以上）の実現だけでなく、高等学校段階の生徒の特性・進路等に応じた英語力、例えば、高等学校卒業段階で、英検2～準1級、TOFEL、iBT60点前後以上等を設定し、生徒の英語力の把握・分析・改善を行うことが必要」「入学者選抜に、4技能を測定する資格・検定試験の更なる活用を促進」と提言した[9]。

筆者は2014年10月に文部科学省参与、2015年2月に大臣補佐官に就任するが、2014年12月22日中教審は「新しい時代にふさわしい高大接続の実現に向けた高等学校教育、大学教育、大学入学者選抜の一体的な改革について（答申）」を取りまとめ、「2020年度から『大学入学希望者学力評価テスト

（仮称）』を実施することとし、そのあり方として民間の資格・検定試験の活用により、『話す』も含めた英語の能力をバランスよく評価する」[10]とした。

　そもそも、1999年に定められた高等学校学習指導要領（平成11年3月告示）において、すでに「外国語を通じて、言語や文化に対する理解を深め、積極的にコミュニケーションを図ろうとする態度の育成を図り、情報や考えなどを的確に理解したり適切に伝えたりするコミュニケーション能力を養う」[11]と明記したにもかかわらず、それを達成したのは中学段階のさいたま市（86.3％）と福井県（85.8％）などに止まっている[12]。高校生の学び（家庭、民間教育含む）に影響を与えているのは指導要領よりも大学入試であり、四技能評価の入学者選抜への導入の必要性を明示した。

　2015年1月16日、同答申を受け、文部科学省は「高大接続改革実行プラン」を策定、2015年2月に「高大接続システム改革会議」が設置され、2016年3月まで14回会議が開催された。同会議は2016年3月31日に出した最終報告で「大学入学者選抜改革の推進のため、新たに「大学入学者学力評価テスト（仮称）」を導入し、英語四技能を評価するため、民間の資格・検定試験の知見の積極的な活用をあり方なども含めて検討する」とした。

4　文部科学省の実施方針策定と大学入試センターによる8つの民間試験の認定

　民間資格・検定試験の活用は、いよいよ具体的な制度設計・準備の段階に入っていく。そもそも大学入試センターは、収入の9割以上を受験生からの検定料等に頼っている。独自に四技能試験を開発するとなれば膨大な初期投資やランニング費用がかかるが、受益者負担原則から、そのための予算を財務省が認めることは期待できず、入試センター試験の受験生だけで回収しようとすると検定料が極めて高くなる。一方、民間試験活用であれば、すでにあるソフト、人材、ハード、システムなどの蓄積を活用でき、今後も社会人、大学生を含めた多くの受検者によって投資が回収できる。独自開発に比べて、高校生向けの受検料をはるかに低く抑えることができるため、民間活用が決まっていった。

　2015年3月、主要な民間実施機関などを含め作られた「英語力評価及び

入学者選抜における英語の資格・検討試験の活用促進に関する連絡協議会（2014年11月25日設置）」は「英語の資格・検定試験の活用促進に関する行動指針」を決定し、この段階ですでに、生徒が受験しやすい受検料設定や受験環境への配慮を盛り込んだ。

2016年4月には文科省の伯井美徳・初中教育局担当審議官が大学入試センター理事に就任、具体的な課題への対応が開始されたはずであった。

2016年5月、文部科学省においても「大学入学希望者学力評価テスト（仮称）検討・準備グループ」（岡本和夫座長ほか9人。2017年7月から英語教育の専門家の吉田研作氏を加え10人）が詳細な制度設計に入った。

2016年8月31日、文科省は「高大接続改革の進捗状況について」で四技能評価に民間の検定試験を活用し、将来的にセンター試験英語を廃止する方針を打ち出した。

2017年7月13日、文科省により「大学入学共通テスト実施方針」[13]が公表され、「共通テストの枠組みにおいて、現に民間事業者等により広く実施され、一定の評価が定着している資格・検定試験を活用する。（中略）①資格・検定試験のうち、<u>試験内容・実施体制等が入学者選抜に活用する上で必要な水準及び要件を満たしているものをセンターが認定し</u>（略）、<u>その試験結果及びCEFRの段階別成績表示を要請のあった大学に提供する。</u>このような方式をとることにより、<u>学習指導要領との整合性、実施場所の確保、セキュリティや信頼性等</u>を担保するとともに、<u>認定に当たり、各資格・検定試験実施団体に対し、共通テスト受検者の認定試験検定料の負担軽減方策や障害のある受検者のための環境整備策を講じることなどを求める</u>」こと等が決定された。

2017年11月10日、国立大学協会も「20年度以降の入試基本方針」[14]を公表。「大学入学者選抜においても、英語4技能の総合的な能力を適切に評価する…（略）…<u>新テストの枠組みにおいて、センターが認定した民間の資格・検定試験（以下、「認定試験」）を活用する</u>ことが有効であるが、…（略）…国立大学としては、<u>新テストの枠組みにおける5教科7科目の位置づけとして認定試験を「一般選抜」の全受験生に課す</u>」とした。

2018年3月26日、大学入試センターが「大学入試英語成績提供システム

参加要件（2017 年 11 月 1 日決定）」に則り、審査し 8 種類の民間試験を選んだ[15]）。ここまでは順調だった。

5　文部科学省の未曾有の不祥事による機能停止
――問題解決の民間機関への丸投げ

ところが、2018 年 7 月 4 日、文部科学省に激震が走る。科学技術・学術政策局長の佐野太容疑者が東京医科大学からの受託収賄の疑いで逮捕。ほう助で谷口浩司容疑者も逮捕。7 月 26 日、文部科学省国際統括官の川端和明容疑者も逮捕された。さらに、2018 年 9 月 21 日、谷口浩司容疑者と会食をしていたとして、戸谷一夫文部科学事務次官と高橋道和初等中等教育局長が辞職する。

この高橋氏の辞職が共通テストの準備に大きく影を落とす。同氏は、高校関係者からの信頼も厚くフットワークの軽さと問題解決能力の高さで定評があった。

なお、筆者は健康上の理由で 2018 年 10 月の内閣改造にあたり 5 期目の大臣補佐官再任を辞退した。

その後、東京医科大学が、入試で女性を不当差別していたことが明らかになり、文部科学省は、すべての医科大学・医学部に対して一斉調査に踏み切った。私学自治の根幹である入試への介入と私立大学は反発し、高等教育局と私大の間に亀裂が生じ、入試準備にも影響を与えた。

それでも、大学入試英語四技能評価ワーキング・グループは、2018 年 12 月 18 日に第 1 回を開催し、大学入試英語成績提供システムの整備の進捗状況の共有と必要な事項の意見交換を行い、2019 年 9 月 3 日までに計 6 回開催していた。

受験料についてはすでに軽減が決まっていたので、残る懸念は主に 2 つあった。1 つ目は試験会場と監督者の確保であった。高等学校施設の利用と高校教員の活用を民間試験実施機関は以前より期待し、大学入試センターも認識していた。しかし、民間試験実施者からの再三の要請にもかかわらず、文部科学省は、各都道府県教育委員会に対して強い働きかけをしなかった。その背景には、初等中等教育局の機能不全もあったが、「教員の働き方改革」

にも配慮し、教員の活用を躊躇したともいわれている。

2つ目の課題は、英語成績提供システムへの参加大学の確定である。2019年5月の調査で「未定」と答えた大学が49.4％に上った。本来ならば、この時期までに、文部科学省は私立大学に利用状況の確定を強く迫らねばならなかったがそれをしなかった。

6　公立校長たちの文部科学省不信は極限に

2019年6月18日、英語の民間試験の導入にかねてから反対する大学教授らが活用の中止などを求めて野党の衆参議員に請願を提出した。2019年7月2日、参加要件を充たすことに不安を覚えたTOEICが撤退した。

2019年7月25日、全国高等学校長協会から文部科学大臣あてに「大学入試に活用する英語四技能検定に対する高校側の不安解消に向けて（要望）」[16]が提出された。公立校長を中心とする全国高等学校長協会が同省に公然と不満を表明するという異例の事態となった。それほどまでに初等中等局への不信は極まっていた（11月5日の衆議院文部科学委員会での参考人招致質疑に同協会会長が野党推薦で出席したことからも強い不信がわかる）。

これがきっかけとなって英語四技能導入批判に関する報道が増え、2019年7月30日朝日新聞（社説）「大学入試英語　受験生の不安に応えよ」、2019年8月17日読売新聞［社説］「英語入試新方式　学校現場の懸念を受け止めよ」といった論調が出始める。

動かない文部科学省に業を煮やした民間試験実施機関も、独自に動きだす。例えば、GTECはそもそも価格を抑えた上に、経済的に苦しい家庭の受験生に対して受験料をさらに2割減額する対策も決めた。また、独自に地方の県教育委員会と直接交渉し試験会場増に奔走し161か所を確保する。北海道、秋田、岩手、長崎、鹿児島などの県教育委員会は積極的に協力した。例えば、GTECや英検は、鹿児島県では、鹿児島市、鹿屋市に加え、島嶼部の奄美大島、種子島、屋久島、喜界島、徳之島、沖永良部島、与論島を試験会場[17]とすることとした。大学入試センター試験でも島嶼部の試験会場は奄美大島だけにとどまっていたのに対し、はるかに充実した案になっていた。

人事異動もあり、ようやく文部科学省も動きだし、8月27日、2020年度

から始まる大学入学共通テストで活用される英語の民間試験についての情報をまとめた「ポータルサイト」を開設し、2019年10月11日までを参加表明の最終期限として大学に迫るなどしたが、半年遅かった。

2019年9月10日、全国高等学校長協会は「2020年4月からの大学入試英語成績提供システムを活用した英語四技能検定の延期及び制度の見直しを求める要望書」[18]を文部科学省に提出。このなかで「これらの混乱の原因の一つは、文部科学省及び大学入試センターが、『システムの参加要件に含まれていないことは指導できない』ことを理由に、実施団体への直接の働きかけを行わないこと、課題解決のために設置されたワーキング・グループからも未だに結論が出されていないことなどにあり、その結果、本協会が先に提示した要望書の6項目の不安の解消に至っておりません。特に、地域格差、経済格差の問題は、英語民間検定試験活用の検討が始まった2014（平成25）年12月の中央教育審議会高大接続特別部会の答申の中で、既に検討すべき課題であると明記されていたにも関わらず、今日に至っても解決の見通しは立っていません。本協会は、これまでも文部科学省、大学入試センター、検定実施団体等へ様々な働きかけや提言を行ってきましたが、依然として課題解決には結びついていません」と文科省を激しく非難し、「本協会としては、システムを活用した英語四技能検定の運用を…（略）…諸課題を解決しないまま開始することは極めて重大な問題であると考え、貴職に対し、2020年4月からのシステムを活用した英語4技能検定の延期及び制度の見直しを要望します」と最後通牒を突き付けた。

一方で、日本私立中学・高等学校連合会は、あくまで、予定通りの円滑な実施を要望し続けた。（11月5日の国会参考人招致でも与党側参考人として吉田晋会長が出席）私立高校と公立高校が真っ向から割れる事態となった。

この翌日2019年9月11日、第4次安倍内閣で萩生田光一氏が文科大臣に就任した。この時点では、新テストを断行する旨発言している。

7　萩生田大臣の問題発言と官邸による導入延期決定

大変緊迫した時期に、萩生田大臣の問題発言が飛び出す。2019年10月24日、受験者の経済・地域格差が指摘されている問題について大臣がテレビ番

組で「身の丈に合わせて勝負してもらえれば」と発言し、批判を浴びる。

　実は、2019年10月10日、『週刊文春』で経済産業大臣の菅原一秀氏の公職選挙法違反の疑いが報じられ10月25日に辞任（のちに議員辞職）。10月31日には、河井克行法務大臣も不祥事疑惑で辞任（のちに逮捕）。相次ぐ閣僚の辞任に萩生田大臣の問題発言が重なった。3人目の辞任を避けるため、総理官邸は英語民間試験の延期を土壇場で決断した。

　受験に必要な共通ID申し込み初日だった2019年11月1日、官邸の指示に従い、萩生田文科大臣は「全体的に不備がある」との理由で、2020年度からの英語民間試験導入の延期を発表した。すでに民間試験機関はタブレットの購入、会場予約などに多額の資金を投じていた。

　2019年12月17日、英語延期の余波を受けて共通テストへの記述式テストの導入も見送られた。

　その後、2019年12月27日、「大学入試のあり方に関する検討会議（座長三島良直氏）」が設置され、2024年度以降の大学入試での見直しについて議論がなされ、2021年7月8日まで検討が行われた。2020年3月には自民党から各大学が民間試験を活用する場合の補助、経済的、地理的な受験機会の格差が生じないよう予算措置などの提案もなされた[19]。しかし、検討会議報告は、安倍内閣、萩生田大臣が下した方針を追認し中止を確定しただけだった。騒動の再燃を恐れ、代替案の提案すらなされなかった[20]。他方、国大協もいったん「一般入試への『話す力』評価の導入」を決めたにもかかわらず、各国立大学もこの騒動で委縮し、独自に個別導入を決断する大学は皆無だった。

8　一発入試・一斉受験の改善、CBT、IRT導入、オンライン受検などの改革の頓挫

　「大学入学者選抜に係る大学入試英語成績提供システム」の導入には、高校生の英語四技能の学びの促進に加えて、もう1つ大きな意味があった。一発試験からの脱却である。英語を皮切りに、オールシーズン複数回受検、CBT（Computer Based Test）、IRT（項目反応理論）による出題などの段階的実施が予定されていた。2014年12月22日中教審答申では、「特に、18歳頃にお

ける一度限りの一斉受験という特殊な行事が、長い人生航路における最大の分岐点であり目標であるとする、我が国の社会全体に深く根を張った従来型の『大学入試』や、その背景にある、画一的な一斉試験で正答に関する知識の再生を一点刻みに問い、その結果の点数のみに依拠した選抜を行うことが公平であるとする、『公平性』の観念という桎梏は断ち切らなければならない」との理念を掲げ、その第一歩が大学入試英語成績提供システムであった。しかし、この点についても検討会議は何も決定しなかった。

9　公立高校の若手英語教員たちからの無念の声

　英語民間試験活用延期が決まってから、筆者のところにも、多くの経済人はもとより、面識のなかった公立高校の若手英語教員からも導入延期に失望するメール、メッセージが数多く寄せられた。その1つを紹介する（本人の了承を得て、固有名詞を変更）。

　　（2020年2月14日）私はA県立A高等学校教諭のBと申します。11月1日の民間試験延期はとてもショックで、とても失望していました。一現場の英語教員としての思いと職場の状況をお伝えしようと思い、このメールを書いています。（中略）私は、2009年改訂の高校学習指導要領に従い、授業をAll Englishで行い始め、生徒たちの会話も増やしました。現在の勤務校に赴任して3年間、Discussion、Debate、Presentationと様々やりました。教科書は当然授業で使いますが、それにとどまらず、Authenticな教材も入れ、たくさん読み聞き、話し書くという部分を強化する授業を日々行ってきました。しかし、この民間試験延期の決定に至る前から現在にかけて、文科省の方針に則った授業改善に取り組んできた私にとって、今は絶望しかありません。私に向けられていた仕打ちは、保守派の先生方からの酷い誹謗中傷でした。本校では教員同士の授業参観等は一切したことがありませんが、どなたかが管理職に誹謗中傷を吹き込んでいました。私は管理職から呼ばれて、「あなたは教科書を使ってないと聞いたが、これは問題だよ！」とか「先生は文法を教えずにDebateばっかりやっていると聞いたが……」と注意されることは何

度もありました。それでも、私は、いずれ日本は国の言語教育の方針として民間試験を導入することで、四技能をバランスよく伸ばし、使える英語力の育成に向かうものと信じ、ひたすら堪える日々でした。しかし、現実は残酷でした。保守派の先生方の望むがまま、四技能を測る民間試験の入試への導入は今回見送られました。真面目に実践をしてきた教員にとっては、今回の（民間英語試験導入の）延期は、まさに「梯子を外された」ようなものでした。高校の現場に長くおり、生徒の未来の可能性を伸ばすために、指導要領を熟読して授業改善に取り組んできた教員の1人として、本当に悲しかったです。私以外にも、見放されたような失望感を感じていた先生方がたくさんいると断言できます。

しかし、それでも英語教育を変えようとしない、受験勉強を教えることのみ重視する保守派の先生方に負けていてはいけない、生徒たちの将来のために英語教育をよりよいものにしたいと思い直してこれを書いております。と言うのも、今回の民間試験延期に至った件で私が学んだことは、誰もがきちんと言語化して伝えなければいけない時がある、ということだからです。授業スタイルを変えることを嫌う保守派の先生方はSNSを駆使し、陰で「一緒に反対をするよう、みんなで生徒を煽りましょう」と呼びかけ、結束して反対運動をしていました。実際に、「不平等だ」と言って、関東の恵まれたトップ校の生徒が反対運動に関わり、それは大きく報道されました。もちろん「広く平等に英語ができない国民であるべきだ」という主張ならば、それはある意味で平等でしょう。でも、皮肉なことに、英語で人生を大きく変えることができる全国の高校生の世界に飛び立つための翼をもぎ取るような結果になりました。スピーキング能力を測らない、世界の他の国ではあり得ないアンバランスな英語の試験が続く訳ですから。入試で問われないから、という理由から、全国の多くの先生が四技能（とりわけ話す能力）を高める努力を授業内でする必要がないと判断し、従来型の授業を続けることが可能になりました。一方で、「改革派」と呼ばれる指導要領をしっかり読み授業改善に励む先生方は、物事が正しい方向に進むと心から信じ、個々が黙して語らずだったように思います。反対側が掲げた「平等」の論理の矛

盾と、その裏にある改革を拒む「保身のための反対」に対して、本当の平等とは広く全国の高校生に英語を使うことができる能力を伸ばす授業を受けることができる環境を作ることだときちんと説明し、もっと反論の声を上げていたら、と今ではとても悔やまれます。

　他にも私の経験している２つの残念な例を書きます。私の勤務校はトップの進学校ですが、その中の保守派の教員は、様々な場面で問題ある行動を取っています。まず、その指導法は黒板を使っての古くからの文法と読解のレクチャーです。そこから抜け出せないだけではなく、そのやり方を他の教員にも実践するように強く主張されます。それに対して、反抗する先生がいると、罠に嵌めるようなことをして、管理職に告げ口をし、潰しにかかりました。実際に学校を去ることになった良心的な英語の先生方が複数おみえです。受験用の英作文のテキストを授業で使い、解答解説の立派な別冊があるのに、「それを渡すと授業で教えることができなくなる」という理由で渡しません。その冊子に書いてあることだけを解説する授業をやるためです。それを自由教材として渡して、それらの表現を使い、どんどん Discussion、Debate をやらせていたら……と何度も思いました。教科会で提案しても、強く反対され拒否され、また誹謗中傷が酷くなります。人を育てる教員の世界ってこんなにも闇だったのかと思いました。指導要領と国の英語教育の政策に従って指導をするのが現場の教員の義務だと信じてきましたが、それが頓挫することで、現場は大きく「分断した」と感じます。授業改善どころか、「巻き返し」の如く、時代に逆行する教育が現在も行われることにつながりました。それがとても残念なことです。

　もう１つの保守派が強い環境で起こる弊害は、生徒の海外進学者の希望を無視し、気持ちを挫く指導がまかり通っていることです。生徒の海外進学の希望を否定し、進路希望変更を勧める指導を複数の教諭が何度となく行っています。複数の教員で取り囲まれ、受験から逃げるなと説得されたため、助けを求めて他学年の英語科教諭のところに駆け込む生徒もおりました。運よく担任に理解があり、本人と保護者の希望を確認して受け入れ、海外進学に向けてのサポートを開始すると、今度は学年

会で担任への「強い風当たり」が始まります。「なぜ国内の大学ではダメなのか」「滑り止めを国内大学で受けさせた方がいいのではないか」「海外大学なんて、国内の大学に入学してから交換留学で行けばいい」「落ちたらどうするのか」「一体その大学はどんな大学なんだ、日本の大学の方がいいだろう」と、一人の生徒の決断と保護者の理解を無視し、自分達の価値観による身勝手な意見と批判が、担任にぶつけられます。

　これはどういうことを意味し、民間試験中止とどう関係があるのか、と疑問に思われるかもしれません。保守派の先生方が考えられている科目としての英語では、国内の大学に入学するための受験勉強に重要なものです。その入試に対応するため、未だに和文英訳、英文和訳、読解も精読を行っているのです。それしか指導してきたことのない先生方からすると、多読の力、情報処理能力、話して伝える力などが必要になる海外の民間試験の指導には不慣れで、まして、和文英訳としてのライティング指導が出来ても、自分のことをアピールするエッセイの指導もしたことがないのです。自分が指導できないことを要求されると困る。それこそが、海外進学者を校内で増やしたくない保守派の先生方の理由だと断言できます。そのため、世界で活躍できるだけのスコアを取ることができない日本の若者は、この日本で飛び立つための翼を奪われた状態で、海外進学の道が開けないことになっていると思います。一方で、指導要領に基づいた授業を行なっている教員はどこを見て英語指導をしているのか、と言いますと、それは大学受験ではもちろんのこと、その後の生徒たちの長い人生の中で、世界に飛び立ち、世界で学んだり働いたり、友達を作って人生を豊かにすることができるための英語なのです。どちらが社会や生徒たちの将来にとっていいのかは明白です。

　四技能試験中止の影響は、現場には実に大きく、また今後何十年も変わるチャンスを失くすことにつながったと思っています。保守派は保身に成功し、授業改善に励む教員との分断は大きくなったままです。生徒は使える英語力からは程遠い、受験勉強としての英語に縛られて、英語を使う楽しみや海外に飛び立つ希望を奪われた状態です。保守派と支援をした大学の先生方は、試験によって授業を変えると言うことはおかし

い、と批判をしていました。しかし、現実に試験が変わらないことを理由に授業を変えない先生はたくさんいて、生徒たちは大きな不利益を受け続けています。国の英語教育方針、学習指導要領に立ち返り、実際に授業で培ったバランス良い四技能を測る試験の導入、または海外大学同様に、英語を技能と捉えて民間試験でのスコアの提出を出願の条件にするなどの方策を考えて頂けることを強く望みます。

というものである。同様の声なき声を筆者も安西祐一郎中教審会長も以前から数多く聞いてきたからこそ、改革を検討してきたのである。

　以上が英語四技能試験導入挫折の顚末である。

II　英語試験導入頓挫にみる、日本の教育政策形成過程の問題

1　個人の力に頼りすぎる文部科学省の組織力の弱さ

　汚職事件がなく、仮に高橋氏が局長の任にとどまっていれば、とも悔やまれるが、担当する個人の資質と才覚によって政策の成否が左右されすぎるという文部科学省の弱点が露呈した。個人が十分に機能しなくなったときに組織として体制を立て直す対応力に欠けていた。昭和の旧文部省の時代から左右の政治勢力からの圧力にさらされ、いかにバランスをとるかに腐心し続け、賛否が飛び交うなか未来の生徒のために、自発的・能動的に総合的観点から決断し断行する力に欠けていた。今回も、問題解決を民間試験機関に丸投げしてしまったことが原因であった。元高等学校校長協会会長の宮本久也氏は「高校側から様々な声を文科省や大学入試センターに伝えても『事業者に伝える』ということで対応は事業者任せになっている状態が続いている。」（宮本 2020, 87）と述べている。この指摘が事実だとすれば大問題である。文部科学省は実施指針も出し、大学入試センターは民間試験の認定も行っており、まさに権限を持った当事者なのである。

2　商業メディアによって歪められる教育政策論議

　ただ、文部科学省だけの問題ではない。今回のような騒動は、教育政策分

野では時々発生する。ゆとり教育論争の時もそうだった。教育は誰もがイメージしやすく関心を持ちうるからだ。

　政治哲学者のユルゲン・ハーバーマス（Jürgen Habermas）は、その著書『公共性の構造転換』（1962）のなかで、大衆社会化と放送メディアの普及により、公共性が「示威的公共圏」の時代に逆戻り（再封建化）し、公共性がディスコースの空間からスペクタクルの空間へと変容すると述べている。また、「公開論争において戦わされた葛藤は、個人的トラブルの次元へ押しやられる。……仕組まれた論議は……公論としての機能は失われる」「マスメディアは大衆を消費活動へ誘うとともに、イベント化した選挙を人気投票のように演出する」「人物話題という公分母に乗せられて、事実尊重を消費適応におきかえ、理性の公的行使へ指導するよりも休養刺戟の非人格的消費へ誘惑する興味本位の娯楽記事という混合物が成立する」「ラジオ・映画・テレビ……放送は……自ら語り反論する機会をも奪ってしまう。公共性は私的経歴の暴露圏になる……公的に重要な発表や決定が私的衣装につつまれ、人物本位の興味によって見分けのつかぬほど歪められていく。……マスメディアが作り出した世界は、もうみかけの上の公共性にすぎない」（鈴木 2013, 203-212）と述べているが、今回も、ハーバーマスの指摘通りの展開となった。

　11月1日までは、萩生田大臣の問題発言が連日テレビで報道され、SNSで炎上し、大臣の引責辞任に話題が集中した。官邸がこの政策を延期したのも、政策の中身が問題というよりも、萩生田氏の大臣辞任を回避し支持率低下を防ぐためであった。

　11月1日以降、テレビや週刊誌は下村博文元文部科学大臣の独走と癒着という印象操作に転じていく。田原総一朗氏は、自分のテレビ番組で、下村博文氏に関する事実無根の誹謗中傷を行い、のちにテレビ局は正式に謝罪している[21]。

　前章で説明した経緯から明らかなように、英語民間試験活用は、下村氏の独走ではなく、長年に、いくつもの公的な場で何度も多様なメンバーによって検討され続けてきた提案だ。

　経済界はもちろん、高校生の3分の2が有益と考え、私立高等学校関係者や公立高校若手英語教員たちも、英語民間試験導入を支持していた。メディ

アは、なぜ先述のB教諭のような声を報道しないのであろうか？　もしも報じていれば流れが変わっていたはずだ。文部科学省の失策により試験会場手配という課題解決が間に合わなかったことは批判されてしかるべきだが、それであれば延期すればよかった。または、自民党が提案したように各大学の導入を支援すればよかった（筆者はこの案を支持）。しかし、そうした論調の報道はなく、下村氏を批判して、視聴率を狙う興味本位の個人的次元の報道に公論がどんどん歪められていった。

3　ニュースバリューのない現状の課題には目を向けないメディア

　哲学者一ノ瀬正樹は、「『リスク・トレードオフ』とは、一つのリスクを削減することは、その削減行為それ自体が別のリスクを生み出す。その事実を勘案して、多様なリスク発生のバランスを考えて（つまりトレードオフをしながら）、適切な着地点を見いだすことで方針決定・意思決定をしていくべきだとする考え方である。リスクというのは、完全にゼロになることはなく、結局はどのリスクをどのくらい下げて、別のリスクが多少上がっても甘受するという選択の問題に行き着く」（一ノ瀬 2014）と主張している。

　AO入試や推薦入試では英語民間試験活用は着々と普及しているが、それらは私学に偏っている。一般入試比率は2022年春で早稲田大56％、慶應大57％にまで下がっているが[22]、国立大学では一般入試がまだ主流であり、国立大学志望者が多い地方高校生とAO受験の私立大学志望者との間で「話す力」の学びに割く時間と支援にすでに格差が生じていた。この改善を図るために試験実施機関を入試センターが認定対象にした。現に、認定を受けるべく、試験実施機関も地方格差・経済格差改善の努力を始めた。CBTによる複数回受検も受検料軽減が決定されたうえ、島や地方での試験会場も増加した。さらに、高校生の受検需要が増えれば、格差是正に資するオンライン受検などの新技術・新方式の導入も加速されるはずだった。

　現状に比べれば地域格差や経済格差は改善するのにもかかわらず、メディアは、現状の格差には目を向けず、改革案だけに注目し、格差の懸念がゼロではないことのみを強調・喧伝した。一方で、20年前の学習指導要領から盛り込まれているにもかかわらず、いまだに、公立高校においては教員も高

校生も「話す力」を増進する学びにエネルギーを割かない、共通テストは、離島や中山間の高校生に交通費と宿泊費を負担させ続け（民間試験は午後から開始）、荒天による交通混乱やインフルエンザの感染リスクなどにさらされ続け、毎回、科目によって難易度が異なり、科目選択による運不運が解消されない（平均点で15点異なることもある）。そして、先述の教諭Bさんが指摘する様々なリスク。こうした現状の課題をメディアは報じなかった。メディアが悪いのでもない。論点が複雑で精緻な議論よりも、政治家＝悪役といったステレオタイプに乗っかった暴露風の記事の方が視聴者には受けるからだ。ハーバーマスやリップマンが主張した、商業メディアに振り回され崩壊していく現代の公共圏の様子が、我が国の教育政策についても如実に見て取れた。

4 国会論争を経た教育政策形成の必要性

　教育政策形成過程に特有な特徴を1つ指摘したい。文部科学省においては、学習指導要領改訂や大学入試方針はじめ重要政策が国会の審議を経た法律ではなく文科省や独立行政法人の告示などによって定められることが多い。これは、理性的な教育論議を確保するための昭和時代からの知恵でもあった。法律案にすると国会で政争の具にされるので、政治的翻弄から教育政策を守る意味はあった。しかし、筆者は、そろそろそれを改め、重要政策は法律案として国会提出して議論したほうがいいと考える。

　放送メディアに加えてSNSが過激化する現在の言論状況を踏まえればハーバーマス的状況は益々激化しており、これを改善することは不可能に近い。しかも、一般視聴者は改革実施の直前にならないと関心に火がつかないので、メディアも実施直前で報道を増やす。その結果、今回のように土壇場で政策が覆ることとなる。政策論議は十分尽くすべきであるが、避けるべきは、土壇場での政策変更である。一番迷惑を被る生徒を救うためにも、時間的に余裕のある段階で徹底的に話題にされ批判されたほうがいい。法律案を国会に提出すればメディアもそのタイミングに報道の照準を合わせてくるので、その時期に論争が盛り上がり、いったんは世論も沸騰するかもしれないが、同時に、異なる主張の昇華や政策案の前向きな修正の可能性も高まる。国会審

議を経れば、事実上、一事不再議の原則も働くし、メディアも同じネタを2回扱うことはまれなので、議論がぶり返される可能性も減る。これにより、土壇場での政策変更のリスクが減り、関係者が安心して準備に邁進することができる。文科省は、国会論戦を回避したがる組織文化を変え、法律制定によらず重要政策を決定してしまう現行のあり方を変えるべきだ。

おわりに

　英語四技能の入試導入を例に教育政策形成過程の特徴をみてきた。最後に、教育政策研究者を抱え、かつ入試の実施者でもある大学への自己批判もしておきたい。冒頭で国際教養大学を紹介したが、慶應義塾大学湘南藤沢キャンパス（SFC）は1990年から実施しているAO入試で英語民間試験のスコアも参照してきた。その結果、英語コミュニケーション能力が高い学生の比率は高い。今回、英語ではないが早稲田大学は記述式・数学について大改革に踏み切った。一方で、東京大学をはじめ国立大学は、英語で議論できない大学生問題を放置しつづけている。東京大学はアドミッション・ポリシーとして「自分の述べたいことを正しく英語で表現できる発信力が不可欠なこともまた明らかです（略）現在、『話す』能力の試験を課すことができないのはもっぱら技術的な理由によります」[23]と大学サイトに記載している。もしも、東大が技術的理由を解決して、個別試験で独自に「話す力」の評価を実施していたならば、日本の高校英語は大いに変わっていただろう。独自実施の人員が足りないのであれば、同大の大学院や帰国子女入試ではすでに活用している民間試験を使えばよいのではないか？　また、今の高校で話す能力の学習が十分に行われていない原因を詳細に究明し、全体を俯瞰し実現可能な改善策を提案した教育研究者も皆無に近かった。だから、しびれを切らした経済人や政治家が動いたのである。役所のツメの甘さ、決断力の不足から挫折したが、大学関係者が、現存するリスクには目をつぶり、問題解決に向けた提案をしてこなかったことも反省されるべきである。日本の教育政策形成過程の進化には、大学も常に自発的改革を怠らず、研究者も批判のための批判ではなく、率先して実現性ある案を提案しつづけるよう態度を改めることが

不可欠である。

　2022 年 11 月 27 日、東京都教育委員会は、都立高校入試にも活用される「中学校英語スピーキングテスト ESAT-J」の実施を、幾多の困難を乗り越えて実現した。これは日本の英語教育史に残る大改革であり、今後、他の道府県や他大学に広がっていくことが大いに期待される。文部科学省が頓挫した改革を、東京都教育委員会はなぜ断行できたのか。今後、多角的な観点からの分析が待たれるところである。

1）「Why？　社内英語化視野広がる　時と場合で使い分けを」『読売新聞』2010 年 8 月 7 日。

2）https://web.aiu.ac.jp/undergraduate/outline/（最終アクセス 2022 年 8 月 31 日）。

3）https://www.mext.go.jp/component/a_menu/education/detail/__icsFiles/afieldfile/2011/06/01/1301460_1.pdf（最終アクセス 2022 年 8 月 31 日）。

4）https://www.cas.go.jp/jp/seisaku/npu/policy04/pdf/20120604/shiryo2.pdf（最終アクセス 2022 年 8 月 31 日）。

5）https://www.mext.go.jp/b_menu/shingi/chousa/shotou/117/shiryo/__icsFiles/afieldfile/2016/05/24/1368985_5_1.pdf（最終アクセス 2022 年 8 月 31 日）。

6）https://www.kantei.go.jp/jp/singi/keizaisaisei/skkkaigi/dai12/siryou1-1.pdf（最終アクセス 2022 年 8 月 31 日）。

7）https://www.doyukai.or.jp/policyproposals/articles/2013/130422a.html（最終アクセス 2022 年 8 月 31 日）。

8）https://www.mext.go.jp/content/20200207-mxt_daigakuc02-000004565_12.pdf（最終アクセス 2022 年 8 月 31 日）。

9）https://www.mext.go.jp/b_menu/shingi/chousa/shotou/102/houkoku/1352460.htm（最終アクセス 2022 年 8 月 31 日）。

10）https://www.mext.go.jp/b_menu/shingi/chukyo/chukyo0/toushin/__icsFiles/afieldfile/2015/01/14/1354191.pdf（最終アクセス 2022 年 8 月 31 日）。

11）https://www.mext.go.jp/a_menu/shotou/cs/1320334.htm（最終アクセス 2022 年 8 月 31 日）。

12）https://www.mext.go.jp/content/20220516-mxt_kyoiku01-000022559_2.pdf（最終アクセス 2022 年 8 月 31 日）。

13）https://www.mext.go.jp/component/a_menu/education/micro_detail/__icsFiles/afieldfile/2017/10/24/1397731_001.pdf（最終アクセス 2022 年 8 月 31 日）。

14）https://www.janu.jp/wp/wp-content/uploads/2021/03/20171110-wnew-nyushi1-1.pdf（最終アクセス 2022 年 8 月 31 日）。

15）https://www.dnc.ac.jp/news/2018032602.html?_ga=2.266664716.303686029.1661555616-397

580775.1661555616（最終アクセス 2022 年 8 月 31 日）。

16）http：//www.zen-koh-choh.jp/iken/2019/20190725.pdf（最終アクセス 2022 年 8 月 31 日）。

17）https：//www.benesse.co.jp/gtec/fs/cuet/news/pdf/01.pdf（最終アクセス 2022 年 8 月 31 日）。

18）http：//www.zen-koh-choh.jp/iken/2019/20190910.pdf（最終アクセス 2022 年 8 月 31 日）。

19）「英語民間試験活用「各大学で判断を」自民党が提言案」『朝日新聞』2020 年 3 月 10 日。

20）https：//www.mext.go.jp/content/20200807-mxt_daigakuc02-000004110_1-1.pdf、https：// www.mext.go.jp/content/20210719-mxt_daigakuc02-000016687_14.pdf、https：//www.mext.go.jp/ content/20210707-mxt_daigakuc02-000016687_13.pdf（最終アクセス 2022 年 8 月 31 日）。

21）https：//www.sankei.com/article/20191208-ANXRST323FITLBMQNZH46UO2IQ/（最終アクセス 2022 年 8 月 31 日）。

22）https：//www.nikkei.com/article/DGXZQOUE243J00U2A720C2000000/?fbclid=IwAR1d2Ou GVgCaaI4xmyx-4ZrRTJ-kXda_VyWrsnvxHJiDQg4kCnhDIJnX0h4&unlock=1（最終アクセス 2022 年 8 月 31 日）。

23）https：//www.u-tokyo.ac.jp/ja/admissions/undergraduate/e01_01_18.htm（最終アクセス 2022 年 8 月 31 日）。

参考文献

一ノ瀬正樹（2014）「『いのちは大切』、そして『いのちは切なし』——放射能問題に潜む欺瞞をめぐる哲学的再考」『論集』33、41。

鈴木寛（2013）『熟議のススメ』講談社、203-212。

宮本久也（2020）「第 5 章 高等学校の現状と、今、大学に求めること」倉元直樹監修『変革期の大学入試』金子書房。

第6章 金融政策と中央銀行のコミュニケーション

白井さゆり

はじめに

　中央銀行は、国民の経済活動の根幹となる様々な業務を行っている。主な役割は大きく3つある。

　①紙幣を発行し銀行システムを通じて世の中に流通させている（「発券銀行」としての役割）。②銀行などの金融機関が中央銀行に預金（当座預金）を開設することを認めており、銀行間決済では当座預金が利用されている（「銀行の銀行」としての役割）。A者とB者の個人間の決済は銀行を通じて実施しているが、それらの取引は差し引き額を算出して銀行間の資金決済で完了させている。中央銀行はこうした銀行間の資金の受け・払いや貸借を含む金融システムが正常に機能するようにモニターしており、一時的に資金が不足する金融機関に融資することもある。③さらに国の銀行として、政府預金を受け入れており、国の資金の流出入の管理と国債などの受払と保管などの事務も担っている（「政府の銀行」としての役割）。為替介入などの外貨取引については中央銀行の判断で介入している国もあるが、日本の場合は財務省が決定する介入判断に沿って日本銀行が外国為替取引を実施している。また外国の中央銀行や国際機関などとの自国通貨取引業務を実施している。

　これらの役割はいずれも、一国の経済を潤滑に運営していくために欠かせない役割であるが、メディアなどが最も注目する業務が物価の安定を目指して行う金融政策運営である。本書は「政策論」がテーマであるため、本章では「金融政策」について話を進めたい。

　金融政策では、消費者物価の安定を目指して主として短期金利の調整など

の決定を行っている。金融政策と財政政策は決定プロセスに違いがある。財政政策では税制・歳出および政府債務などに関連する法案が国会・議会に提出され、選挙で選出された国会議員によって審議され法案の成立に至るプロセスを踏むのに対して、金融政策では少数の専門家や中央銀行職員などから構成される金融政策決定会合で決定している。このため金融政策の決定内容について国会・議会や国民・市場参加者に対して丁寧に説明していく必要がある。

　また金融政策は銀行システムや金融市場を通じて間接的に企業・家計に影響を及ぼすため、税金や補助金支給などを含む財政政策と比べ分かりにくい面があり、その分丁寧なコミュニケーションが必要になる。本章では、金融政策とコミュニケーションの関係に焦点を当てる。

　近年は、量的緩和の他、金融政策の将来の方針を示す「フォワードガイダンス」と呼ばれるある種のコミュニケーションを金融緩和手段としても採用するようになっている。企業・家計に対して中央銀行が意図する金融政策効果をもたらすためには、中央銀行の金融政策に対する理解を深めてもらう必要がある。最近ではデジタル技術やソーシャルメディアなどさまざまなコミュニケーション手段が発達しており、そうした手段を活用する中央銀行も増えている。

　以下ではまず最初に、金融政策の枠組みについて説明する。そして、対外的な情報発信について、通常の経済環境（金利制約のない環境）の下でコミュニケーションの有効活用によって金融政策効果を高める一般的な手法について論じる。そのうえで、近年、主要国の中央銀行が用いている、今後の金融政策の方針を前もって発表しておく「フォワードガイダンス」と呼ばれる金融緩和手段について、日本銀行の政策にふれつつ考察する。最後に、現在は多くの中央銀行が金融緩和正常化の局面にあるが、米国の連邦準備制度理事会（FRB）を中心に、金融政策の正常化の局面におけるフォワードガイダンスの役割や課題について考察する。

I 金融政策におけるコミュニケーションの重要性

1990年代にニュージーランドで最初に導入されて以来、世界の多くの中央銀行が物価安定を実現するために明確な数値目標を掲げて金融政策を行う「インフレーションターゲティング」と呼ばれる枠組みを採用している。現在では、インフレ目標を掲げ、同時に景気や雇用などに配慮しつつ中長期的にインフレ目標の実現を目指す「フレキシブル・インフレーションターゲティング」として世界で定着している。つまり、金融政策の目的は、景気や雇用を犠牲にしてインフレ目標を早急に達成することではなく、中長期的に安定的に物価安定を実現することと認識されるようになっている。

1 金融政策の枠組み

インフレ目標の決定については、国によって中央銀行が単独で決める場合、政府と共同で決める場合、あるいは政府が単独で設定する場合などの違いがある。しかし、そのインフレ目標を達成するための金融政策判断については、政府や議会・国会から独立した中央銀行の政策決定会合で決定する枠組みは世界共通である。また、明確なインフレ目標として単一の数値あるいはレンジなどを設定して中央値を示すことが多く、多くの先進国では2%のインフレ率を数値目標として掲げている。FRBは2012年に、日本銀行は2013年に、正式に2%のインフレ目標を導入している。欧州中央銀行（ECB）では、「2%程度、2%近傍」と定義していたが、2%より下方にバイアスをかけているとの誤解を与えていると判断して、2021年7月に2%に変更している。

フレキシブル・インフレーションターゲティングが採用された背景には、多くの中央銀行が二桁台の高インフレを経験してきた歴史的経緯があるため、インフレ率を下げることが経済の不確実性を減らし、経済成長にプラスに寄与すると考えられたことが挙げられる。実際に、同枠組みを採用した多くの国でインフレ率の水準と変動幅の両方が低下し、経済成長率の上昇につながった。インフレ率の低下によって市場や家計・企業などが予想する「長期インフレ予想」（たとえば、10年先までの予想インフレ率）も低下し、インフレリスクの低下によって長期金利（たとえば、10年物の国債利回り）も低下する

ようになった。

　このためフレキシブル・インフレーションターゲティングは機能しているとの見解を多くの中央銀行が共有している。中央銀行によっては、金融政策目標として物価安定以外に他の目的を並列する国もある。たとえば米国FRBでは物価安定と雇用最大化を二大目標として掲げている。だが、実際の金融政策運営は、フレキシブル・インフレーションターゲティングの枠組みのもとで雇用状況や需給ギャップ（実際のGDPと潜在GDPの差）や金融環境など幅広い指標を見て判断をしているため、追加目標の存在が実際の金融政策運営に大きな違いをもたらすことはない。

2　金融政策についての情報発信が必要な理由

　中央銀行は金融政策の決定内容について国会・議会で説明する責任を負うが、国民・市場参加者に対しても金融政策の効果を高めるために情報発信を増やして透明性を高めるべきとのコンセンサスがある。中央銀行が、予想外の金融政策を決定することによって金融市場にサプライズが生じることを最小限に抑えた方が、金融政策の効果を高められると考えられている。どのような指標を参考して短期金利の決定などの判断をしているのか、すなわち金融政策の反応関数についてより多くの情報を国民・市場参加者に提供する中央銀行が増えている（白井 2013; 2014a; 2014b）。

　情報発信を工夫することは、主に3つの理由で、金融市場に望ましい影響を及ぼすと考えられている。ひとつは、市場参加者などが中央銀行の金融政策反応関数について理解を深めることで、市場による将来の短期金利予想を中央銀行の意図する方向に導ける可能性があるからである。将来の短期金利予想の平均は長期金利に反映されるため、長期金利に影響を及ぼしうる。2つ目の理由は、金融政策への理解が深まれば中央銀行への信頼を高めることができるので、不確実性が低下し金利、為替レート、その他の金融資産価格の変動が抑制される可能性がある。3つ目の理由として、中央銀行が、物価や経済活動の見通しについての判断に使う情報をより多く持っていると認識されている場合、中央銀行が多くの情報を提供することで金融市場に望ましい影響を及ぼしうると考えられているからである。

3　具体的なコミュニケーションの方法

　中央銀行は、国民や市場参加者向けに一連のコミュニケーション戦略を採用している。たとえば、金融政策決定会合直後に、決定内容についての声明文をウェブサイトで発表し、総裁が同日に記者会見を開催し決定内容について説明し質疑応答の時間を設けている。現在では日米欧などの主要中央銀行は記者会見のライブ放送を実施している。また、四半期ごとに、経済成長率やインフレ率などの向こう 3 年程度の見通しや経済・金融市場の動向について記述した報告書も公表している。見通しについては日本銀行と FRB は各委員の見通しをもとに示しているが、ECB は職員による単一の見通しを、イングランド銀行は委員会（職員による見通しに近いと見られる）としての見通しを示している。

　もっとも説明責任や透明性を高める必要はあるといっても、金融政策判断までに行った内容説明や今後の見通しについて各委員の見解を直ちに開示することが望ましいとは考えられていない。政策決定では反対票を投じる者や反対票を投じなくても異なる見解を持つ委員がおり、そうした内容をすべて即座に公開してしまうと、国民や市場参加者の間で混乱が生じることで金融政策に対する不確実性を高めてしまい、金融政策の理解や金融政策の効果を損ねる可能性もある。また各委員が職歴や任期終了後の就職先について意識せずに国民経済のために適切な金融政策判断を下すことを促すためにも、開示する内容は慎重に扱われている。

　日本銀行と FRB は、会合直後に金融政策決定内容を示した公表文をウェブサイトで公開し、議論の要旨については、FRB は 3 週間後、日本銀行は次の会合における承認を経て公開している。また各委員の名前を含む詳細なやりとりの議事録については、日本銀行は 10 年後に、FRB は 5 年後に公表している。イングランド銀行は会合終了後に直ちに、議論のサマリーとより詳細な要旨を翌日に公表するが、やりとりに関する委員の名前は公表せずに、投票結果についてのみ各委員の名前を公表している。しかし 2015 年に、会合の議事録について 8 年後に公表すると決めたため、2023 年から公開される予定である。ECB は会合後に決定内容について公表し、総裁の記者会見でステートメントとして詳細を説明し、メディアとの詳細な質疑応答を含め

表 6-1　主要中央銀行の金融政策に関する情報開示

	日本銀行	米国連邦準備制度理事会	欧州中央銀行	イングランド銀行
インフレ目標	2%	2%	2%	2%
会合後に金融政策決定内容について公表	○	○	○	○
内、メンバーの投票結果を明記	○	○	×	○
経済・物価などの見通し	○ （メンバーの見通し）	○ （メンバーの見通し）	○ （ECB 職員の見通し）	○ （委員会の見通し）
議事要旨公開	○ 次回会合後	○ 3 週間後	○	○ 翌日
議事録全文公開	○ 10 年後	○ 5 年後	×	○ 8 年後 （2015 年から）

出典：各中央銀行のウェブサイトをもとに筆者作成。

て公開している。日本銀行も総裁の記者会見とメディアとの質疑応答について公開している（表6-1を参照）。

　日米欧の主要中央銀行の情報発信の方法は同じような内容に収斂してきている。現在ではいずれも年8回金融政策決定会合を行い、会合後すみやかに公表文を開示し、同日に総裁を中心にライブで記者会見を実施している。また、四半期ごとに経済・物価の見通しを示すレポートを公表するようになっている。これにより、金融政策についての情報開示はかなり進展しており、中央銀行間の政策の比較も容易になってきている。

金融政策の反応関数とテイラールール

　金融政策の反応関数として、中央銀行が国民・市場参加者に対して、短期金利（政策金利）とそれに影響を与える主要な経済変数から構成される数式を提供すれば、中央銀行がどのような情報を使って短期金利の調整などの判断をしているのかより明確に伝えることができるとの見方がある。たとえばFRBは銀行間市場の無担保の翌日物貸付利率であるフェデラルファンド金

利を金融市場調節方針（誘導目標）として採用している。こうした金利は、「政策金利」とも呼ばれており、各金融政策決定会合でこの政策金利に関する誘導目標を決定している。市場参加者の間では、多くの場合 FRB が決めるフェデラルファンド金利が、実際のインフレ率とインフレ目標との乖離（インフレギャップ）と需給ギャップなどの関数として表せると理解してきた。

　しかし、実際の金融政策判断は、労働市場、金融市場、消費者・企業行動、物価に関する詳細なデータなどや分析に基づいて判断しているため、単純な反応関数をもとに決めているわけではない。また、後述するように、多くの先進国が、2008 年の世界金融危機後および 2020 年の新型コロナ感染症危機以降に政策金利がゼロ％かその近辺に達してそれ以上名目短期金利を下げられない「金利制約」に直面したために単純な関数を使ったモデルの説明力が低下した。その後、2021 年後半からのコモディティ価格の高騰、エネルギー不足、半導体の不足、サプライチェーンの不安定化、コロナ危機からの世界経済の同時回復に加えて 2022 年 2 月のロシアによるウクライナ侵攻などによって世界的にインフレ率が上昇し、主にサプライサイド型の要因による高インフレが起きている。通常、金融政策は、消費や設備投資といった国内需要に対して短期金利を調整することで影響を及ぼすことを目的としている。しかし、エネルギーや農作物などを供給する国・地域において供給が減少するサプライサイド側の要因によるインフレへの対応には適していない。このような場合、前述した単純な関数を適用すると政策金利はかなり高い水準に引き上げる必要があり、景気減速を恐れてそこまで利上げをする中央銀行は見られない。現在消費者物価上昇率が 7％ 台の高いインフレに直面する FRB は、利上げを急いでいるが、最終金利水準は 5〜5.25％ 程度となり、それ以上の利上げをする意図は見られない。

　このことから中央銀行は、複数の経済指標や分析などを示しつつ多面的に判断していると説明するようになっている。ただそうなると、金融政策判断で政策反応関数を明確にすることは難しく、情報発信上チャレンジングな課題として残っている。

II　中央銀行による金融緩和のためのフォワードガイダンス

　一般的な金融政策手段は、銀行間市場の翌日物貸付金利など短い期間の金利（政策金利）の調整である。会合では次回会合までの期間において、こうした金利の誘導目標を決定し、その誘導目標を実現するように金融調節を行う。しかし、主要な中央銀行は短期金利がゼロ％近くまで低下して「ゼロ金利制約」または「実効下限制約」に直面するようになった。政策金利の引き下げが難しくなった中央銀行は、金融緩和手段として通常の政策反応関数から転換しより金融緩和を実践していく姿勢を示すために前述の「フォワードガイダンス」を積極的に用いるようになっている。この場合のフォワードガイダンスは単にコミュニケーション政策だけでなく、追加的な金融緩和手段として、将来の金融政策スタンスを示す目的で使われる。日本では1990年代末に、欧米では2008年の世界金融危機以降に短期金利が実効下限制約に達して以降、フォワードガイダンスが活発に用いられている。

1　金融緩和手段としてのフォワードガイダンス

　フォワードガイダンスは、理論的には、金利制約のない環境において、国民・市場参加者が想定する水準よりも、「より緩和的な」スタンスを長く継続することにコミットする政策である。現在の経済状況が「もっと低い政策金利へ下げるのが望ましいのに、名目短期金利を大きくマイナスにすることができない、金利制約によって難しい」状況にあるため、その分だけ現在の金利水準を将来的にも継続することを約束することで、現在の金利制約を補うという考え方に基づいている。こうした見解に立つ理論的・実証的な研究が多く蓄積されている（Campbell *et al.* 2012; Reifschneider and Williams 2000; Eggertsson and Woodford 2003; Woodford 2012）。

　フォワードガイダンスの極端な形式は、現在の金融緩和を将来においても続けることを無条件に約束することである。景気が回復した後でも、またどのような状況になろうとも、約束した金利水準を継続すると約束することである。金融緩和継続の「条件」を少なくするほど、あるいは金融緩和を約束する表現が強いほど、金融緩和効果が高まると考えられる。しかし、金融緩

和効果を高めることと、将来の金融政策運営の柔軟性を確保することの間にはトレードオフの関係がある。

　実際には、いわゆる「時間的不整合」の問題によって、中央銀行が完全に無条件な約束をすることは現実的ではない。たとえば、長く金融緩和を続けると公約し、実際に過度なインフレになった場合、それが市場参加者や消費者・企業の長期予想インフレ率を上昇させ、インフレ目標から大きく乖離して物価を不安定化させるリスクがあるのにそれを考慮せずに、金融緩和を長期間継続するといったコミットメントを果たすことは現実には難しい。

　同じような懸念は、長期間にわたり金融緩和を継続する結果、過度に資産バブル発生をもたらすリスクについても存在する。したがって、実際には、中央銀行が、完全な約束をすることはなく、物価の安定が維持される限りといった「条件付きコミットメント」形式を使い、かつ「想定される」、「見込んでいる」といった表現でコミットメントの度合いを緩めることが多い。

2　フォワードガイダンスのさまざまなタイプ

　フォワードガイダンスにはさまざまな種類がある。フォワードガイダンスが政策金利のみに適用される場合や、政策金利に加えて資産買い入れなど広範な金融政策パッケージに対して適用されることがある。

　さらに、現在の金融緩和を継続するための基準に注目して、明確な期日を示さない「オープンエンド」、日付、経済状況をベースに分類することもできる。オープンエンドのフォワードガイダンスとは、金融緩和の継続期間について抽象的な表現（たとえば「かなりの期間」、「かなり長い期間」）を用いることである。金融緩和を継続する経済状況については、後述するように日本銀行が 1999 年に抽象的な表現（「デフレ懸念が払拭されるまで」）を使ったことがある。日付ベースのフォワードガイダンスは、特定の日付に紐づける表現（たとえば、「今後 6 か月間」）を用いる。オープンエンド・ベースと日付ベースのフォワードガイダンスを比較すると、後者の方が金融政策運営の透明性と緩和効果という観点から見て相対的に優れていると考えられている。

　経済状況（または閾値）ベースでは、FRB は金融緩和が維持されるための経済状況について、たとえば、インフレの見通しに関する閾値の活用（たと

えば「失業率が5%を下回るまで」、「インフレ率が2%を超えない限り」）をすることで明確な表現を用いたことがある。

　日付ベースと経済状況ベースでは、経済状況ベースの方が、日付ベースよりも2つの点で優れていると考えられている。第一に、経済状況基準について強い経済回復が実現した後も金融緩和を継続することを示す表現を用いれば、中央銀行の金融緩和に対する強い意志を示すことができるからである。第二に、将来の金融政策スタンスと経済状況の関係を明確に関係づけることで、市場や国民に対して金融政策の透明性と予測可能性を高めることに寄与するからである。

　一方、日付ベースのガイダンスの主な欠点は、たとえば、中央銀行が金融緩和を継続するまでの期日をそれまでアナウンスしてきた期日よりも長期化させた場合、それが将来の経済・物価に関する中央銀行の見通しがより悲観的になったことによる結果なのか、あるいはより緩和的な金融政策への転換によるものなのか区別しにくいことにある。前者の場合には将来見通しを悲観して民間の経済活動と総需要を減少させる可能性がある一方で、後者の場合はむしろ将来を楽観して民間の経済活動と総需要を拡大させる可能性がある。この点、経済状況ベースのアプローチではこれら2つのケースを区別することができる。

Ⅲ　フォワードガイダンスを最初に導入した日本銀行

　短期金利についてフォワードガイダンスを最初に導入したのは日本銀行である。日本銀行は1999年2月に政策金利としてマネーマーケット（銀行間の短期貸借市場）の金利である無担保コールレート（オーバーナイト物）をできるだけ低い水準で推移するように促す、事実上の「ゼロ金利政策」を世界に先駆けて導入した。フォワードガイダンスはその2か月後の1999年4月に、公表文においてではなく、当時総裁であった速水優氏による記者会見で口頭で表明された。日本銀行は「デフレ懸念の払拭が展望できるような情勢になるまでは、無担保コールレート（オーバーナイト物）を事実上ゼロ％で推移させ、…（中略）…現在の政策を続けていくことになると思っている」

と発言している。期日を示さないオープンエンドの形式で、ゼロ金利政策の継続に「デフレ懸念の払拭が展望できるまで」との経済状況を関連づけたフォワードガイダンスとみなせる。

　ただし、デフレの定義やどのようなインフレ率の水準でデフレ懸念を払拭したと判断できるのか明確にしなかったために曖昧さが残った。2000 年 8 月にゼロ金利政策を解除し、政策金利を 0.25％ へ引き上げたが、当時の消費者物価は下落が続いていた。日本銀行は需要の弱さから由来する物価下落圧力は著しく緩和されたと説明してゼロ金利政策を撤廃したため、この判断に対して利上げは時期尚早だと批判する見方もあった。

1　日本銀行による 2013 年以降の金融政策の変遷

　日本銀行は、2013 年 4 月から国債、指数連動型上場投資信託受益権（ETF）、および不動産投資法人投資口（J-REIT）などの大量買い入れを含む「量的・質的金融緩和」を導入し、2014 年に資産買い入れ額を拡大したが、その後金融政策の枠組みは大きく変化した。2016 年 1 月には銀行など金融機関が日本銀行に預ける当座預金（日銀当座預金）残高の一部にマイナス 0.1％ 金利を付与する「マイナス金利」の導入を決定し、同年 9 月には同マイナス金利に加えて 10 年国債利回りを 0％ 程度で安定させる「長短金利操作」（YCC：イールドカーブコントロール）を採用した。

　10 年金利目標については 2018 年に ±0.2％ の変動幅を導入し、2021 年 3 月には ±0.25％ へ引き上げている。長短金利操作導入と同時に 2016 年 9 月以降は、資産買い入れ額を大きく減らしてきた。2020 年の新型コロナウイルス感染症危機対応で一時的に資産買い入れを増やしたが、2021 年以降は、買い入れ額を再び減らしている。ETF や J-REIT については各々年間約 12 兆円と年間約 1,800 億円の増加ペースを上限に必要に応じて買入れを行うとしたが、2021 年 3 月以降買い入れはあまり行っていない。ただし、FRB の利上げ観測もあって 2022 年から急速な金利差によって円安ドル高が進んだ中で、2022 年 6 月に海外のヘッジファンドが、円の対ドル相場が 140 円を超えて進むと日本銀行が過剰な円安を抑えるための利上げを余儀なくされると予想して先物市場での国債売りが積極化したため、10 年金利が 0.25％ を上

回った。そこで 0.25% 上限を維持するために 6 月に月次では過去最大の 16 兆円以上の国債を購入したが、その後米国の 10 年金利が 2022 年 6 月半ばに 3.5% 近くのピークに達してから低下したことから、投機攻撃はおさまり日本の長期金利も 0.25% を下回っている。その後、2022 年 8 月下旬の米国ジャクソンホール国際会議における講演で、パウエル FRB 議長が 2% のインフレ目標にできるだけ早く戻すために大幅な利上げを続ける意向を示したことで、米国の 10 年物の長期金利は再び大きく上昇し、4% を越えている。この結果、日本の 10 年金利も 0.25% 前後で推移するようになっている。円の対ドルレートも 140 円を越えて円安が進んでいる。このため、2022 年 9 月 22 日に 145 円に達した段階で財務省が 2.8 兆円の為替介入に踏み切った。さらに 10 月 21 日を中心に 152 円に達した段階で 6.3 兆円の為替介入を行っている。その後は米国の長期金利が低下したこともあって、130 円台で推移している（2022 年 12 月末現在）。

2 現在のフォワードガイダンス

　現在の日本銀行のフォワードガイダンスは以下の 2 つから構成されている。ひとつは、「日本銀行は、2% の物価安定の目標の実現を目指し、これを安定的に持続するために必要な時点まで、長短金利操作付き量的・質的金融緩和を継続する」という内容である。もうひとつは「マネタリーベースについては、消費者物価指数（除く生鮮食品）の前年比上昇率の実績値が安定的に 2% を超えるまで、拡大方針を継続する」である。どちらも、条件付きのコミットメントに相当するフォワードガイダンスである。前者は、長短金利操作付き量的質的金融緩和の継続を、消費者物価ベースの「インフレ率を 2% で安定的に持続する」に紐づける経済状況ベースのフォワードガイダンスである。後者は、マネタリーベース（日本銀行当座預金と銀行券発行残高）の拡大について、生鮮食品を除いたインフレ率が「安定的に 2% を超えるまで」に紐づける経済状況ベースのフォワードガイダンスに相当する。最初のフォワードガイダンスは量的質的金融緩和を導入したときから採用しているもので、2016 年にマイナス金利が追加されると「量的・質的金融緩和」から「マイナス金利付き量的・質的金融緩和」へ、同年秋に長短金利操作が導入

されると「長短金利操作付き量的・質的金融緩和」へと表現を変更している
が、それ以外は基本的に同じ表現を維持している。2つ目のフォワードガイ
ダンスは2016年に長短金利操作を導入した際に追加されたものである。

　こうしたフォワードガイダンスにより、市場や家計・企業の長期予想イン
フレ率に働きかけて、2%程度に引き上げることを目指している。また実際
のインフレ率や、長期予想インフレ率が安定して2%程度で推移するように
なれば、実質金利は短期・長期ともにマイナスとなるため、金融緩和効果が
高いと考えていると見られる。

3　日本銀行のフォワードガイダンスの課題

　このようにして資産買い入れやフォワードガイダンスなどさまざまな金融
緩和手段を導入して金融緩和政策を導入してきているが、2014年度の消費
税率の引き上げの局面および2022年の国際的なエネルギー価格高騰や食料
品価格の上昇などの要因でインフレ率は2%を超えているが、それらを除く
と、インフレ率は2%を大きく下回っている。現在でも、エネルギーや食料
を除くインフレ率は1%にとどまっている。名目賃金は増えているが実質賃
金が低下しており労働市場にタイト感がないこともあり、需要の拡大による
インフレ上昇はまだ実現できていないと日本銀行は判断している。賃金の伸
び悩みには企業の労働生産性の低迷が影響していると考えられている。

　フォワードガイダンスについては、前述の2つ目のフォワードガイダンス
に明記されているマネタリーベースが拡大を維持し続けることができるかが
注視されている。2020年3月に新型コロナ感染症危機対応で、「新型コロナ
ウイルス感染症対応金融支援特別オペレーション」を導入し、金融機関に満
期は1年以内で0%の貸付利率で流動性を供給する制度を導入した。この制
度は段階的に優遇措置を高めてきた。担保要件が緩和されており、金融機関
が日本銀行に預ける当座預金残高に適用する利率（日本銀行が金融機関に支払
う預金金利）をプラスにすることで、金融機関にとっては日本銀行からの借
り入れ金利（0%）よりも日本銀行に預ける当座預金の付利が上回るため、
借り入れインセンティブを高めることができる。これにより、企業・家計へ
の融資を促すことを意図している。2020年3月以降は政府による無担保無

利子融資制度もあって銀行による民間部門への融資が拡大していたため、そうした融資実績をもとに日本銀行からの借り入れが拡大したことで、日本銀行のバランスシート（金融資産）が大きく拡大する最大の要因となっていた。しかし、この制度は 2022 年 3 月末から段階的に縮小しており 2023 年 3 月末で終了する予定である。このため、金融機関からの返済が増えており、日本銀行のバランスシートを下押しする影響が強まっている。マネタリーベースは縮小を始めており、フォワードガイダンスとの整合性をどのようにして保つかが注目されている。将来的には修正される可能性があると考えられる。

Ⅳ　米国の金融政策との比較
──新型コロナウイルス感染症危機以降の FRB

　アメリカの中央銀行にあたる連邦準備制度（理事会）（FRB）が採用するフォワードガイダンスは、日本銀行のフォワードガイダンスと内容が異なっている。FRB は、公式にはフォワードガイダンスを金融政策の唯一の操作目標としてフェデラルファンドレート（無担保のオーバーナイトの銀行間貸付金利）を政策金利とみなしており、フォワードガイダンスはフェデラルファンドレートに適用している。金融緩和局面でのフォワードガイダンスは政策金利を 0〜0.25% の誘導目標範囲についてどのような状況まで維持するか方針を示すことで金融緩和手段として活用した。以下では、FRB の金融政策の変化とフォワードガイダンスについて展望する。

1　物価水準ターゲティングの導入と 2021 年末までのフォワードガイダンス
　FRB は、2020 年 3 月に新型コロナ感染症危機に対応するために政策金利を 0〜0.25% に引き下げてから 2022 年 3 月に利上げに踏み切るまで同水準を維持した。具体的には、2020 年 8 月までは、金融政策の二大目標である雇用の最大化と 2% の価格安定ゴールの達成を目指して 0〜0.25% の低金利政策を続けるという方針を示してきた。これは、雇用とインフレという将来の経済状況に紐づけたフォワードガイダンスに相当する。
　しかし、2020 年 8 月に、金融政策の枠組みについて、それまでの（フレキ

シブル）インフレーションターゲティングから「物価水準ターゲティング」へ転換している。日本をはじめ多くの中央銀行はインフレーションターゲティングを採用しているが、FRBは理論的にはより金融緩和スタンスを示すことができる物価水準ターゲティングを採用したのである。この背景には、2012年に物価安定の長期ゴールとして2%を明示するようになったが、大半の期間で2%を下回る状態が常態化していたことへの懸念がある。インフレーションターゲティングの場合、過去に長くインフレ率の実績値が2%を下回る状況が続いたとしても、過去の低インフレ状況を考慮に入れず、常に将来に向けて2%程度のインフレ率を中長期的に実現するように政策運営を行う仕組みである。これに対して、物価水準ターゲティングは、過去に2%を下回った時期が長期化している場合は、その分だけ将来的により長く低金利を続けることを示すコミュニケーションの仕組みである。経済が好転しインフレ率が2%を超えたとしても、過去に2%を下回った時期を含めて平均して2%程度を実現することを目指しているため、利上げをせずにしばらく2%を超えるインフレを維持することになる。このため、物価水準ターゲティングは、理論的にはインフレーションターゲティングよりも金融緩和効果を生み出せると考えられている。

　この変更を反映させるために、2020年9月の連邦公開市場委員会（FOMC）後の対外公表文では、政策金利についてのフォワードガイダンスについて、雇用最大化の表現は維持しつつ物価安定の表現を変更して、「インフレ率が2%まで上昇し、2%を少し超える状況が軌道に乗る状況になるまで」という表現を導入した。この表現に対して2021年9月の公表文では2%を少し超える状況について「しばらくの間」維持するといった表現が追加され2%を超えてもより長く金融緩和を続けることを示している。その後は、この表現が2021年12月まで継続した。予想以上の速さでインフレが加速したため、このフォワードガイダンスはとりやめ、急速に利上げスタンスへと転換を余儀なくされることになった。

2　量的緩和政策と買い入れ方針について

FRBは、前述したようにフェデラルファンドレートを主要な金融緩和手

段とみなしており、資産買い入れについては金利政策とそのフォワードガイダンスを補完する手段と位置づけている。この取り扱いは、日本銀行のフォワードガイダンスがQQEと量的・質的金融緩和全体を主要な金融政策手段とみなして、フォワードガイダンスを適用しているのとは異なっている。

資産買い入れについては、新型コロナウイルス感染症危機に対応するために2020年3月当初は、国債は毎月500億ドル、エージェンシー住宅ローン担保証券は毎月200億ドル、計700億ドルの買い入れを開始したが、3月下旬には「必要があれば無制限に買い入れる」方針に強化した。その後、債券市場が落ち着くと、2020年12月のFOMCでは国債は毎月800億ドル、エージェンシー住宅ローン担保証券は毎月400億ドル、計1,200億ドルの買い入れ方針を示し、2021年11月に買い入れ額の縮小を発表するまでこの買い入れ方針を継続した。

FRBは資産買い入れの目的については、当初は市場機能を円滑にすることにより金融緩和のトランスミッション（伝達）を効果的にすることを重視しており、その目的で資産買い入れを続けていると説明してきた。しかし債券市場は落ち着きを維持していたため、2020年12月には雇用最大化と物価安定の二大目標に向けて著しい改善が見られるまで資産買い入れを継続するとの方針に変化させている。その後、2021年11月のFOMCでは二大目標で改善が見られたので同月から資産買い入れ額を減額するとの方針を示し、テーパリング（買入れ額の減少）を開始した。

3　2021年以降のインフレ率の上昇と金融政策の正常化

FRBは長くインフレ圧力が弱い状態が続いていたため、物価水準ターゲティングを導入したが、その後、2022年1月からFRBが物価判断で重視する「個人消費支出デフレーター」が6%を超え、消費者物価では17%を超えており、1980年以来の大インフレとなっている。もともと2021年にはインフレ率が上昇することが予想されていた。それは、2020年の新型コロナウイルス感染症危機によるロックダウン（都市封鎖）や人の移動の規制などにより経済活動が大きく縮小したため、原油価格などが急落したが、2020年末から景気回復とともに上昇していることから1年前の下落の裏の効果が

起きることは容易に予想されていたからである。

　ところが 2021 年春から世界的にエネルギー、農産物、半導体、工業原材料価格など幅広いコモディティ価格が高騰を始めた。新型コロナ感染症危機によって自宅で過ごす人々や人との接触を控える行動が世界的に増えたことで、電子機器、家具・住宅、自動車などの需要が高まりモノの価格が高騰したことも世界的インフレに拍車をかけていた。さらに、中国などで変異株の感染拡大による経済活動の厳しい規制強化などもあって多くのモノの価格や物流費および国際的な輸送費用が高騰する状態が続き、インフレに拍車をかけるようになった。こうした商品価格や世界のサプライチェーンの不安定化によるインフレは、主にサプライサイド側の要因によるものである。FRBは新型コロナウイルス感染症が収束すれば比較的早く生産制約やサプライチェーンの不安定化が解消すると見ていたことから、インフレ率がかなり上昇を始めるようになっても、2021 年 11 月初めの FOMC の段階までは、物価高騰を一時的であると説明して大きな問題ととらえていなかった。

　しかし、インフレに対する国民の不満が高まる中で、2021 年 11 月末にはFRB のパウエル議長が物価高騰は一時的との見方を撤回してインフレ懸念を表明し、2021 年 12 月の FOMC では資産買い入れ縮小規模を前月に発表した予定額よりも大きく縮小することを決め、しかも 2022 年の早期に買い入れを終了する方針に急転換した。実際、資産買い入れは 3 月に終了し、2022 年 3 月の FOMC では保有する資産について近い将来減らす量的引き締めの可能性を指摘し同年 5 月に詳細な計画を公表した。2022 年 6 月から量的引き締め（資産縮小）を始めており、9 月からは毎月 950 億ドル（国債 600億ドル、エージェンシー MBS などは 350 億ドル）を上限に保有資産を縮小している。国債については売却せずに償還期限が到来したものを再投資しない形で現金化することで減らす一方で、エージェンシー MBS は残存期間が長いため必要に応じて売却する方針を明らかにしている。インフレに対応するために、利上げだけでなく、資産縮小もかなり早くから、しかも前回（2017 年10 月から 2019 年半ばまで）よりもほぼ倍増する規模で縮小している。それでも FRB の総資産は約 9 兆ドルに達したため縮小にはかなり時間がかかることになる。

政策金利については2022年1月にフォワードガイダンスを変更し、インフレ率は2%を大きく上回っており、労働市場の回復が強いことから、近く利上げをするのが適切だとの方針を初めて示し、次回3月会合での利上げを示唆した。それに沿って2022年3月に最初の利上げを行い、0〜0.25%から0.25〜0.5%へ0.25%ポイント引き上げている。5月にはインフレ圧力の高まりを懸念して0.5%引き上げて0.75〜1%としている。さらに6月、7月、9月そして11月には0.75%ずつ引き上げて3.75〜4.0%へ引き上げ、12月には0.5%の引き上げ幅へ縮少し4.25〜4.5%としている。2022年12月にFOMCが示した政策金利の見通しによれば、2023年には5〜5.25%まで引き上げるとしている。12月の会合を受けて、市場では2023年の9月頃までに5〜5.25%まで引き上げる見通しへと大きく上方修正している。

　インフレと利上げにより景気が減速しつつあり、金融政策の正常化については非常に難しいかじ取りが必要になっている。FRBは、2022年10月現在PCEデフレーターが6%となっているが、その後は低下して2022年10-12月期は5.6%へ、2023年10-12月期には3.1%へ低下し、ようやく2025年に2%に達するとの見通しを示している。

　物価水準ターゲティングは、2020年に導入した直後に国民・市場参加者のインフレ期待を高めるような影響は確認できなかった。その一因として、インフレ率が2%を超えた場合、どの程度まで許容するのか、あるいはどの程度の期間まで続けるのかなど具体的な表現を使わなかったことから、従来のインフレーションターゲティングとの違いが分かりにくかったこともあったと思われる。また2021年からは予想外のサプライサイド要因による大インフレとなり急ピッチで利上げを余儀なくされたために、物価水準ターゲティングはFRBが当初想定したようには機能できなかったように見える。物価水準ターゲティングがどの程度の金融緩和効果があったのかは現時点では分かりにくい。しかも、現在は2%を大きく超えるインフレとなっており、物価水準ターゲティングの下では今後2%の物価水準にインフレを抑えるために、物価水準を下げる大幅な利上げが必要になる。今のところFRBは物価水準ターゲティングに言及しておらず、そこまで利上げをする予定はないように見える。現在のアプローチは（フレキシブル）インフレーションター

ゲティングに似ており、FRBの金融政策の枠組みが分かりにくくなっている。新型コロナウイルス感染症危機対応での金融緩和を長く維持しつづけたことや3回にわたる財政出動と低所得世帯への現金給付も高いインフレに寄与したとの見方もあるが、サンフランシスコ連邦準備銀行の研究によれば主因はサプライサイド側にある（Shapiro 2022）。FRBの金融政策に関する評価については後の研究に委ねられることになる。

おわりに

　本章を総括すると、フォワードガイダンスは金融緩和局面では長期金利を下押しする効果がある程度見られるが、金融引き締め局面では、景気、雇用、金融環境、海外情勢など多くの情報をもとに慎重に判断されることが多いため、効果については分かりにくい。とくに、2021年から始まった世界的なインフレの中での金融正常化の局面では、サプライサイド要因が主因となっていることもあり、需要に働きかける金融政策の効果が分かりにくく、金融政策スタンスについての不確実性が高くなる。次回会合やそれ以降の方針を示したとしても、それとは異なる判断を余儀なくされることが多くなっている。このため、フォワードガイダンスの信頼性が低下し有効に機能しにくくなっている可能性がある。経済や物価の不確実性が高い状況においては、年8回の金融政策決定会合後に公表するステートメントで示すフォワードガイダンスよりも、中央銀行総裁などの講演やメディアのインタビューを通じて発信するメッセージの方がより最新の情報を踏まえた見通しを示すことができるため市場に大きな影響を及ぼしている。フォワードガイダンスがどのような有効な手段となるのかさらに研究が進められる必要がある。また、中央銀行の予想を越えたインフレが起きたことで金融政策判断がひんぱんに変わっており、国民・市場参加者に対するコミュニケーションもチャレンジングな状態になっている。どのようにして分かりやすく説明していくのか、より一層の工夫が必要とされている。

参考文献

白井さゆり（2013）「我が国の金融政策とフォワードガイダンス——金融政策運営について
のコミュニケーション政策」国際通貨基金（IMF）および米国連邦準備制度理事会に
おける講演（各9月19日、20日、於ワシントンDC）の邦訳、9月20日。

白井さゆり（2014a）「日本銀行の金融緩和とコミュニケーション政策——サーベイ調査に
基づくレビュー」コロンビア大学における講演の邦訳、2月27日。

白井さゆり（2014b）「非伝統的な金融政策環境の下でのコミュニケーションとフォワード
ガイダンス——日本銀行の事例」2014年米国金融政策フォーラムでの講演の邦訳（於、
米国ニューヨーク市）、2月28日。

Campbell, Jeffrey, Charles Evans, Jonas Fisher and Alejandro Justiniano（2012）"Macroeconomic Effects
of Federal Reserve Forward Guidance", *Brookings Papers on Economic Activity*, Spring（1）, 1–80.

Eggertsson, Gauti and Michael Woodford（2003）"The Zero Bound on Interest Rates and Optimal
Monetary Policy", *Brookings Papers on Economic Activity* 2003（1）, 139–233.

Reifschneider, David and John C. Williams（2000）"Three Lessons for Monetary Policy in a Low-Infla-
tion Era", *Journal of Money, Credit and Banking* 32（4）Part 2, 936–966.

Shapiro, Adam Hale（2022）"How Much Do Supply and Demand Drive Inflation?", *Federal Reserve
Bank of San Francisco, Economic Letter* 2022–15, June 21.

Woodford, Michael（2012）"Methods of Policy Accommodation at the Interest-Rate Lower Bound",
speech delivered at the Federal Reserve Bank of Kansas City Economic Symposium, August 30 - Sep-
tember 1, 2012.

第7章 資源循環政策の現場から
国際資源循環の適正化をめざして

塚原沙智子

はじめに

　今日、食べたもの、着ている服、使ったもの……それらがどこから来て、手放した後はどこへ行くのか。多くの人は、そのものの価値には注目しても、それが作られる過程や手放した後のことはあまり意識しないのではないだろうか。だが実は、ものの生産や廃棄のプロセスのあり方は、私たちの未来を持続可能（サステナブル）なものにできるかどうかに大きく関わっている。

　最近、「サステナブル」という言葉を頻繁に目にするようになったが、それは、今の状況はこのまま続けられないということの裏返しでもある。私たち人類は、紀元前1万年前後に農耕を始め、文明が発生してからもなお、自然との間で物質をやり取りしながら繁栄を築くことができた。それが可能だったのは、人類に起因する環境への負荷は自然の浄化能力によりその能力の範囲内で受容され、回復することが可能であったためである。身の回りのものも、再生可能な木材や繊維など自然由来のものが中心で、廃棄しても自然の中へ還すことができた。

　現代の社会経済活動がそのころのものとは全く異なることは述べるまでもない。きっかけは産業革命（18世紀後半〜）である。工業化や交通革命により、大量生産や長距離輸送が可能となり、人々の活動のスケールは一気に拡大した。それからほどなく、1970年前半には、人間による負荷は地球のキャパシティを超えたと考えられる（Global Footprint Network）。現代生活では、大抵のものは安く大量に手に入るようになったが、資源採取と排出（廃棄物や温室効果ガスなど）の過程における環境負荷はますます大きくなり、地球

133

のキャパシティを減らし続けている。世界中でベストセラーとなったローマクラブの『成長の限界』（Meadows 1972 = 1972, 11）は、人類のあくなき成長への欲求が不変のままならば、来たるべき 100 年以内に、人類は地球上の資源を使い尽くすだろうと指摘し、人類に方向転換を促した。しかし、人類が問題の深刻さを認識し、解決のための変革を図ってきたとは言い難い。そのツケは、気候変動や動植物の大量絶滅など、人類にとっての大きな脅威として現れはじめている。

　自然環境が人類の存続の基盤であるという前提に立ち、人類が地球のキャパシティを超えない範囲で生きていくための仕組みを作ることが環境政策のミッションである。地球上のあらゆる事象は繋がっており、気候変動や資源循環、生物多様性はいずれも相互に関係している。その中でも本章では、「資源」と「廃棄物」に注目して、資源循環行政の難しさと政策の将来展望について論じたい。

I　資源循環政策の必要性

　資源循環政策を考える際、「天然資源の枯渇」と「資源の利用後に発生する廃棄物の処分」という「二重の資源問題」（細田 2015, 6-7）に向き合っていかなければならない。言い換えれば、「資源の効率的利用」と「廃棄物の適正処理」いう 2 つの要請に対する同時解決が求められる。これらは、天然資源のほとんどを海外に依存している上、国土が狭く廃棄物処分場の用地に限りがある我が国にとって逼迫した問題である。本節では、どうしてこれらの問題の解決が難しいのか、本質的な課題の構造を捉え、政策の必要性を考える。

1　ごみと社会経済

　「ごみ」とは何であるか。一般には誰かにとって不要となり手放されたものをいうが、国や時代、その時々の社会通念によっても異なり、定義するのは難しい。誰かにとって不要となり手放されたものでも、他に欲しい人がいれば価格が付くかもしれないし、集めて手を加えて売れば商売になることも

ある。ごみの中身は時代とともに移り変わり、社会や経済の状況を反映する。

　日本ではかつて、ごみはほとんどが生ごみなどの有機物で堆肥化が可能であったため、現代のように処分場所に困るということはなかった。江戸時代には、都市で出るごみやし尿までもが有料で買い取られており、千葉の北総地帯を中心とした農村に運ばれ、発酵させた上で肥料として利用されていた。都市と農村の間で、農作物とごみやし尿が循環するという、高度な循環システムが築かれていたのである。しかし、明治維新によって海外からコレラなどの感染症が持ち込まれ、ごみやし尿が衛生行政の管理対象となっていったことや西南戦争後のデフレの影響で、肥料価格が下落して採算が合わなくなり、回収が行われなくなった。さらには、都市化の進展と農村の縮小で需給バランスが合わなくなったり、安価な化学肥料が工業生産されるようになったりしたことから、ごみやし尿の経済的価値は失われた（稲村 2015, 30-109）。この結果、市中にはごみが溢れ、腐敗して悪臭を発するなどして迷惑な存在となった。循環利用のシステムを維持するには、回収、運搬、処理の仕組みがあることが必須だが、その仕組みを成り立たせる条件が崩れた途端、かつての資源は厄介な不要物となる。その後、家庭から出るごみは、自治体が処理責任を負うようになって現在に至る。

　他にも、江戸時代には古着やボロ（使い古された布やぼろきれ）が相当量流通していた。ボロは、東北の農村では刺し子をして寒さをしのぐために用いられたり、製紙原料として欧州へ輸出されたりしていた（稲村 2015, 1-4）。現在、衣服はファストファッションの台頭によって安価に手に入るものになり、日本では 4 枚に 1 枚は新品のまま捨てられている可能性がある（仲村・藤田 2019, 32-52）。また、その裏で、綿などの原材料の生産や染色による水や土壌の汚染や化学繊維の製造・廃棄による二酸化炭素の排出が問題となっている。

2　資源循環と静脈産業

　現代は、大量生産・大量消費・大量廃棄時代と言われ、資源が「生産」→「消費」→「廃棄」と線形に流れ、どんどん失われている。用いる資源が枯渇性であるという前提に立てば、「生産」→「消費」→「回収・処理」→

「生産」と資源循環の環が閉じるようにシステムを変えていかなければ、いつか破綻する。

　この過程にはさまざまなプレイヤーが関わってくる。社会経済活動における物の流れを人体の血液循環に喩えると、資源採掘から生産、流通を担うのが「動脈産業」、使用済み製品の適正処理・リサイクルを担うのが「静脈産業」である（使用済み製品は「静脈資源」という）。経済成長期は人々の消費への欲求が大きくなり、市場の力で動脈の流れは太くなるが、静脈から動脈への流れは弱く、その連結すら不十分である。人体では絶えず血液は流れていて、さまざまな臓器の働きによって静脈から老廃物が取り除かれ、再び動脈へと巡る。これら臓器の機能がなければ老廃物が溜まり病気になってしまう。我々の社会においても、静脈産業がしっかり機能することは、環境を健全に保つためには欠かせない。

　しかし、社会における物の流れは、社会や経済の状況の影響を強く受け、必ずしも一定の状態にない。前述のとおり、さまざまな要因で需給バランスは変わるため、同じ物でも、財になったりごみになったり、その位置づけは変化し得る。静脈資源が循環し、個々の資源について循環が成立するかどうかは、市場の状況、特に資源価格に大きく影響を受ける。

　静脈資源の価格は、無償のケースもあり得るが、プラスかマイナスとなる場合が多い。例えば、中古品をリユースショップに持ち込んだ時、買い取ってもらえる場合とそうでない場合がある。値段が付かなかったものを家庭ごみとして捨てる場合、ごみ袋代分の負担が必要となり（ごみ袋が有料化されている自治体の場合）、手元の費用がマイナスとなる「逆有償」と呼ばれる状態になる。つまり、ごみを排出する人が適正処理やリサイクルのコストを負担することになる。逆有償の取引において資源循環を進めるためには、これらのコストが適切に負担されなければならない。そのような仕組みを健全に維持することの難しさは、市場との関係にある。このことは、次項以降で詳しく述べる。

3　適正処理と廃掃法の規制強化

　ここで、廃棄物の適正処理について、歴史的な経緯とともに述べる。1950

年代半ばからの高度経済成長期、日本では公害とともにごみ問題も深刻化した。急増した家庭ごみ（一般廃棄物）は埋立処分場の容量を圧迫したが、減容化のための焼却処分場建設は進まず、東京で美濃部都知事が「東京ごみ戦争」を宣言する事態に陥る。埋立処分地のある江東区へ都内のごみが運び込まれ、生活道路を汚し、生ごみなどが悪臭問題を起こしていたが、一方、杉並区では清掃工場の建設反対運動が起こったため、江東区が杉並区からのごみ搬入を阻止する事態にまで発展したのである。さらに、製品製造過程から排出される産業廃棄物も急増し、それらの有害性から特別な処理が必要となったが、不適正処理・不法投棄事件も繰り返し起きた。

　現在、日本におけるごみ処理は焼却処分がメインであり、焼却灰や焼却できないごみは埋立処分される。いずれの工程においても、汚染のコントロールが必要である。焼却処分場では、1990年代後半にごみ焼却に伴うダイオキシン（ヒトへの発がん性が疑われる物質）の発生が社会問題となり、3R（Reduce, Reuse, Recycle）政策を掲げた「循環型社会形成推進基本法」（2000年制定）のもと、日本全体でごみ減量を推し進める大きなきっかけとなった。また、埋立処分場では、鉛、水銀、カドミウムといった有害性のある重金属類（密度の比較的大きい金属類）は、環境中に染み出してくることがないよう、特別な方法で埋め立てなくてはならない。重金属類は、電池や家電製品、自動車、貴金属製錬・めっき、防腐剤などに幅広く使われており、必ずごみの中に入ってくるものだが、適正処理費用から逃れるための不法投棄などの不法行為が横行した。最も有名な事案としては、1990年に摘発された香川県豊島における国内最大級の約90万トンに上る産業廃棄物不法投棄事件が挙げられる。1978年ごろ、県から許可を得た産廃処理事業者が、金属リサイクルをしていると説明する一方で、使用済み自動車の破砕くずなどを不法投棄し続けた。事業者の「廃棄物ではない」という主張によって摘発が遅れ、広い範囲で土壌や水が汚染されるとともに、周辺の住民にも健康被害が相次いだ。

　このような問題は、環境意識の低い時代に起きた問題だという印象を持った読者もいるかもしれない。しかし、経済学の理論から考えれば、何ら規制のない市場経済では、ごみは未処理のまま捨てられ、何らかの制約が市場の

外からかけられなければ、こうした状況は改められない（細田 2012, 10–11）。なぜなら、ごみ処理の市場は「悪貨は良貨を駆逐する」[1] おそれのある市場であり、技術力を持った事業者による適正な処理よりも、いい加減な方法でも安価で処理を行う事業者が選択される構造にあるからである。ごみを排出する人は、処理の実態まで知ることはないので、逆有償取引において、名目上の同じ処理に対して安い価格を提示できる業者を選択する。この状態において、適正処理やリサイクルの技術を持った優良業者は市場から駆逐されてしまい、静脈資源は未利用のまま埋もれたり、不適正に処理されて環境を汚染する。

　日本の廃棄物処理制度は、1970 年に制定された「廃棄物の処理及び清掃に関する法律（廃掃法）」に基づき運用されているが、同法は制定以来、静脈産業の健全性を保つための排出事業者の責任強化など、規制強化を中心として発展してきた。

4　資源の効率的利用とリサイクル法の整備

　次に、資源の状況について述べる。1970 年以降、世界の人口は倍増し、GDP は 4 倍以上に成長したが、世界の年間の資源採掘量（バイオマス、化石燃料、金属および非金属）も 1970 年から 2017 年の間に 271 億トンから 921 億トンに急増した（IRP 2019, 42–44）。これら資源の大部分は再生可能ではないので、いつかはピークアウト（生産量がピークに達し、徐々に減少すること）する。石油が枯渇するという「ピークオイル説」は過去何度か騒がれたが、最近は金属に関する資源安全保障が話題となることが多い。金属にはベースメタル（鉄、銅、アルミニウムなど）、貴金属（金、銀、白金、パラジウムなど）、レアメタル（リチウム、ニッケル、コバルトなど）のようにさまざまな種類があり、現代生活を支えるハイテク技術の多くに利用されている。新興国での需要拡大が見込まれる中、2050 年までに地下資源（鉱石の埋蔵量）では賄いきれなくなる金属もあるという予測（原田ほか 2007）もある。一方、「都市鉱山」（地上に蓄積された工業製品）と言われるように、さまざまな使用済み製品（家電やパソコン、蓄電池、自動車など）には金属が含まれており、天然鉱石と比べて金属含有率も高い。日本は都市鉱山のポテンシャルが大きいと

いう推計（原田ほか 2009）もあり、使用済み製品をリサイクルすれば、効率的に資源を取り出すことが可能である。

　しかし、都市鉱山と言ってもおのずとリサイクルが進むわけではない。まず、使用済み製品は、天然の鉱山のように一か所に資源が集まっているのではなく、世の中に広く薄く存在している。加えて、リサイクルに規模の経済が生まれるよう十分な量を集めてくる必要もある。例えば、テレビやエアコンなど大型家電は、リサイクル制度ができるまで、その大部分が埋め立てられていた。なぜなら、それらが銅や貴金属のみならず、鉛などの有害物質やプラスチックなどの複合材で作られているため、技術的にも経済的にもリサイクルが難しかったためである。部品として取り外せるものを除けば、家電からの金属の選別は手作業では難しく、大型のシュレッダー設備によって破砕し、磁力や比重により物理的に選別し、鉄、銅、アルミなど種類ごとに分けてから、炉で溶かしたり、電気分解によって純度を高める。一つ一つの工程に対し、技術面で大きな投資が必要となり、逆有償となるため、リサイクルは進みにくい。

　そのため、2001 年に完全施行された家電リサイクル法（特定家庭用機器再商品化法）では、その枠組みの中で、責任とコストの分担のルールを定めた。消費者は使用を終え排出する時に家電リサイクル料金を支払い、家電メーカーはリサイクルを行う。その他の使用済み製品（容器包装、食品、建設、自動車など）のリサイクルについても、法律によって責任とコストの分担を定め、静脈資源を循環させる仕組みの構築が図られてきた。

5　静脈資源の流出と公害の輸出

　リサイクル制度が確立して使用済み製品が集まるようになれば、徐々にコストは下がり、規模の経済性も生まれ、採算性が改善する。したがって、使用済み製品の収集が制度の肝となる。しかし、思いがけないことが起きる。リサイクルシステムの中から外れて、使用済み製品が海外へ流出したのである。

　廃棄物の輸出は、1992 年に発効した国際条約（有害廃棄物の国境を越える移動及びその処分の規制に関するバーゼル条約（バーゼル条約））に日本が加盟

した際、同条約を実施するための国内担保法（バーゼル法）制定と同時に、廃掃法にも輸出入規制が加えられ、原則として日本からの廃棄物の輸出は認められないこととなった（国内処理原則）。これは、国内での廃棄物処理の空洞化を防ぐとともに、海外に容易に汚染を流出させないという意図によるものである。

　輸出規制があるのに、なぜ資源が海外へ流出したのか。それは、日本で逆有償にしかならないものでも、資源需要が旺盛な開発途上国から買い取られるという現象が起きたためである。例えば、使用済みペットボトルは容器包装リサイクル法（2000年完全施行）の対象物であり、市町村の回収を経て処理業者に引き渡されていたが、2000年ころから中国や香港への輸出が急増し国内処理が滞った。世界中でMade in Chinaのプラスチック製品が大量に流通していることからわかるように、中国は長年、世界のプラスチックリサイクル工場として発展してきた。1992年以来、世界の廃プラスチックの実に半分弱が中国に輸入されている（Brooks *et al.* 2018）。日本国内では、市民が努力して分別したペットボトルを海外へ売るなんて、と物議をかもしたが、財としての取引が成立している以上、廃掃法は止めることはできない。

　これと同じことが使用済み家電でも起こった。環境省が行った2013年度の推計では、家電リサイクル法の対象4品目（テレビ／エアコン／冷蔵庫・冷凍庫／洗濯機・乾燥機）について、正規ルートでのリサイクルが全体の約7割とされる一方、約1割が金属資源として開発途上国へ流出していることが分かった（残りの約2割は国内外でのリユースなど）。この問題は実態不明の「見えないフロー問題」と呼ばれ、2012年に小型家電のリサイクルのための新しい法律（使用済小型電子機器等の再資源化の促進に関する法律）案が国会に提出された際には、廃掃法もバーゼル法も輸出規制として機能しておらず、環境省は不適切な輸出を許しているのではないか、との追及を受けた。

　静脈資源の海外流出は、リサイクル制度の根幹を揺るがす問題であるが、それに加え、日本からの公害の輸出が起きているという懸念も高まった。なぜなら、開発途上国では、人手による手選別やインフォーマルなリサイクルが行われており、環境配慮と労働安全の上で問題があるからである。特に中国では、広東省の貴嶼という村に世界中から使用済み電気製品が集まり、村

図 7-1　電子基板とシアンの素手による
取り扱い（フィリピンにて、2016 年）
出典：寺園淳撮影

民が手作業で行うリサイクルによって、鉛やダイオキシン類による汚染が起きている実態を NGO が報じ（BAN and STVC 2002）、世界に大きな衝撃を与えた。日本の研究者が行った現地調査でも、ベトナムで電気ケーブルの中の銅線を取り出すため野焼きが行われ黒煙が上がっていたり（小島 2018, 73-75）、フィリピンで電子基板から金を抽出するため素手で電子基板をシアン溶液に浸したうえ加熱処理が行われ有害な排ガスが発生していたり（Terazono et al. 2017）といった問題のある実態が報告されている（図 7-1）。同 NGO によるレポートでは、米国や欧州諸国と並び、日本も公害輸出の原因国として強調され、日本への国際的な批判も高まっていた。

II　国際資源循環の適正化

　日本にとって、国内資源循環の確立が重要である一方で、金属やプラスチックといった静脈資源が海外へ流出し、リサイクル制度にとって重大な懸念が生じたことを述べた。ここからは、そのうち使用済み家電に焦点を当て、筆者が過去に環境省の担当官として、どのように問題を分析し、政策を立案したかを述べたい。

1　「見えないフロー」の実態解明
　小型家電リサイクル法案は、2012 年に成立、2013 年に施行され、自治体

図7-2　ヤードにて破砕された家庭用洗
濯機

出典：筆者撮影

や量販店での回収が始まった[2]。しかし、不適正な輸出の撲滅は大きな宿題
として残ったままであった。筆者は当時、廃棄物の輸出入規制の担当官であ
り、小型家電リサイクル法の命運をかけて、この問題を具体的に解決すると
いうミッションを担っていた。

　それまでの調査や国会の審議においては、「見えないフロー」には、「不用
品回収業者」というインフォーマルなプレイヤーが関与していることが示唆
されていた。読者も、家電の無料回収のチラシがポストに入っていたり、住
宅地を大音量でアナウンスするトラックを見かけたりしたことがあるのでは
ないだろうか。不用品回収業者は、大量に使用済み家電を集め、質の良い中
古品を選別して国内もしくは海外の中古品店へ販売することをビジネスとし
ているが、壊れているものや売れ残りに関しては、自らリサイクル料金を支
払って処分しなければならない。一部の悪質な業者は、それらを混ざりもの
の多い鉄や非鉄くずを扱う業者（ヤード業者）へ売り払い、ヤード業者は金
属くずとして貨物に混ぜて輸出している、という情報も全国から寄せられた。

　筆者は、さまざまな不用品回収業者へヒアリングを試みたが、自分の会社
は目利きができるので売れるものしか回収していない、であるとか、ヤード
業者に売ることはないと主張した。そこで、全国のヤードの実態を調べよう
としたが、大抵のヤードは中が見えないよう囲いで覆われており、実際に不
適正な行為が行われているのか分からないため、自治体の廃掃法担当官や警
察の協力を得ることが難しい場面もあった。図7-2は、とあるヤードで発見

されたものであるが、家庭用の洗濯機が意図的にそうと分からないように破砕され、積み上げられていることが見て取れる。徐々にこうした実態が明らかになり、使用済み家電は、鉄・非鉄やプラスチックを含んだ雑多な構成物からなるスクラップ（以下、「雑品スクラップ」）に姿を変えて、金属資源として海を渡っているという実態が見えてきた。

　家電リサイクル法では排出者がリサイクル費用を負担する制度となっており、廃棄時に数千円を支払わなければならない。しかし、一般市民は不用品回収業者から「壊れていても修理して使える」、「家電リサイクル料金が節約できる」、「粗大ごみの日を待たずにすぐに引き取れる」などと言われれば、罪悪感なしに利用してしまう可能性がある。まさに悪貨が良貨を駆逐する状態が起きており、法に基づいてリサイクル料金を支払った人たちからすれば、不公平と感じられる由々しき事態であった。

　「見えないフロー」の先には、海外のインフォーマルセクターが繋がっている。日本の貨物が直接的に海外での汚染を引き起こしているという確証を得るため、輸出先の規制当局との連携も強化した。その結果日本の輸出者と取り引きがあると見られる輸入者の工場の捜査が行われ、現地の法令に基づく操業許可を逸脱したリサイクル作業が摘発されたり、不法滞在者による劣悪な労働環境についての情報が得られたりした。海外での処理実態の全貌を知ることはできなかったが、日本から実際に公害の輸出が起きているということについての確信は深まった。

2　廃棄物の定義をめぐる問題

　日本において、使用済み製品の輸出規制は、廃掃法とバーゼル法の二法によって行われている。廃掃法は「廃棄物」全般の取り扱いを規制するもので、廃棄物の収集・運搬、処理、輸出のいずれについても許可が必要となる。一方、バーゼル法は、条約の規制品目リストに該当する有害な特性を有する物（取引価格はその該当性を左右しない）について、輸出先で適切にリサイクルなどされることを環境省が確認し、輸出先国の了解を得るという手続きを定めた法律である。

　雑品スクラップは、鉛などの有害物を含むため、輸出先でリサイクルを行

うのであれば、取引価格は関係なくバーゼル条約の規制対象となる。しかし、輸出時の手続きを定めた法律であるため、国内にあるヤードには手が出せない。また、廃掃法についても、雑品スクラップを扱う事業者から「海外で売れるのだから廃棄物ではない」と主張され、取り締まりが及びにくくなっていた。つまり、ヤードは、どの法律の規制も届かない法の「すきま」に落ちていたのである。

　ごみが何であるか、一律に定義するのは難しいと述べた。日常的な用語として曖昧さが残るのは仕方がないが、法律上の用語である「廃棄物」の定義となると話は別である。ある物が「廃棄物」となるのであれば、許可なく取り扱えば、廃掃法に基づき刑事罰の対象となる。したがって、「廃棄物」該当性の判断が解釈によってぶれるようなことがあれば、事業活動の萎縮を引き起こしたり、行政の円滑な取り締まりの支障ともなる。しかしながら、日本の「廃棄物の定義」はその曖昧さゆえ、「廃棄物ではない」と抗弁する悪質な業者などの対応に、現場の廃棄物行政担当官や警察官が苦しめられるという基本的な構造が存在している（嘉屋 2011）。廃掃法はその定義規定において、「「廃棄物」とは、ごみ、粗大ごみ、燃え殻、汚泥、ふん尿、廃油、廃酸、廃アルカリ、動物の死体その他の汚物又は不要物であって、固形状又は液状のもの（放射性物質及びこれによって汚染された物を除く。）をいう。」と規定している。すなわち、「廃棄物」は「不要物」であると包括的に定めており、ある物が廃棄物に該当するか否かについては、運用上、その物の性状、排出の状況、通常の取り扱い形態、取引価値の有無、占有者の意思などを総合的に勘案して判断することとされている（いわゆる「総合判断説」）。これらの5つの要素はあくまで総合的に判断されることとされているが、実務において最も重視されているのは「取引価値の有無」である（北村 2019, 55）。「取引価値の有無」は、5つの要素の中で唯一定量的な指標であり、逆有償であるかどうかのクリアな線引きが可能であるからであろう。

　不用品回収業者の問題を認識していた環境省は、法令の解釈を助けるための「通知」（地方自治法における自治体に対する"技術的助言"）を発出し、有償取引であったとしても、総合判断に基づき、積極的に廃棄物に該当すると判断し、「不用品回収業者」への取り締まりを強化するよう自治体に呼び掛け

ていた。しかし、通知は法的裏付けを強化するものではなく、刑事告発等を促すには限界があった。

　そこで、「すきま」を解消するため、廃掃法に当たらないという抗弁が予想されるものについても、雑品スクラップのように明らかに問題のある品目については、特別な規制を講じられるよう、廃掃法を改正して対応するというアプローチを考えた。しかし、廃掃法の影響範囲を拡張するということは、環境省が規制する物の範囲を広げるということになるため、関係省庁との関係においてセンシティブな議論であり、丁寧に進めていかなければならない。そのためにも、この問題を解決することの大義を示し、議論を進めるための推進力を得ることが重要と考えられた。

3　バーゼル条約交渉

　同じころ、バーゼル条約においても、使用済み家電や機械類などから発生するごみ（E-waste と呼ばれる）が先進国から開発途上国へ流れて、発展途上国で環境汚染を引き起こしているとして、取締り強化の方法が大きな争点となっていた。前述のとおりバーゼル条約は、有害な廃棄物を輸出する場合、輸入国の事前承認を必要とする国際ルールであり、その手続きが行われていない場合は違法輸出とみなされる。しかし、E-waste はその多くは違法に、あるいは中古利用や混入物の少ないスクラップとしての用途を装って輸出されている（Forti *et al.* 2020, 55）ため、偽装を見抜くことが難しく、輸出入国のいずれの当局も取締りに課題を抱えていた。そこでバーゼル条約は、税関での水際対策のための客観的な判断基準づくりに着手し、筆者もその交渉に参加した。関心の高い話題について、200 か国近い締約国が共通の判断基準を作るのは容易ではなく、交渉には 7 年の歳月を要することとなったが、2015年の第 12 回締約国会議において「E-waste 及び使用済み電気電子機器の越境移動に関する技術ガイドライン」が暫定的な採択に至る。

　この交渉の成立は、さまざまな効果をもたらした。まず、輸出国、輸入国の双方における取締り強化のメッセージを世界中の違法事業者へ伝播させることができ、抑止力を働かせることができる。そして、国内に向けても、日本の国際的立場や責任の重さを証明する有効な手段となり、規制強化に向け

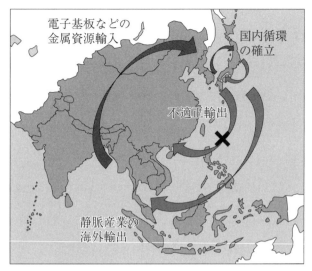

図7-3　資源循環行政のアジアへの展開（イメージ）

出典：筆者作成

た大きな推進力となった。

4　アジア地域への展開

　輸出規制強化の議論は、国内のリサイクルを担う事業者からの基本的な賛成を得ていたが、それだけではこれまでの制度上の不具合を修正するという話で終わってしまう。そこで、経済産業省と議論を重ね、海外のE-wasteを日本に輸入する際のバーゼル法の手続きを簡素化するための規制緩和も併せて提案し、日本をアジア圏の金属リサイクル拠点とする大きな政策と融合させた。世界中のリサイクル事業者は、早くからアジア諸国の都市鉱山に目を付け、電子基板などの貴金属を多く含む部品を買い付けようという動きがあったが、日本の輸入規制が必要以上に厳格であったため、欧米の事業者との間で買い負けている実態があった。日本では公害対策の進展により、世界トップクラスの低環境負荷型の金属リサイクルが可能であり、海外でインフォーマルセクターに流れてしまいがちな資源を適正処理によって救い出すことができる。開発途上国政府の中には自国の廃棄物を輸出することに抵抗のある担当官もいたため、アジア諸国のバーゼル条約担当官を招聘する日本の金

属製錬所の見学ツアーも企画し、理解醸成を促した。

　また、日本では人口減少に伴う国内での市場縮小と開発途上国における廃棄物量の増加を見越して、環境省は2011年度ころから廃棄物処理やリサイクル分野における海外へのビジネス展開を後押ししてきた。新品や中古品として売られた日本製の製品も、海外でいつかは廃棄物になり、リサイクルを必要とする。開発途上国政府による使用済み製品回収やリサイクルの制度整備を支援しつつ、国内事業者がビジネスの拠点を海外に広げ、そうした制度の一部を担えるようにするため、環境省は案件形成のための補助金などの支援を拡充し、静脈産業の海外展開を支援している（塚原 2021）（図7-3）。

5　「廃棄物」の定義論争を超えて

　こうして、関係省庁の理解のもと、世論や関係業界の応援を得て、ヤード規制に踏み切ることになった。使用済み家電のヤードへの持ち込みや破砕といった不適正な行為を取り締まることで、使用済み家電を正規ルートへ戻そうと考えた。そこで、廃掃法を改正し、家電リサイクル法および小型家電リサイクル法の対象品目（計32品目）を「有害使用済機器」と定義して指定し、ヤードでの取り扱いそのものを直接取締りの対象とすることとした。同機器は、「使用を終了し、収集された機器（廃棄物を除く。）のうち、その一部が原材料として相当程度の価値を有し、かつ、適正でない保管又は処分が行われた場合に人の健康又は生活環境に係る被害を生ずるおそれがあるものとして政令で定めるもの」（廃掃法第17条の2）と定義される。つまり、"有価であっても潜在的に汚染性があるもの"であるそれら機器を扱おうとする事業者に対して、都道府県知事への届出を義務付け、ヤードを自治体の管理対象とした。これまでは、自治体がヤードに立ち入ることも困難であり、実態が分かりにくかったが、改正法の成立により、法的な根拠に基づき、廃棄物と同様に立入検査や行政指導を行うことができるようになった。

　前述のとおり、これは霞が関の権限分担の観点では異例のアプローチであった。ポイントは、「（廃棄物を除く。）」という部分にある。法学者の目線から見ても、廃棄物であるから廃掃法の対象となるという大原則が法の制定以来、初めて修正された画期的な対応である（北村 2019, 40-42）と評された。

この時の廃掃法改正は、関係省庁の合意のもと、環境省がリサイクル法の強化や国際問題への対処を図るという姿勢を示すものとなった。

Ⅲ　資源循環行政の展望

改正廃掃法は 2018 年 4 月に施行され、ヤード規制が始まった。同年末、主な輸出先であった中国においても、雑品スクラップの輸入が禁止された。輸出事業者はビジネス環境の動向には敏感であり、国内外で雑品スクラップが問題視され始めたころから輸出は減少に転じ、国内リサイクルシステムは徐々に健全化し始めた（図7-4）。一方、中国はリサイクルや処理に伴う環境汚染の深刻化を理由に 2017 年末に廃プラスチックを輸入禁止にしたが、日本国内に容器包装を除くプラスチックのリサイクル制度はなく、行き場をなくした廃プラスチックが国内に停滞するとともに、長らく中国に処理を依存していたことが問題視された。環境省は緊急的にプラスチックリサイクル設備の導入のための補助金を整備するとともに「プラスチックに係る資源循環の促進等に関する法律（プラスチック資源循環法）」（2022 年 4 月施行）に基づき、腰を据えて国内循環に取り組み始めた。

しかし、これで国内資源循環が健全化すると考えるのは早計である。中国が輸入を禁止したのは質の悪い廃棄物であり、日本の廃棄物を中国へ輸入可能な原料に処理するため、中国系企業の日本進出が進んできているからである。例えば、廃プラスチックについては、日本国内で処理を行い、ペレットなどの状態まで質を高めてから輸出する動きが強まっている（塚原 2022）。日本からの公害輸出を抑制できているという点では懸念は減少したが、国内プラスチックのリサイクルシステムの構築に向けては不確実な要素であり、非常に難しい問題である。こうした状況も踏まえつつ、本章の締めくくりとして、今後の資源循環行政の展望について述べたい。

1　再生資源の利用の拡充

日本では、動脈産業における再生資源（静脈資源のリサイクルにより得られた資源）の利用率がまだまだ低い。プラスチックについては、気候変動対策

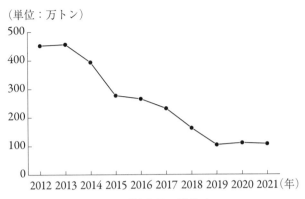

（単位：万トン）

図 7-4　雑品スクラップ輸出量の推移[3]
出典：貿易統計「鉄スクラップ - その他のもの」の推移

の文脈からも再生資源の活用は重要であり（製造、廃棄段階で二酸化炭素を排出するため）、プラスチック資源循環法により回収量、リサイクル量を増やしていこうとしているが、再生資源の用途拡大が追いついておらず、静脈産業の活躍の場も十分に広がっていない。一方、中国には依然としてプラスチックリサイクルの巨大なマーケットがある。国内で静脈と動脈がうまく連結できなければ、またもや海外の大きな市場に飲み込まれてしまう。プラスチックに関して、再生資源の利用率が低いのは、その強度や性質が不十分だからである。利用率を増やすには、メーカーが自社製品の材料に求める品質を明らかにし、静脈産業と連携して、高度なリサイクル技術の開発を行うことが欠かせない。政策的には、技術開発の支援はもちろんのこと、欧州のようにメーカー側に再生資源の利用率の目標を示し、ゆくゆくは義務化していくといった施策も検討していかなければならないだろう。

2　国内処理を優先するポリシーの明確化

　日本で国内資源循環を進めるには、静脈資源は日本国内で循環させるという理念をはっきりと示すことが重要である。もちろん、自由貿易の観点から、何でもかんでも規制することはできない。しかしながら、高度な処理が必要であり、国としてリサイクル技術やリサイクルシステムの維持が重要なものや、日本にとって戦略的に重要な資源については、海外の関係者に処理を依

存するべきでなく、国内での高度なリサイクルを実現するために適切な投資を行うべきである。実際、非鉄やプラスチックリサイクルのための高度な選別機械は、雑品スクラップの海外輸出が進んだおよそ20年間に技術投資が遅れ、現在、多額の費用を支払って欧州製の機械を購入しなくてはならない状況となっている。

　前述のとおり、廃掃法は「国内処理原則」に基づき厳しい輸出規制を講じているが、廃棄物の定義問題がある。一方、バーゼル条約の前文は、有害廃棄物の輸出入の最小化、適正処理が確保される限りにおいての国内処理優先の原則を掲げているが、日本のバーゼル法において「国内処理原則」は明確に規定されていない。例えば、豪州のように、「資源の有効利用や環境負荷の低減といった観点で、国内の施設を使用することの望ましさを考慮し、適切に輸出を制限する」という考え方を採用してもよいのではないだろうか。国内法において日本の理念をきちんと表現していくことは、世界に向けたメッセージとしても重要である。

おわりに

　冒頭で、ものがどこから来て、どこへ行くのか、人々はあまり意識していないのではないか、と問いかけた。本章を読み終わった今、そういう視点で周りを見渡してみると、今までとは違う景色が見えてくるのではないか。

　今後、天然資源はピークアウトに向かい、必ず減少する。潜在的に価値があるのに、リサイクルするには採算性が合わずに捨てられていたり、海外へ流出したりしている未利用資源がないか、入念に調べていく必要があろう。長期的に資源が足りなくなっていくことを見越して、未利用資源から価値を取り出すための制度のあり方や技術開発への投資について、先手先手で議論し、政策を投入していくことが必要である。

　また、本章では、グローバルな資源循環について論じてきたが、物質の循環に関しては、スケールが大きいこと、スピードが速いことは決してよいことではない。物質が移動するということは、それだけエネルギーを消費しているということであり、環境負荷を増やす要素となるからである。つまり、

循環の環はなるべく小さく、循環の速度は遅い方がよい。地球温暖化の抑制のため世界全体として脱炭素を目指す中では特に、これまで社会に蓄積されたストックにも目を向け、製品をメンテナンスしながら長く使い、しっかり使い切ることや、地域に根差した循環を考えることが重要となってくる。

　地球の限界が見えてきた中、これから私たちは急激な変革を迫られる。数十年後には、あらゆる物に生産と廃棄に関する情報がひも付けられ、環境負荷を最小化するための選択を促される時代が来るだろう。その時、私たちは、新しい資源との付き合い方を見出しているはずである。

1) 「悪貨は良貨を駆逐する」とは、「グレシャムの法則」と呼ばれる経済の法則のことで、見かけの価値が同じであれば、質の悪い通貨が市場に出回り、純度の高い良質な通貨は貯蓄されてしまうことを意味する。
2) 小型家電は大型家電と比べて品位が高く、稀少なレアメタルも含むため、小型家電リサイクル法は促進型の制度を採用している。排出者はリサイクル料金を負担しないが、優良なリサイクル事業者の参入を促すための規制緩和を可能とすることにより、使用済み家電の収集を促進し、規模の経済を生み出すことを図る仕組みである。
3) 貿易統計の「鉄スクラップ」分類において、2015年から「シュレッダースクラップ」が新設され「その他のもの」から分離されたため、2015年の「その他のもの」の輸出量の減少にはその影響も含まれると考えられる。ただし、その量を加味しても雑品スクラップの輸出が減少傾向にあることが認められる。

参考文献

稲村光郎（2015）『ごみと日本人——衛生・勤倹・リサイクルからみる近代史』ミネルヴァ書房。

嘉屋朋信（2011）「いわゆる「廃棄物の定義」問題に関する一考察」『警察学論文集』第64巻第4号、警察大学校編集。

北村喜宣（2019）『廃棄物法制の軌跡と課題』信山社。

小島道一（2018）『リサイクルと日本経済』（中公新書）中央公論新社。

塚原沙智子（2021）「廃棄物・リサイクル分野のインフラ輸出」国際環境経済研究所 https://ieei.or.jp/2021/10/expl211015/（最終アクセス：2022年8月22日）。

塚原沙智子（2022）「プラスチックごみ問題と資源循環対策の動向」慶應義塾大学SFC研究所xSDGs・ラボ編『SDGs白書2022』インプレスR&D。

仲村和代・藤田さつき（2019）『大量廃棄社会——アパレルとコンビニの不都合な真実』（光文社新書）光文社。

原田幸明・島田正典・井島清（2007）「2050年の金属使用量予測」『日本金属学会誌』第

71 巻第 10 号、831–839。

原田幸明・井島清・島田正典・片桐望（2009）「都市鉱山蓄積ポテンシャルの推定」『日本金属学会誌』第 73 巻第 3 号、151–160。

細田衛士（2012）『グッズとバッズの経済学――環境型社会の基本原理 第 2 版』東洋経済新聞社。

細田衛士（2015）『資源の循環利用とはなにか――バッズをグッズに変える新しい経済システム』岩波書店。

The Basel Action Network（BAN）and Silicon Valley Toxics Coalition（SVTC）（2002）*Exporting Harm The High-Tech Trashing of Asia.*

Brooks, Amy L., Shunli Wang and Jenna R. Jambeck（2018）"The Chinese Import Ban and its Impact on Global Plastic Waste Trade", *Science Advances*, Volume 4, Issue 6.

Forti, V., C. P Baldé, R. Kuehr and G. Bel（2020）*The Global E-waste Monitor 2020: Quantities, flows and the circular economy potential*, Bonn, Geneva and Rotterdam: United Nations University.

Global Footprint Network, https://data.footprintnetwork.org/（最終アクセス：2022 年 8 月 31 日）.

IMF（2021）*World Economic Outlook 2021.*

IRP（2019）*Global Resources Outlook 2019.*

Meadows, Donella and Dennis Meadows, Jorgen Randers and William W. Behrens Ⅲ（1972）*The Limits to Growth - A Report for THE CLUB OF ROME's Project on the Predicament of Mankind*（＝1972, 大来佐武郎監訳『成長の限界』ダイヤモンド社）.

Terazono, A., M. Oguchi, A. Yoshida, R. P. Medina and F. C. Ballesteros Jr.（2017）"Material Recovery and Environmental Impact by Informal E-Waste Recycling Site in the Philippines", Mitsutaka Matsumoto ed. *Sustainability Through Innovation in Product Life Cycle Design*, Singapore; Springer.

第8章 デジタルサービス利用者政策を考える

大磯　一

はじめに

「情報通信技術の活用により世界的規模で生じている急激かつ大幅な社会経済構造の変化に適確に対応することの緊要性」。これは、最近書かれた文章ではない。2000 年 6 月に制定された「高度情報通信ネットワーク社会形成基本法」いわゆる IT 基本法の冒頭に登場する表現であり、約 20 年前の当時に国会で承認された現状認識である。この中の「情報通信技術」を「デジタル技術」に置き換えれば、約 20 年後の現在に立案されたばかりの文章だと言われても、違和感がないのではなかろうか。社会での高いニーズに合わせ政府全体で情報通信あるいはデジタルの技術利用を促進していこうとする政策の努力は、その頃から連綿と続いている。

　一方で、新型コロナ感染症の流行を契機に、官民のデジタル化の遅れが大々的に指摘されるようになった。IT 基本法は、デジタル庁設置を含む制度改革の一環として、2021 年 9 月に新たな法律「デジタル社会形成基本法」（以下「新法」と略す）に置き換えられる形で廃止された。IT 基本法も新法も、目指すべき社会を規定した後に基本方針や組織体制について規定するなど構造が類似するが、ここでは、新法の次の表現に注目したい。「デジタル社会の形成は、高度情報通信ネットワークの利用及び情報通信技術を用いた情報の活用により、<u>国民の立場に立って、</u>国民生活の全般にわたる多様なサービスの価値を高め……」。この下線部の「国民の立場に立って」という語は、ほぼ同様のことを定めていた IT 基本法には存在しなかった。些細な変化と思われるかもしれないが、この語には、過去の教訓を踏まえ、利用者視点の

政策を徹底して進めていくという意図が込められているとも考えられる。本章では、約20年間の政府全体の努力の経過を概観した後、利用者視点の政策とはどうあるべきかという観点から、現状の政策を踏まえつつ、電子行政サービスの普及を事例として、また行動科学の知見を軸として、考察を試みたい。

I　インフラ整備から利用者視点へ

IT基本法では、内閣に、いわゆるIT戦略本部として知られた「高度情報通信ネットワーク社会推進戦略本部」という機関を置くとされた。本部長は内閣総理大臣で、副本部長はいわゆるIT担当大臣が務め、総務大臣と経済産業大臣を含むその他の全ての国務大臣も本部員としてIT戦略本部に所属した。そして、この本部において、政府全体の重点計画の策定など重要施策の企画や実施をすることとなった。法律で定められたので、国会審議を経て別に法律を定めない限り廃止できない仕組みである。そうした仕組み（組織体制）の整備と同時に、2001年3月にIT戦略本部が正式に発足する前から、各大臣と有識者が参加して基本戦略の検討が行われ、IT戦略本部が発足した後直ちに「e-Japan戦略」という国家戦略となって結実した。「e-Japan戦略」では、世界最高水準の通信ネットワークの整備を第一目標として掲げ、そのために必要な制度改正や予算措置が行われた。5年以内に少なくとも1000万世帯が高速インターネットに接続可能になるなど一部目標は早くも翌年春には達成している。加えて、当時21.4%に過ぎなかったインターネット普及率を2005年に60%を大幅に上回る水準に引き上げるとの目標も達成された。情報通信技術分野の日本の国家戦略は、上々の滑り出しだったのである。

2003年7月には、次の戦略として、医療、食、生活など7分野での利活用を促進するとするe-Japan戦略IIが策定された。以降は、IT新改革戦略（2006年1月）、i-Japan戦略2015（2009年7月）、新たな情報通信技術戦略（2010年5月）、世界最先端IT国家創造宣言（2013年6月）、世界最先端デジタル国家創造宣言（2018年6月）というように何度も国家戦略が策定されて

きた。これらに共通しているのは、通信ネットワークの整備や通信サービスの普及というより、医療や行政などの分野における情報通信技術の利用を促進することが主眼となり続けてきたことである。

　しかし、その結果が「行政や民間のデジタル化の遅れ」となったことは、政府自らが認めるところとなった。遅れの理由について、新法の国会審議において平井卓也大臣（当時）は例えば次のように述べている。

　「政府全体の政策からすると、そのIT政策の優先順位は低くて、また国民側のデジタルへの期待も必ずしも大きくなかったというふうに思います。そして、単なる、要するに紙からデジタルというようなことで、そのアナログの行政手続をそのまま電子化したということもあります。つまり、利用者にとって使いたくなるようなデザインやインセンティブというものは欠けていたということもあると思います。総じて、一言で言うと、今までの我が国の取組は、インフラは整備したものの、その利活用において、またその取組において中途半端であったということだと思います」[1]。

　「電子政府のことに関して言っても、要するに、電子でもできますが、それ圧倒的に便利ではなかった場合、国民の皆さんがそれに飛び付くということではないんです。ですから、電子でもできますというのではなくて、もう圧倒的にそこは要するに便利で早くて安いというようなことにしていかなければならない。つまり、ユーザー目線が足りなかったこと等々があります」[2]。

　つまり、個々の利用者から見た場合の情報通信技術への期待が高まらなかったということである。IT政策の優先順位が低かったのは、民主主義のもとで、有権者たる利用者における期待が低かったことと表裏一体であろう。

　その結果、この国会審議の後に策定された最新の重点計画[3]では「誰一人取り残されないデジタル社会」が標榜されたほか、「徹底的に利用者の視点に立ち、優れたサービス体験を実現するために、民間サービスとの連携も含めてシステムやルールを設計します。」との宣言が含まれることとなった。

　では、利用者の視点に立つとは、具体的にはどういうことなのだろうか。

　利用者には将来利用するかもしれない潜在的な利用者も含まれると仮に考えれば、利用者はほぼ国民・住民の全員を指すと考えて差支えないだろう。

つまり、読者も筆者も一人一人全員がここでいう利用者である。自分自身が利用者であるから、その視点を理解するのは、難しくないように思える場合がある。

しかし、実際には利用者は多様で複雑である。自分だけの知識経験で理解するには、限界がある。

スマートフォンやパソコンを使いこなしている利用者もいれば、そうした機器にほとんど触れる機会がない利用者もいる。携帯電話の契約を難なくこなし自分に合ったサービスを自分で選べる利用者もいれば、自力での解決が難しく地域の消費生活センター等の支援を求める利用者もいる。筆者は、総務省で通信分野の消費者行政を担当していた当時に、各地の利用者から寄せられる苦情相談の記録をしばしば読んでいたが、記録には実にさまざまな内容が含まれ、また、想像もできなかったような内容も珍しくはなかった。

利用者のためにより良い政策を検討するならば、利用者に対する客観的な理解を深めなければならない。その思いで筆者が最近実施した共同研究（大磯ほか 2021）について、本章の文脈を踏まえた筆者自身の解説を交えながら、次節でご紹介したい。

II　デジタルサービス利用に関する実証分析（概要）

1　分析の背景と対象

前述の国会審議での政府説明では利便性の欠如がデジタル化の遅れの背景として主に言及されているが、一般の利用者を対象にしたアンケート結果では、個人情報の漏えいなど、プライバシーに関する懸念を訴えるものも多い。例えば総務省の 2020 年の通信利用動向調査では、インターネット利用時に不安を感じるとの回答が 74.1% であり、そのうち個人情報やインターネット利用履歴の漏えいを不安の内容として挙げている者が 91.6% と大半を占めた。これを踏まえ、共同研究ではプライバシー懸念とデジタルサービス利用の間の関係性の分析を最も主要な目標としつつ、利便性など他の要素との関連も調べることとした。具体的には、2021 年 2 月にオンライン方式のアンケート調査を行い、約 2,600 人からの回答を得て、確立された統計的手法

で分析を行った。

　対象にしたデジタルサービスは次の４種類である。

　①デジタルガバメントの重要基盤であるマイナンバーカード

　②感染症対策の重要ツールで普及による効果が期待された接触確認アプリ
　「COCOA」

　③日本で普及が遅れているとされるスマートスピーカー 4)

　④特段の政策支援なしで既に十分普及した LINE

　このようにサービスを特定したのは、取り扱う情報の種類や取り扱う主体などによってプライバシー懸念の程度が変わることが知られているからである。一方で、対象範囲を広げる視点から行政と民間双方のサービスを対象とすることとした。

2　主なアンケート結果

　まず図 8-1 5) が回答者における各サービスの利用率である。

　LINE の利用率が最も高く、次いで、マイナンバーカード、COCOA の順となり、スマートスピーカーが最も低い。年齢別の利用率の違いをみると LINE では 30 代が最も高く高年齢層になるに従って低下するのに対し、マイナンバーカードでは逆に高年齢層になるに従って上昇する傾向がある。COCOA は健康関連のアプリであり高年齢層でより利用率が上がる傾向があってもおかしくないが、現実にはそうではない。

　次に、各サービスの利便性を主観的にどのように評価しているかという視点から質問した結果が図 8-2 である。

　好印象の回答の比率が成功した民間サービスである LINE について最も多く、他の３サービスにおいては、悪印象との回答の比率が上回っていることが分かる。行政部門のサービスの利便性について期待が高くないという、前節で紹介した国会での評価も裏付ける結果である。

　次に、プライバシー懸念を測定するための質問である「トラブル主観確率」の結果を紹介する（図 8-3）。

　こちらは、利便性への評価と違い、行政サービスを含む３サービスと LINE との間で、大きな傾向の差がない。全年代でみれば、いずれのサービ

問：次の製品あるいはサービスの「継続利用」を始めた大体の時期について最も当て
　　はまる選択肢を1つ選んでください。「継続利用」とは、月1回程度以上の頻度で継
　　続的に利用することをいいます。マイナンバーカードについては、実際の使用にかかわ
　　らず所持していることを継続利用としてお答えください。COCOAについては、お手持
　　ちのスマートフォンにインストールしていることを継続利用としてお答えください。
　　いま現在は継続利用をしていない場合は、「継続利用していない」を選んでください。

継続利用しているとの回答を集計↓

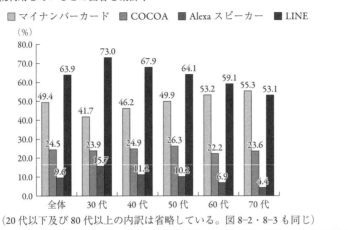

（20代以下及び80代以上の内訳は省略している。図8-2・8-3も同じ）

図8-1　各サービスの利用率

問：次の製品あるいはサービスの便利さに関する印象は、どの程度ですか。
　　最も当てはまる選択肢を1つお答えください。

■ 好印象（非常に、結構、ある程度）　▨ 中立（まぁまぁ）
□ 悪印象（そこまで、あまり、全く）　▥ 全く分からない

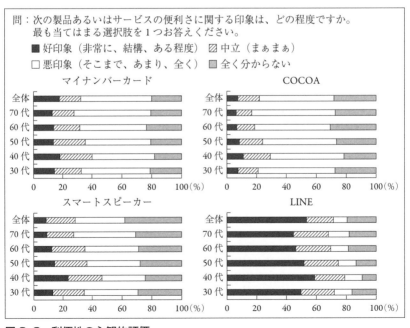

図8-2　利便性の主観的評価

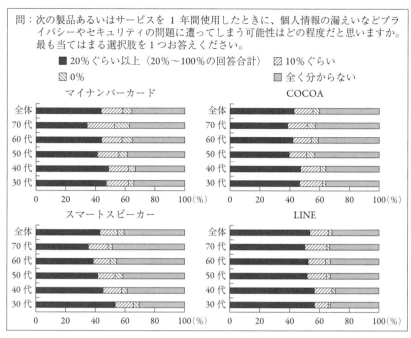

問：次の製品あるいはサービスを 1 年間使用したときに、個人情報の漏えいなどプラ
イバシーやセキュリティの問題に遭ってしまう可能性はどの程度だと思いますか。
最も当てはまる選択肢を 1 つお答えください。

図 8-3　トラブル主観確率

スも、1 年間使用したときにプライバシーやセキュリティの問題に遭う可能
性が 20%ぐらい以上との回答の比率が多数派であり、次に多いのは「全く
分からない」との回答である。

　この結果は、2 つの点で特徴的である。まず 1 点目は、利用率の高い
LINE について懸念が大きいということである。懸念があるにもかかわらず
多くの利用があるという、一見対立する現象が生じている。これは、少なく
とも 2001 年頃から「プライバシーパラドックス」として知られている現象
であり（例えば Brown 2001）、利用者の複雑性を示す一例である。2 点目は、
COCOA に対する懸念である。COCOA は実は個人情報・位置情報を原則と
して収集せずプライバシーに最大限配慮した設計とされ、その旨政府から表
明されていた。しかし、そのことは、知られていないか、信用されていない
という状況だったようだ。

　最後に、図 8-4 で、各サービスに対する「主観的利用率」の水準を示す。

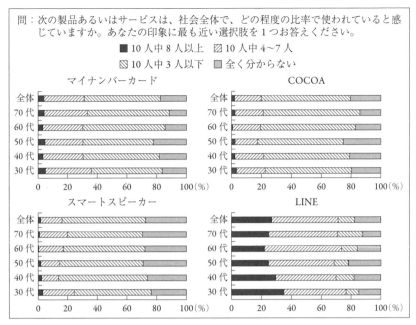

問：次の製品あるいはサービスは、社会全体で、どの程度の比率で使われていると感じていますか。あなたの印象に最も近い選択肢を1つお答えください。

■ 10人中8人以上　 ⊘ 10人中4〜7人
⊠ 10人中3人以下　 ▨ 全く分からない

マイナンバーカード　　　　　　　COCOA

スマートスピーカー　　　　　　　LINE

図 8-4　主観的利用率

主観的利用率とは筆者の造語であるが、自分ではなく社会ではそのサービスがどの程度使われているか、についての主観的な印象である。

　これを計測したのは、少なくとも2つ、他人によるサービスの利用状況で自分の利用状況が左右される効果が知られているからだ。1つ目は「バンドワゴン効果」であり、ある選択肢を選ぶ人の数が多くなるとその選択肢を選ぶ人が更に多くなる現象を指す。2つ目は「ネットワーク効果」であり、そのサービスの利用者が増えれば増えるほど、そのサービスの個々の利用者にとっての価値が高まるという現象である。これらの効果により、それまで低利用に甘んじていたサービスが急速に普及していく現象が見られることがある。

　さて、計測結果を見ると、LINEは高利用率（8割以上）と評価する回答が比較的多く、他のサービスは低利用率（3割以下）と評価する回答が最多であり、平均的にはおおよそ、社会全体の実際の状況を反映する結果となった。普及率の実際の数字が報道等で広く知られているとは思われないが、このよ

うに全体的にはおおよそ正しい理解がされることも、興味深い現象の1つである。

3 統計分析による重要度の算出——主観利用率が最大

以上に概要を示したアンケート結果を用いて、各サービスの利用と、利便性評価、主観的利用率、トラブル主観確率等の要素がどのような関連にあるのかを重回帰分析と呼ばれる統計手法で推定した。重回帰分析とは、分析対象となるデータ（変数）と、それを左右する要因と想定される2つ以上のデータ（変数）との間の関係性を調べる方法である。分析対象の変数、今回の場合は各サービスの利用有無、を被説明変数と呼ぶ。被説明変数との関係を調べたい他の変数、今回の場合は利便性評価、主観的利用率等の変数を、説明変数と呼ぶ。

重回帰分析の大きな利点は、ある説明変数が変化しないと仮定して、他の変化する説明変数と分析対象の被説明変数の間の関係を検証できることである。被説明変数と個別の説明変数の間の関係を1つずつ分析するより、精緻な結果を得られる。

この多重回帰分析の結果（本章では割愛する）を用いて、それぞれの要素（説明変数）とサービス利用の確率（採用確率）の間の関係性の強さを重要度として予測したのが、次の表8-1である。

マイナンバーカードを例にして表の見方を説明する。まず、トラブル主観確率が最小値から最大値まで変動することによる採用確率の変動が−9.9%となっている。これは、他の説明変数の値が変化しないと仮定して、これまでプライバシーやセキュリティの懸念を最大限に抱いていた利用者が懸念を全く解消すると、その利用者がマイナンバーカードを取得する確率（採用確率）が10%程度増加する予測が成り立つ、という意味である。同様に、主観利用率による採用確率の変動は40.4%であるので、社会全体での利用状況に全く見当がつかなった利用者が、全員が利用しているとの確信に至れば、4割程度採用確率が上昇するという予測である。利便性評価については、全く見当がつかない状態から最高の評価に至ると35%程度採用確率が上昇する。

表8-1 重要度の予測結果（概要）

変動させる説明変数			トラブル主観確率		主観的利用率		利便性評価		新デジタル製品積極性		性別		公務員		集合住宅居住		世帯年収(100万円=1)
説明変数値の変動内容	変動前		最低水準		最低水準		最低水準		最小値		男性		非該当		非該当		0
	変動後		最大水準		最大水準		最大水準		最大値		女性		該当		該当		15
説明変数値の変動による採用確率の変動予測	マイナンバーカード	−9.9%			40.4%		34.7%		2.9%		−5.1%		13.3%				9.3%
	COCOA	−7.8%			56.0%		24.0%		3.4%								23.3%
	LINE	−8.7%			1.1%		79.0%		2.6%								21.7%
	Alexaスピーカー	−5.9%			39.7%		44.1%		29.2%				11.3%		−5.1%		

続いて「新デジタル製品積極性」という項目が真ん中あたりにある。これは、「周囲の中では、自分は最初に新しいデジタル製品を試すほうだ。」という文章に対する回答者の当てはまりの程度を調べた結果であるが、この積極性が最小から最大に変化しても、採用確率は2.9％しか上昇しない。以下、女性であると男性に比べ5.1％の減少、公務員であると13.3％の上昇、世帯年収が300万円未満（変数値では0）から1500万円以上になると9.3％の上昇、という具合である。なお灰色のところは採用確率との関係が統計的に意味あるものとして確認されなかったなどの理由で予測対象から除外した部分である。

では結局、国会審議で指摘されたように、利便性への期待の欠如が電子行政サービスの利用されない主要因だろうか。表中では、マイナンバーカードとCOCOAの両者とも、確かに利便性評価による採用確率の変動が一定程度あると予測されている。しかし、より大きな変動は、主観利用率によってもたらされることが分かる。利用率を上げるには、例えば、社会での利用が増加しつつあるというような周知を行うなど、主観利用率が上昇するような働きかけをする方が、「手っ取り早い」可能性が高いということだ。

もちろん、現実の状況と異なる情報提供はできないので、利便性評価の向上が主要な方策の1つであることは間違いない。しかし、例えばサービスの開始時点では、機能がまだ少なく、利便性を訴えることに限界がある場合もあるだろう。そのような場合には、現実的な政策として考えられるのは、トラブル主観確率を低下させられないか、すなわちプライバシー、セキュリティの懸念に対応し緩和していけないか、ということになる。

4　制度への信頼の重要性

さて、トラブル主観確率による採用確率の変動はマイナンバーカードで約10％、COCOAで約8％と算出された。主観利用率や利便性評価に比べれば低い値だが、無視できない重要度がある。このトラブル主観確率は、具体的にどのような政策を実施すれば変動する可能性があるのだろうか。

本研究では、トラブル主観確率等を被説明変数として、各個人のプライバシー意識や利用経験などさまざまな説明変数を導入し、重回帰分析を実施し

た。その結果、興味深いことに、マイナンバーカードと COCOA について、個人情報保護制度への信頼度が高い回答者ほど、また漏えい等のニュースが多いと感じる回答者ほど、トラブル主観確率が低下する傾向が見られた。これらは、依然として回答者それぞれの主観的評価を計測したものであり、客観的にどのような情報を提供すればトラブル主観確率が変化するか、という点まで分析できたものではない。しかしそうであっても、政策的観点としては、トラブル等の「悪い」情報を利用者に伝達することが大勢としては利用者の懸念を強めるのではなく緩和する方向に働く可能性が高いことが特筆される。つまり、さまざまなトラブル事例情報を広範に提供することが、利用者の不安を緩和すると考えられるのである。また、トラブル等の事例と併せ、制度による対応状況や再発防止策等に関する情報提供を行うことで、制度への信頼を高めていくことが適切ではないか、と結論付けた。

III 利用者視点の政策の形成に向けて

1 義務化の是非

　ここまで、統計分析によって、利用者の不安に対処しつつデジタルサービス利用を促進する政策について検討した例を紹介した。しかし一口にデジタルサービスといっても、分析対象として取り上げたマイナンバーカードと COCOA は、いずれも、個々の利用者と社会全体の両方にとって、大変重要な存在になり得るものである。例えば、2020 年に特別給付金の給付の申請をマイナンバーカードの本人確認機能により電子的に行うことができたが、カード取得者が増えれば、官民問わず、このような電子的な本人確認の容易性が上がるだろう。また COCOA は、多くの利用者がインストールしていることによって、接触確認の精度が上がり、より役立つようになる仕組みであった。極言すれば、これらの基盤的な行政サービスは、特段の事情がない限り、全ての利用者に採用されていることが望ましい。

　では、義務化すべきだろうか。確かに、諸外国には、マイナンバーカードに相当する仕組み（国民 ID）の利用を事実上義務化しているところや、COCOA に相当する接触確認アプリの導入を義務化したところがある。経済

効率のみで論じれば、それらの方法が妥当かもしれない。しかし、利用したいかしたくないかの意思は尊重されたいと思うのが、当然の心情だろう。実際に、I 節で紹介した国会審議では、例えば、「国民にいわばデジタルに習熟せよと求めるようなものになりはしませんか。」という質問に対し、「デジタル社会の形成は、デジタルの活用によって、一人一人のニーズに合ったサービスを選ぶことを可能とすることで、多様な幸せを実現するために行うものであって、こういう趣旨を踏まえますと、個人がデジタル機器を利用しない生活様式や選択も当然尊重されるものと考えています。」との答弁がされている [6]。さらに、「デジタル社会形成基本法の施行に関し、……本法は国民に義務を負わせるものではないことに留意すること。」との附帯決議が、衆議院と参議院の両方の委員会で決定されている。いずれも厳密には新法の解釈運用に関する議論であって将来の全ての政策について検討がされているものではないが、義務化の障壁が相当高いことを示唆する内容である。

2　義務化以外の方法──デフォルト効果への着目

　それでは、義務化以外の方法はあるだろうか。まずは、利便性の向上に努めること、周知を図る際には可能であれば主観的利用率に働きかけること、そして、プライバシーやセキュリティへの懸念を緩和する方策を試みること、などが考えられる。前節で取り上げた研究では分析対象にしていないが、分かりにくさの解消を含めて、導入の手間を減らすことも、当然有効だろう。

　一方で、これらの方策を講じたとしても、最終的には、利用者が能動的に利用を開始しなければならないことに変わりはない。そもそも全く関心がなく広報にも注意が払われない場合であるとか、利用開始するための手間が非常に大きく感じられる場合などは、どうしても限界があるだろう。

　そもそも、人間は、多くの場合に、何もせず現状の維持を好むことが知られている。これを現状維持バイアスと呼ぶが、現状を変えて利用を開始するというのは、人間が本来持つ性質と逆方向の動きであるので、障壁が大きいのである。また、同じ大きさの得と損であれば損の方が大きく感じるという損失回避バイアスという性質も知られている。そのため利用開始後に一定の利便性を予想できたとしても、トラブルに遭遇する可能性が一定程度あると

思えば、やはり利用を躊躇う可能性が高い。

　ここで、今一度、今後の政策の方向性として示されている利用者視点に立ち返ってみたい。多くの利用者にとっての難しいことは、難しいものとして受け入れることはできないか。もっと言えば、自ら行動を起こして利用開始することが難しい場合が多いのであれば、何もしなくても通常は利用している、という状態にすれば、利用者は楽であるし、社会全体にとってもメリットが大きいのではないだろうか。これは、義務化するという意味ではない。懸念が大きいなどの事情があり利用を望まない場合は、自ら行動を起こせば利用しないことができるので、選択肢は存在する。あくまで、何もしない場合の選択肢を「利用する」に設定することが一案として考えられる、ということである。

　「オプトイン」と「オプトアウト」という言葉がある。オプトインとは、利用者が能動的に意思表示をすることで同意とする方式であり、オプトアウトは逆に利用者が能動的に意思表示をしない限り同意とする方式である。何もしない場合の選択肢を「利用」にするとは、オプトインからオプトアウトへの転換ということになる。

　この両方式はどちらも利用者の意思を反映しようとするものだが、大変興味深いことに、どちらを採用するかで、結果に大きな違いが出るということが知られている。例えば、欧州主要国における臓器提供への実質同意率は、オプトイン方式の国々で最大 27.5％ に過ぎないのに対し、オプトアウト方式の国では、最低でも 85.9％、最大で 99.997％ に達するという（Shafir 2013 = 2019, 560）。デジタル関連では例えば、ウェブサイト上で健康調査への同意を取得する際に、デフォルトを拒否とした場合（オプトイン）では 48.2％ だったのに対し、デフォルトを同意とした場合（オプトアウト）の同意率は 96.3％ に達したという研究（Johnson *et al.* 2002）がある。このように、人々の選択が、何もしない場合の「デフォルト」の選択肢に左右される効果は、デフォルト効果と呼ばれる[7]。

3　デフォルト効果を取り扱う政策の例

　日本のデジタル政策において、デフォルト効果を意識した取組がこれまで

なかったというわけでは決してない。筆者の知る限りでも、次のような事例がある。まず2008年に制定された「青少年が安全に安心してインターネットを利用できる環境の整備等に関する法律」では、携帯電話の使用者が未成年の場合に、携帯電話事業者が青少年有害情報フィルタリングサービスの提供などを実施しなければならない旨を定めるが、保護者が希望しない旨を申し出た場合には実施不要としている。つまり、デフォルトの選択肢を「利用する（オン）」とするべき旨を定めているのである。そして、政府調査によると、実際のフィルタリング利用率は44.5％であり、フィルタリングの認知率でみると95.1％まで上昇する[8]。

次いで、総務省が2021年2月に策定[9]した「同意取得の在り方に関する参照文書」では、通信の秘密を取り扱う際に求められる「明確な同意」として、「事前にチェックされたデフォルトオンによること……だけでは『明確』な同意とはいえない。」と説明し、デフォルト効果の安易な利用を抑止している。一方で、通信の秘密の取扱いに当たらない場合、例えば広告宣伝目的の電子メールの送信に関する同意の取得については、2008年に定められた同省及び消費者庁の法解釈ガイドライン[10]において、デフォルト「オフ」を推奨しつつも、デフォルト「オン」を容認している。ただし、「オン」とした場合に、利用者が認識できずに通知をした場合の同意の有効性には疑問が持たれるとしている。

今後のデジタル政策においてデフォルト効果をどのように取り入れるかという視点では、同意を得るために同効果を積極的な意味で利用している次の2つの制度が、より参考となるかもしれない。まず1つ目は迷惑メールフィルタである。迷惑メールを阻止するフィルタリングサービスは、携帯電話事業者など電気通信事業者が導入する場合に、電子メールの内容や宛先を読み取るために、形式的には通信の秘密の「侵害」とされ、本来は利用者のオプトインによる同意が必要となる。しかし、これは、2006年に、「通常の利用者であれば当該サービスの提供に同意することがアンケート調査結果等の資料によって合理的に推定される」など5つの条件を満たせば、デフォルトで「利用する」設定すなわちオプトアウトでの提供が可能と解釈できると結論付けられた[11]。そして現在も、迷惑メールフィルタは電子メールの利用に

欠かせない仕組みとなっている。

　2つ目の事例は、2017年に制定された次世代医療基盤法（医療分野の研究開発に資するための匿名加工医療情報に関する法律）である。この法律では、医療機関等は、あらかじめ本人（患者）に通知し本人が提供を拒否しない場合に、認定事業者に対し医療情報を提供することができる旨が定められている。つまり、デフォルトでは医療情報が提供される仕組みである。これにより提供された医療情報は匿名化されて医療ビッグデータとなり、より有効な治療法などを発見するための研究開発に利用されている。

4　デフォルト効果を利用する政策の課題

　一方で、デフォルトの選択肢を「利用する」にした場合には、ほかに「利用しない」との選択肢が用意されているとしても、状況や方法によっては、そうした方法自体に、十分な支持が得られない可能性がある。つまり、例えば、選択する自由が残されているとしても、自分が政府に誘導されているようで嫌な気持ちになる人もいる（Sunstein and Reisch 2019 = 2020, 10）だろう、ということだ。この点を踏まえて上記の政策事例をみると、いずれも、一定の政策検討を経た上で、時には法律の制定まで実施して、公式に意思決定を行い、実施に移されたものであることが分かる。デフォルト効果を利用するに当たり、社会的な合意を確認するため、きちんとしたプロセスを経たということだ。つまり、前例があるからといって、安易にデフォルト効果を利用する政策を実施することはできない。

　そうすると、今後の課題の1つは、デフォルト効果を政策で利用することについて、どのような状況・条件であれば、利用者の賛成が得られやすいのか、という点の理解を深めることかもしれない。すでに例えば、政府の制度への信頼が高いほど平均賛成率が高くなる関連がみられるとする研究がある（Sunstein and Reisch 2019 = 2020, 160）。しかし、賛成の度合いは、利用者ごとの意識のほか、どのようにその政策を説明するかによっても左右されるであろうし、そのサービスがその利用者にとってどの程度必要とされるかの状況によっても変わるだろう。また、迷惑メールフィルタの導入について設定されたような条件の内容によっても左右されるに違いない。さらに、日本の利用

者に特有の要素もあるかもしれない。しかし、そうした点の全体像はまだまだ不明である。利用者視点の政策を実現するには、現実の政策課題への差し迫った対応と、利用者への理解を深める試みを、並行して実施していかなければならないと考えられる。

1) 第 204 回国会 参議院 内閣委員会 第 13 号 令和 3 年 4 月 20 日 高野光二郎議員の質問に対する答弁。
2) 第 204 回国会 参議院 内閣委員会 第 13 号 令和 3 年 4 月 20 日 木戸口英司議員の質問に対する答弁。
3) 2021 年 9 月策定の「デジタル社会の実現に向けた重点計画」、https://www.digital.go.jp/policies/priority-policy-program/（2022 年 8 月 15 日最終アクセス）。
4) スマートスピーカーとして具体的には Amazon の Alexa 搭載のものを選定した。
5) 本章の図表はいずれも（大磯ほか 2021）またはそのオンライン付録（https://www.oisolab.com）を出典とする（2022 年 9 月 15 日最終アクセス）。
6) 第 204 回国会衆議院内閣委員会第 9 号　令和 3 年 3 月 17 日　塩川鉄也議員の質問に対する平井大臣の答弁。
7) Johnson *et al.*（2002）はデフォルト効果という言葉を用いた最初期の研究でもある。
8) 内閣府　青少年のインターネット利用環境実態調査　令和 3 年度、https://www8.cao.go.jp/youth/youth-harm/chousa/net-jittai_list.html（2022 年 8 月 30 日最終アクセス）。なお、フィルタリングサービスの加入と実際の利用の間には店頭等での設定作業が必要になるという背景がある。
9) https://www.soumu.go.jp/menu_news/s-news/01kiban18_01000111.html（2022 年 8 月 30 日最終アクセス）。
10) 特定電子メールの送信等に関するガイドライン、https://www.soumu.go.jp/main_sosiki/joho_tsusin/d_syohi/m_mail.html（2022 年 8 月 30 日最終アクセス）。
11) 電気通信事業分野におけるプライバシー情報に関する懇談会（第 18 回会合）。議事要旨、https://warp.da.ndl.go.jp/info:ndljp/pid/283520/www.soumu.go.jp/joho_tsusin/d_syohi/060123_1.html#b（2022 年 8 月 30 日最終アクセス）。

参考文献
大磯一・依田高典・黒田敏史（2021）「個人のプライバシー意識等とデジタルサービス利用に関する実証分析」『情報通信学会誌』39（3）, 15–25。
大磯一（2022）「デジタル政策におけるデフォルト効果の利用に関する一考察」令和 4 年 12 月 11 日 情報法制学会（ALIS）第 6 回研究大会発表　https://alis.or.jp/eventsalis/2022/2022-12-11.html（2022 年 12 月 15 日最終アクセス）
Brown, B.（2001）Studying the Internet Experience, https://www.hpl.hp.com/techreports/2001/HPL-

2001-49.pdf（2022 年 8 月 30 日最終アクセス）.

Johnson, E., Bellman, S., and Lohse, G.（2002）. "Defaults, framing and privacy: Way opting in-opting out" *Marketing Letters*., 13（1）, 5–15.

Shafir, E.（2013）*The Behavioral Foundations of Public Policy*, Princeton: Princeton University Press（＝2019，白岩祐子・荒川歩監訳『行動政策学ハンドブック――応用行動科学による公共政策のデザイン』福村出版）.

Sunstein, C. R. and L. A. Reisch（2019）*Trusting Nudges: Toward a Bill of Rights for Nudging*, 1st ed., Abingdon: Routledge（＝2020，大竹文雄監修・解説・遠藤真美訳『データで見る行動経済学――全世界大規模調査で見えてきた「ナッジ（NUDGES）の真実」』日経 BP）.

第**9**章 児童虐待を防ぐ
多機関連携への新たな挑戦

小笠原和美

はじめに

　2019 年後半、新型コロナウイルスが引き起こす COVID–19 感染症が出現し、2020 年 1 月には国際保健機構（WHO）が緊急事態を宣言、同年 3 月には世界を席巻した。アントニオ・グテーレス国連事務総長は、同年 4 月に発表した声明の中で、いち早く、「多くの女性や女児にとって、最も安全であるべき場所で脅威が最大に迫っています。彼女たちの家庭で、です」と述べ、続けて発したメッセージでは、各国政府に対し、女性および女児を COVID–19 への対応に向けた取組みの中心に据えるよう強く要請した。外出自粛が迫られる中、家庭内暴力の世界規模での急増を目の当たりにしたうえでの発信であった [1]。

I　児童虐待の現状

1　「家庭」という密室で起こる犯罪

　「家庭」という親密な関係性の中で起こる暴力の一つに DV（ドメスティックバイオレンス）がある。主として配偶者間で行われる暴力で、殴る、蹴る、物を投げつけるなどの【身体的 DV】、大声で怒鳴る、交友関係を制限する、人前でバカにするなどの【精神的 DV】、生活費を渡さない、仕事を辞めさせるなどの【経済的 DV】、性行為を強要する、避妊に協力しない、ポルノビデオなどを無理やり見せるなどの【性的 DV】などがある（恋人間の暴力は「デート DV」などと呼ばれる）。

もう一つ、家庭内で起きている深刻な暴力問題が児童虐待である。児童虐待の定義は4種類あり、子どもを殴る、蹴る、やけどを負わせるなどの【身体的虐待】、子どもに性的行為をしたり、性的行為を見せたりする【性的虐待】、子どもの見ている前で他の家族に暴力を振るう、きょうだい間での差別的な扱いをするといった【心理的虐待】、家に閉じ込める、食事を与えない、自動車の中に放置するなどの【ネグレクト（保護の怠慢・拒否）】である。

DVが起きている家庭では、児童虐待が同時に行われている場合がある。具体的には、子がDV加害者から直接暴力を受ける場合、子の前でDVが行われる場合（面前DV）、子がDV被害者から虐待を受ける場合（継続してDV被害を受け、感情がなくなり、加害者から言われるままに、子どもを虐待してしまうケース）、子が加害者とDV被害者双方から虐待を受ける場合（DV被害を受け、加害者に対する恐怖心から逆らうことができなくなり、一緒になって子どもを虐待してしまうケース）などがある[2]。

2　家庭内暴力への対処の枠組み

「家庭」という密室において発生する暴力問題に対する日本の取組みは、米国などの取組先進国から遅れること数十年の後、法律や制度によって社会課題化され、対策のステージが上がってきた。わが国で児童虐待への対処が示されたのは1990年3月に改められた児童相談所運営指針（厚生省児童家庭局長通知）であり、その年に初めて全国の児童相談所（児相）の報告項目に「児童虐待処理件数（対応件数）」が加えられたという。その背景には、前年の1989年に国連総会で「子どもの権利条約」が採択され、締約国に対して虐待から子どもを保護するための立法上、行政上の措置等が求められたことがあると言える（川崎 2006, 6-7）。行政上の措置に遅れること約10年、2000年に「児童虐待の防止等に関する法律」（児童虐待防止法）が議員立法で成立し、児童虐待への法的枠組みが定められた。一方DVについては、翌2001年に「配偶者からの暴力の防止及び被害者の保護等に関する法律」（DV防止法）が制定された。これらの立法により、家庭内の暴力問題について、国及び地方公共団体の責務、警察、裁判所等の公的部門の役割が明確化されたほか、民間団体との連携や支援もうたわれ、児童虐待については国民の早期発

見・通報義務や守秘義務の免除、DVについては通報の努力義務等が定められ、広く国民一般の関心の高まりに寄与した。

　児童虐待に関する通告・相談のための窓口として、厚生労働省が設定した全国共通短縮ダイヤル「189」がある。児童虐待相談対応件数（厚生労働省）は2001年度に2万3,274件だったものが2020年度には20万5,044件と約9倍に増加、初めて20万件を超え、2021年度も20万7,659件（速報値）と増加傾向が続いている。

　DV被害に関する相談窓口としては、内閣府男女共同参画局が設定した全国共通ダイヤル「#8008」があり、発信地等の最寄りの相談機関の窓口に電話が自動転送され、直接相談できるようになっている。新型コロナウイルスの感染拡大による外出自粛、休業等が行われたことに伴うDVの増加・深刻化の懸念を踏まえて、2020年4月からは、「DV相談＋（プラス）」としてSNS、メールによるオンライン相談も可能となっている。DV相談件数は、2002年度に3万5,943件だったものが2020年度には18万2,188件と約5倍に増加、コロナ禍が始まった2019年度に比べても約1.5倍となっており、2021年度の相談件数も17万6,967件と引き続き高水準で推移した。

　警察に寄せられる相談や事件化の状況を見ると、コロナ禍における「令和3年の犯罪情勢」（2021年警察庁）によれば、「家族等私的な関係の中で発生することが多い犯罪に対しては、その性質上犯行が潜在化しやすい傾向にあることを踏まえて対策に当たる必要がある」と特別な配慮の必要性に留意しつつ、DVについては、検挙件数（8,634件）が前年比で減少したものの相談等件数（8万3,042件）が増加し、児童虐待については、警察から児相への要保護児童としての通告数（10万8,059件）および検挙件数（2,174件）が共に増加した。

3　犯罪統計から見た親から子へ向けられる暴力

　2011年から2021年までの約10年間における親から子への（年齢を問わない）暴力事犯の傾向を見ると、刑法に規定されている性犯罪（強制性交等罪、強制わいせつ罪、監護者性交等罪、監護者わいせつ罪）、暴行、傷害の事件数が2018〜2019年に顕著な増加を見せている。その背景には、さまざまな事件

報道による認識の高まりのほか、2017年9月に成立した改正刑法による18歳未満の子に対する新たな性犯罪類型である「監護者性交等罪」「監護者わいせつ罪」の制定や、2019年6月に成立した改正児童虐待防止法で「体罰禁止」が明記されたことなどにより、「親から子への性的行為は性犯罪」「しつけ名目でも体罰は虐待に当たる」といった認識が広まり、被害者の自覚が促されたり、第三者による発見の機会が増えた可能性が考えられる。

4 見えにくい家庭内の性暴力

DVや児童虐待をそのまま「DV罪」や「児童虐待罪」として罰する法律は存在せず、当該行為が刑法等他の法令で規定された犯罪行為に抵触する場合に初めて罰則の対象となる。

性的虐待の場合、前述の監護者性交等罪や監護者わいせつ罪が処罰の根拠規定となるほか、児童福祉法違反（児童に淫行をさせる行為）、児童買春、児童ポルノに係る行為等の規制及び処罰並びに児童の保護等に関する法律違反、都道府県青少年健全育成条例違反等が適用されるが、加害親が「どこのおうちでもやっている当たり前のことだよ」などと思い込ませることによって抵抗力や相談する力を奪っていたりするため、被害が表面化しにくい。

なお、改正前の刑法では、被害児が13歳以上の場合、性的虐待が行われても暴行や脅迫が伴わなければ処罰対象とはされていなかった（改正後は、被害者が18歳未満であれば暴行・脅迫要件不要）。

5 ワンストップ支援センターに寄せられる性的虐待相談

「性的DV」と「性的虐待」は、性暴力・性犯罪にも該当するため、「性犯罪・性暴力被害者のためのワンストップ支援センター」（以下、「ワンストップ支援センター」という）も相談先となり得る。ワンストップ支援センターは、被害直後からの医療的支援、法的支援、相談を通じた心理的支援等を総合的に行うため、日本では2010年に初めて民間主導で病院を拠点に設立され、以降、2018年10月までに全ての都道府県に設置された。特に、被害後間もない性犯罪・性暴力被害者にとって医療が果たす役割は非常に大きく、内閣府男女共同参画局は、病院を拠点とするワンストップ支援センターの開

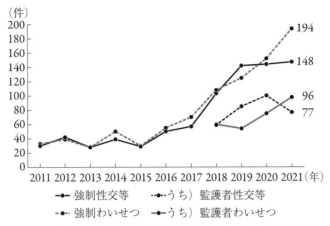

図9-1　親から子への強制性交等、強制わいせつ（うち監護者性交等、監護者わいせつ）の検挙件数

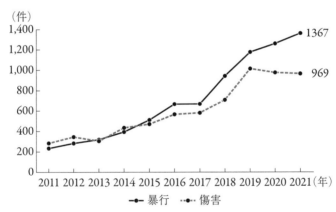

図9-2　親から子への暴行、傷害の検挙件数

出典：（図9-1、2とも）警察庁犯罪統計

設を推奨し、相談員の研修などを予算面で支援している。しかしながら、医療の果たす役割の大きさに比して、病院拠点の設置はなかなか進んでいない。

　数少ない病院拠点のワンストップ支援センターの1つである「性暴力救援センター日赤なごやなごみ」の運営開始（2016年1月）からの6年間の統計を見ると、新規受付者数が1,774人、うち面談相談者（来所者）数が824人で、来所者のうち18歳未満の被害者が232人と28.2％を占めており、一番

幼い被害者は 2 歳で、10 歳未満が 41 人（4.9%）となっている。18 歳未満被害者の紹介経路として最も多かったのは児相からの紹介で、55 人が児相からなごみへの相談に至っている。18 歳未満被害者の加害者の内訳を見ると、親族が 68 人（うち父親 31 人、その他兄、おじ、祖父、従兄等）で 29.3% を占め、知人（母親の交際相手 9 人を含む）が 104 人（44.8%）であり、コーチや保育士、教師等の「権威ある人」からの被害が 17 人に上った。面識のある者からの被害が大半であり、見知らぬ人からの被害は 20 人（8.6%）であった。また、被害による心の傷へのケアのために 1 年を超えて通う来所者が 150 人いて、このうち 107 人（71.3%）の被害時の年齢は 18 歳未満であり、子どもの時の性暴力被害のトラウマへのケアが何年もの間未解決のまま放置されてしまった結果と見られる[3]。

　このような若年者の被害実態を踏まえると、あらかじめ、2〜3 歳児にも伝わるように体の守り方を教えておくこと、被害に遭ったら必ず大人に相談するよう伝えておくこと、そして万が一の時は速やかに適切な支援とケアにつなげることが重要である、といったことが示唆されるが、実際には、打ち明けられた親の側で、「世間体」「恥」の意識などから、被害をなかったことにしようとする「親心」が働いてしまう場合もある。しかしこのように「蓋」をするとケアにつながりにくくなるため、かえって心の傷を深め、回復を遅らせてしまう可能性がある。傷つけられた子どもの心には適切なケアが必要で、非加害の親には親自身にも支援が必要であり、親子共々一刻も早く支援機関につながることが重要である。

　児童虐待被害の疑いがある児童を発見した場合、児相等に通告することは全ての人の義務となっており、業務上の守秘義務も法律上明確に免除されているが、経験を重ねてきたワンストップ支援センターの職員でも、被害児本人の「誰にも言ってほしくない」という意思に反して児相に通告することには躊躇を覚えるという。しかしながら、加害者が家庭内にいる場合、加害行為は継続する可能性が高いため、周囲の大人は、被害児の気持ちを尊重しつつも、その子を守るために通告義務をしっかりと果たす必要がある。

II 児童虐待対応における多機関連携上の課題

1 痛ましい事件の教訓から学ぶべきこと

　手を上げたのは体罰や虐待などではなくしつけの一環である、という認識で子どもを死に至らしめた虐待事件として、目黒女児虐待事件（2018年3月）（目黒事件）と野田小4女児虐待事件（2019年1月）（野田事件）は世間に大きな衝撃を与えた。いずれも児相が子どもを一時保護したにもかかわらず親元に戻した結果死に至ったことから、その対応が厳しく糾弾された。児相、警察、学校・教育委員会、母子保健、DV相談、医療、検察等さまざまな機関が関わっていたにもかかわらず、なぜ子どもの命を助けられなかったのか、という多くの国民の慷慨たる思いが、前述の「体罰禁止」を定める児童虐待防止法改正に反映されたとも言える。

　いずれの事件も自治体をまたぐ転居を伴っており、児相による一時保護・解除を経てから、それぞれ転居した後に、十分な救援が得られずに死に至っている。DVや児童虐待事案においては、自治体をまたぐ転居は支援とのつながりが切れるためリスクが高まるとして、都道府県警察間でも情報の引継ぎをすることになっている。しかし、目黒事件において県警間連絡がなされなかった原因として、転居元の児相が把握していた転居先情報について、県警との共有に不備があった旨が指摘されている[4]。

　野田事件では、小学校で実施されたいじめアンケートで、「お父さんにぼう力を受けています。先生どうにかできませんか」という必死のSOSを発信し、ほぼ即日、二度目の一時保護に至ったものの、約1か月半後には親戚預かりとして一時保護が解除され、そこから約1年1か月後に死に至っている。その間、教育委員会が父親の恫喝に屈して、アンケートの回答を渡してしまうという場面もあった[5]。

　検証においては、保健福祉部門と虐待対応部門といった自治体内の部門間の連携の欠落が指摘されたが、加えて、市町村の福祉と教育、都道府県の児相、都道府県警察など多機関の連携が十分になされ、組織間の垣根が低ければ、より積極的な動きにつなげられた可能性もあったと思われる。

2 児童虐待事案における対応の違い

　児相の職員は、「モンスターペアレント」のような暴言を吐く高圧的な保護者に対しても、子どもを保護する権限を有する唯一の機関として立ち向かわなければならない。しかし現実には、このような暴力的傾向が見られる親に対して、メンタリティとしても法的権限としても、最も対峙に向いているのは警察である。それは普段から、暴れる酔っ払いや、職務質問に抵抗する暴力団員など、不穏当な状態の人間を相手にすることに慣れており、毅然とした態度で対応する経験を有しているからである。

　実際、子どもを虐待する保護者を警察官が相手にする際、そこには常に、「保護者＝加害者」という認識が伴っており、今子どもに迫っている危機への対処という視点で迅速に動くことが求められている。だからこそ、警察庁が全国警察に対して児童虐待対応について示した通達「児童の安全確保を最優先とした児童虐待への対応について」（2018年10月警察庁）においては、「捜査活動等必要な警察権限の行使」「迅速かつ的確な事件化の可否等の判断と捜査の遂行」など、保護者を捜査対象とすることを念頭に置いた文章が連ねられている。

　一方で、厚生労働省が児相や市町村の福祉部門に対して示している「子ども虐待対応の手引き（2013年8月改正版）」（厚生労働省雇用均等・児童家庭局総務課）記載の「子ども虐待対応の基本的考え方」によれば、虐待する保護者についても、幼少期からの家族歴の十分な聴き取りを基にしたリスクアセスメントを求めており、「保護者自身も心身の問題を抱えていて治療が必要であったり、成育歴の問題に苦しんだりしている。一見援助を拒否しているような場合でも、虐待している保護者には支援が必要であるという認識を持ち、保護者との相談関係を構築して支援に繋げることが重要である」とうたわれている。また、対応上の留意点として、深刻な虐待事例における家庭復帰可否の慎重なアセスメントの重要性を指摘しつつ、「保護者が虐待の事実と真摯に向き合い、再び子どもとともに生活できるようになるのであれば、それは子どもの福祉にとって望ましいことである」「たとえ家庭復帰ができなくても、親子であることを確認し合い、親子関係を再構築するための支援も必要である」としている。つまり、児相や市町村の福祉部門から見た保護

者は「援助の対象」であり、子の自立への支援までを見通した長期的な視点で捉えているのである。

3　児童虐待に対応する市町村・児相と警察との連携上の課題

　保護者のことを、子どもに危害を加える「加害者」と見なし、今まさに取り締まる対象と捉えるか、問題を抱えた「困っている人」と見なし、中長期的な支援の対象と捉えるか、同じ児童虐待加害親の捉え方であっても、見る視点や視野に入れる期間の長さは、福祉部門と警察との間には大きな隔たりがある。そしてこの隔たりが、組織間の相互不信の一因となっている。

　例えば、福祉部門では、「ここ数日でようやく連絡が取れた保護者から、『警察がうちに来た。お前らがチクったな』と言われて、電話に出てくれなくなってしまった」「この家庭には近所にしっかりした祖父母がいて、一時的に子どもを引き受けてくれたから当分はリスクはそこまで高くないのに、警察から『一時保護すべきだ』と強硬に主張されて困る」などと警察の見立てや行動規範の違いに困惑し、連携の困難性を感じていたりする。また、警察では、児相が速やかに一時保護しないケースなどで、「今夜保護しないで子どもの身に何かあったらどうするんだ」「三日も経ってから一報してくるなんて、一体児相は何をしているんだ」などと児相への不信感が生じていたりする。

　それぞれの判断にはそれなりの根拠があり、どちらの組織も子どもの安全を第一に考えて動いているはずなのに、結論は全く一致しないまま、相手の対応を批判し、不満が募っていく。このようなすれ違いの積み重ねでは、相互理解も連携も進むはずがなく、どこかで組織間の意思疎通や、方針の擦り合わせのやり方を変える必要がある。

　相手を見る視点と時間的スパンの違いを踏まえつつ、子どもに迫るリスクを過小でも過大でもなく適切に評価し、互いの組織の権能や得意な部分を活かし合いながら、子どもを守るためにより適切かつ効果的な介入を実現するためには、どのようなやり方が良いのであろうか。行政機関の縦割りの壁を越えて、もっと柔軟かつ迅速に多機関が連携し、子どもたちの命を救えないものだろうか。

児相が 2021 年度に児童虐待相談として対応した件数が 20 万 7,659 件ある一方で、2021 年の一年間で警察が検挙した児童虐待事案は 2,174 件と、約 100 分の 1 に過ぎない。また無理心中を含め、2017 年から 2021 年までの 5 年間の児童虐待による死亡児童数の平均は約 53 人となっている。つまり、膨大な数の虐待対応は児相と市町村の福祉部門に委ねられており、なおかつそのほとんどは死亡という最悪の事態までは至っていないのが実態である。相談件数が増え、児相の業務負担が増す中で、子どもの命が失われるたびに、「認識の不足」「見通しの甘さ」などと児相を批判するだけでは、いつまでたっても子どもは救われない。完璧な対策はなくとも、現状よりもよい対策を見出す必要がある。

III　組織の壁を乗り越える新たなる挑戦

1　先進県の取組み
——少年補導職員を軸とした福岡のワンフロア多機関同居×人事交流

　多機関連携を実質的なものにする先進的な取組みの一つが福岡県北九州市にある。警察の組織である少年サポートセンター（サポセン）の北九州担当部署と、政令指定都市であるため北九州市が自前で設置している児相、北九州市教育委員会で学校支援を行っている少年サポートチームの三者が、ワンフロアで活動し、人事交流も積極的に行っている。

　サポセンとは、少年警察活動規則（国家公安委員会規則）に定められた、非行少年の立直り支援、児童虐待の被害児童へのカウンセリングと保護者に対する助言・指導等を行う専門性が求められる全都道府県警察設置の支援部門である。このため、サポセンは教育・福祉・心理等の分野の知見を持った警察の専門職である「少年補導職員」が中心となっている。非行の根っこには虐待的な家庭環境があることが多く、非行少年の立直り支援がそのまま児童虐待の対応に重なることもある。警察の中にありつつも捜査は担当せず、教育・福祉・心理等の分野の言葉がわかる専門職が、児相や教育委員会とのインターフェース（結節点）として機能している。福岡県では、県内に 5 か所あるサポセンのうち 4 か所が児相と同居し、そのうち 2 か所は教育委員会

の出先機関も同居している。1か所に情報が入ると、同時に3つの機関がキャッチできるため、即日、情報の共有ができる。

福岡県警によると、このワンフロア同居の大きなメリットは、互いの顔が見えるため、それぞれの機関の専門性や得意とする能力、苦手な対応パターンを体感的に知ることができ、互いの役割や強みへの相互理解が深まることだという。児童虐待やいじめ、非行問題など、子どもの安全に関わる事案を認知した機関から、情報提供⇒事案共有⇒行動連携（協同面接や訪問など）という流れが迅速に行われている。

2　ワンフロア・ワンルーム同居を開始した岐阜県・岐阜市「こどもサポート総合センター」

福岡のワンフロア多機関同居開始から20年、初めてその取組みに続いたのが岐阜県・岐阜市である。2022年4月、岐阜市（子ども福祉部門、児童虐待担当を含む）、岐阜市教育委員会が同居する「岐阜市子ども・若者総合支援センター"エールぎふ"」の建物内に、市の児童虐待担当部門の執務室に隣接する形で、岐阜県の児相である岐阜県中央子ども相談センター（子相）と岐阜県警察本部の少年サポートセンター（サポセン）が同居を開始した。岐阜市内の児童虐待事案に多機関連携で対応する「こどもサポート総合センター」の誕生である。

新たに入った子相とサポセンは同じフロアにあるだけでなく、ワンルーム（通称「連携ルーム」）に同居しており、子相に入ってくる通告・相談情報はサポセンにも共有される。このため、予めサポセンの勤務員は子相の職員として兼務発令を受けており、個人情報の管理に配意している。サポセン勤務員7名のうち、少年補導職員4名が勤務しており、他の機関との結節点として活躍している。

このワンフロア、ワンルーム同居開始から4か月余りの時点でもたらされた変化について、2022年8月22日に開催されたオンラインシンポジウム（主催　慶應義塾大学SFC研究所　社会安全政策・警察学・ラボ）において、子相から報告された内容をここに紹介する。

（1）岐阜県中央子ども相談センター地域連携課長の菊井愛氏からの報告より抜粋
（一部要約）

○組織概要

　「こどもサポート総合センター」（以下、「総合センター」）は、岐阜市、岐阜市教育委員会（従前からエールぎふに同居）、岐阜県警察本部少年サポートセンター、岐阜県中央子ども相談センターの4機関が同じ建物の中で連携し合い、児童虐待の対応に当たっていくことを目的として運用が開始された。

　岐阜県内には5か所の児相があり、県内人口の約半分が岐阜市を含む中央エリアに集中している。岐阜県民の4人に1人は岐阜市民という現状で、児童虐待通告対応件数もほぼ同様の傾向となっており、岐阜県内で年間約2,000件の虐待通告があり、そのうち約4分の1が岐阜市での発生である。

　岐阜県中央子ども相談センター（中央子相）には一時保護所も含めて85名ほどの職員がいる。岐阜市域も管轄する中央子相の事務所とエールぎふは、同じ岐阜市内で3キロほど離れた場所にあり、日ごろから密に連携を図ってきた。今回、エールぎふの中に総合センターが設置されるにあたり、中央子相に新たに「地域連携課」が組織され、課長、係長、係員3名の合計5名の児童福祉司がエールぎふの連携ルームに駐在することになった。この5名の児童福祉司は、岐阜市内で発生した児童虐待通告の「初動班」として、児童の安全確認や保護者の指導をエールぎふや警察と連携しながら対応している。

　子相の業務は虐待通告の初動対応だけでなく、障害児の手帳交付や一時保護、施設入所、里親事業など多岐にわたっている。一時保護措置となったケースや、施設・里親に長期的に措置され継続的に関わる事案については、中央子相本体の職員に引継ぎを行い、長ければ18歳、20歳頃まで対応することになる。岐阜市で発生したあらゆる相談を総合センター配属の子相職員が担うのではなく、あくまで初動班として配置されている。

○初期対応の変化と警察の動きへの懸念の解消

　これまでは、一般市民や学校などからエールぎふに虐待通告が入ると、まずはエールぎふ内部で受理会議を開き、必要に応じて子相に通告していたが、総合センター設置後は、連携ルームに常駐している県警職員や子相職員と初期段階で情報共有することになった。警察への通報についても基本的には子相の判断で行うが、事前に連携ルームの警察・子相職員も承知することとなる。

　子相で直接認知した児童虐待通告についても、以前は子相で緊急受理会議を開き、必要に応じて県警に通報していたが、現在は、連携ルームの警察職員や隣の部屋のエールぎふ職員とも情報共有してから、所轄の警察署へ通報するという流れになっている。

　以前は、警察に虐待通告の内容を共有すると警察主導で事案対応が動き、「事件」「被疑者」として扱われてしまうため、それまで大事にしてきた保護者や学校などとの関係が壊れてしまうことに不安になる職員もいたが、4月以降100件以上の事案対応を経験した結果、受理段階で情報共有しても、軽度の虐待事案には警察も動かず、市や子相が主導で動けるということが予想できるようになったため、現在は安心して情報共有できている。

○「こどもサポート総合センター」設置の効果

　総合センターが設置される前は、エールぎふや子相、警察のそれぞれの機関が児童虐待通告（通報、相談）に対応し、事後に情報共有する体制をとっていたが、現在は合同の緊急受理会議を行い、一緒に家庭訪問し児童の安全確認を行うなど「行動連携」を図っている。子相としての緊急受理会議は独自に行うが、合同緊急受理会議では多機関の目で複合的に見ることで情報の質も量もアップし、より正確に家庭の状況をとらえることができるようになった。また、虐待通告を受けて「今から訪問しましょう」と多機関ですぐに出動でき、スピーディに対応できるようになった。これまでこうしたやり取りは担当者同士が電話で行っていたが、今はワンフロアですぐに集まれることのメリットを感じている。

○虐待通告から対応までの流れ

　警察と子相と市が同じ建物の中に同居するというハード面の整備だけ
でなく、どう運用するかというソフト面での仕組みが多機関連携を実の
あるものにするためには非常に重要である。現状は、一般市民や学校か
ら警察・子相・市にバラバラに入ってくる虐待通告を、総合センターが
ワンストップで情報共有し、各機関の目で事案の内容を判断し、個々の
通告内容にあった初動方針を立てて一緒に対応に当たる仕組みになって
いる。

　具体的には、通告が入ると、対応可能な市・子相・警察の職員が会議
室に集まり（通常20名ほど）、合同緊急受理会議を行う。ホワイトボー
ドを活用して、目で見てすぐに家庭の様子を情報共有できるようにジェ
ノグラムを書いて把握する。ジェノグラムとは、家系図のようなもので、
児相や市町村の職員は記録作成時には必ず書く（少し練習すれば誰でも
書けるようになる）。誰と誰が一緒に暮らしているのか、夫婦の年齢差は
どれくらいか、連れ子再婚か、などの多くの情報が一目で理解できる。

　合同緊急受理会議では、リスクを見誤らないように、出席者が発言し
やすい雰囲気やフラットな関係を大事にしている。警察官と同じテーブ
ルを囲んで話し合いをすることについて、市や子相の若手職員は緊張し
がちであるため、萎縮して必要な情報が共有されないということがない
ように、座る席を固定しないように各機関がバラバラに座ったり、出席
者が誰でも発言できるよう配意している。

　警察・子相・市のそれぞれが持っている情報を出し合うと、出動する
前にかなりの情報が集まる。例えば、市は住民票の情報や保健センター
が持っている児童の予防接種歴や健診の情報、過去の相談履歴などの情
報を報告する。子相や警察はこれまでの取り扱いがないかどうかを確認
し、報告する。虐待の種別、程度、誰がどこで児童の安全確認や保護者
への調査を行うのかをこの会議で決めていく。

○「警察的」対応と「福祉的」対応の違い

　お互いの動き方の違いを認識するため、虐待通告が入った際に、「警

察的」に対応する場合と「福祉的」に対応する場合を比較してみる。

　虐待通告が入ったら、まずは児童の安全確認が必要なのはもちろんだが、同じようなことが起きないように虐待防止のための対策をとることも重要である。この虐待の再発防止のためには市や子相が持っている家庭に関する情報や福祉サービスなどが鍵となる。例えば、「泣き声通告」が入った時、警察は、最悪の場合を想定し、児童の生命が危ないかもしれないため、すぐに自宅で児童の体に怪我等がないか確認するなどの対応が必要だと考えるかもしれない。もちろんこの対応が間違っているわけではないが、なぜ子どもが泣いていたのか、どうしたら今後も子どもが安全に暮らせるのかというところまで手を打つために、「福祉的」な対応が必要となる。

　「泣き声通告」を「福祉的」に対応する場合を想定する。まず住民票の情報から、この親子が最近、市外から転入してきたことがわかる。ここで、遠くの県からの転入だとすると、近くに頼れる実家もなく、子育てを夫婦だけで行っているのかもしれない、実家の協力がなく、周りに知り合いもおらずに孤独な育児に負担を感じているのかもしれないと予想する。また保健センター情報として、児童が健診で発達の遅れの指摘があったと報告がある。子どもの発達の遅れが指摘されているので、児童の安全確認のために訪問した際、保育園・幼稚園とは別に、発達を促すための教室に通えるよう、市の職員からアドバイスがなされた。この時、母親は自分で教室に予約を入れて子どもを連れて行くだけの元気もないくらい疲れてしまっていたので、父親が一緒に動くよう促した。後々、この子どもが家の中を走り回って家電製品を何度も壊してしまったり、何度注意してもやめなかったりするため、引っ越してきたばかりで周りに友達や親せきもいない母親はイライラを吐き出すところもなく、子どもが泣いていても自分だけ部屋に閉じこもってしまうというストレスフルな状態だったことが判明する。しかし、教室に通うようになると、母親は「教室に行くと保育士の先生に子どものことで相談できるようになった」と表情も明るくなった。ここまで見届けて、孤独な子育てでストレスをため込んでいた母親が余裕を持って子育てできるようになり、

虐待の再発防止が実現できたことになる。

　合同緊急受理会議では、家庭の転入時期、子どもの発達の様子などが把握できるので、初回の訪問時に母親にどう声をかけるのかという方針を立てることができた。このひと手間が虐待の再発防止に効果があると考えている。深夜の通告の場合など、関係機関から情報が得られず、限られた情報だけで判断し、出動する場合もあるが、関係機関が可能な限り直接顔を合わせて会議をすれば、何時間もかけなくても家庭の情報がかなり集められて対応できることがわかった。各機関バラバラだった対応から、お互いの立場の違いを理解し、もっと柔軟に連携していけるきっかけとして、このワンフロアの取組みをよりよいものにしていきたい。

○警察への期待

　警察と子相や市などの福祉の人間では使う言葉も違うし、福祉の制度は多岐にわたる。警察には、お互いの機関の違いを知り、虐待通告のあった家庭の背景を知ること、児童や保護者などのさまざまな立場の人の気持ちに配慮していただきたい。

　多機関連携の打合せの中で、警察官の言葉というのはとても強く聞こえる（「犯歴」「検挙」「事件化」など）。受理会議は子相職員や市職員が遠慮なく発言できるよう配慮していただきたい。また、ホワイトボードやジェノグラムなども活用するとたくさんの情報を正確に共有できるため、活用することが望ましい。

3　更なる進化に向けた今後の展望

(1) 少年サポートセンターと少年補導職員の活躍への期待

　岐阜県警からは、こどもサポート総合センター事業で得たノウハウを県内の警察署や他地域に展開したいとの意向が示された。また、子相のみならず市からも、「サポセンから、子相やエールぎふ、市教委の考えを所轄（警察署）へ伝えていただきたい。虐待対応については、サポセンが発言権を持つことで、学校の管理職等関係機関からの信頼構築につながる」として、警察の中の福祉的部門である少年サポートセンターに対し、所轄との意思疎通を

仲介する「通訳」としての役割に期待が寄せられている。県警として、サポセンと要の専門職である少年補導職員がその期待に応えられる環境を作れるかが、この取組みの成否を左右すると言っても過言ではないだろう。

（2）初期段階における市町村保有情報の活用

　岐阜の取組みの特徴として特筆すべきは、市の福祉部門が持つ情報を初期段階で得られることが、対象家庭のリスクのみならず、虐待的な関係性から抜け出すレジリエンス（回復力）に資する「強み」を把握するうえで重要な要素となっているという点である。初期段階のリスクアセスメントと支援・介入方針の決定において、迅速に共有される市町村保有情報の寄与度は高い。今後、多機関連携の推進を検討している地域は、この点に配意すべきであろう。

IV　その他の課題

1　児童虐待対策における法制度の不備

（1）更生プログラム受講命令制度の欠如

　虐待の根本的な対策は、虐待や不適切な養育をする親の考え方や言動を変えることにあるが、現状では、加害親に対して更生プログラムの受講を命じる制度はない。諸外国では、裁判所が一時保護の必要性を判断したり、再犯防止プログラムの受講を命じたり、その改善の程度を確認してその後の措置を判断する仕組みがあるところもあるが、日本では、これらのすべてを行政機関である児相が、任意の指導や措置として実質的に行っている。このことは、親子分離をする際の義務的司法審査を求める子どもの権利条約を充足していないだけでなく、本来支援対象であるはずの親に対して、敵対的な関係性を持たざるを得ないという児相の現場の苦悩にもつながっている。

（2）在宅指導時の接近禁止命令の欠如

　一時保護中の児童は児相の施設内にいるため、加害者から隔離され守られている。しかし、例えば前述の野田事件のように、「加害親とは会わせない

こと」を条件に一時保護を解除して加害者がいない親戚宅等に帰す場合に、加害者に対して子どもへの接近禁止を命ずるいわゆる保護命令制度は存在しない。DV 防止法の保護命令制度（地方裁判所による接近禁止命令、退去命令など。違反すれば 1 年以下の懲役又は 100 万円以下の罰金）を参考に、在宅措置となった場合の子どもの安全を守るための仕組みが必要ではないだろうか。

2 通告・通報に迷う人のためのホットラインの必要性

　児童虐待や子どもへの性暴力は、周囲にいる人が気付かない限り加害が継続する可能性があるため、「これって虐待なの？」「これって通報しなくて大丈夫？」などの気付きは大変重要である。

　米国アリゾナ州フェニックス市にある全米最大の民間児童救済機関「チャイルドヘルプ」は、初動対応に当たる「チルドレンズ・アドヴォカシー・センター」とあわせて、24 時間 365 日電話を受け付ける完全無料のホットライン「全国児童虐待ホットライン（National Child Abuse Hotline）」を運営している。このホットラインは、政府に先駆けて 1982 年に米国で初めて設置されたもので、その後政府が運営する児童虐待の通報ダイヤルも稼働したため、その役目は終わったかのように見えたが、現在も年間 9 万件もの通話が寄せられている。一般の人が、自分が目にしていることが本当に虐待に当たるのか、通報すべきかどうかを確認するために電話をしてくるという。真に虐待であり緊急性があると判断される場合には児童局への速やかな通報を促し、そうではない場合は適切な見守りを促すなど、通報者に勇気を与え、背中を押す役割を担っている（廣川 2022, 132–140）。

　日本の虐待相談ダイヤル「189」も、児相や市町村に直接つながるため、同様の躊躇を覚えて、かけそびれている人がいる可能性がある。東京都が 2021 年に行ったインターネットモニター調査によれば、「あなたは、実際に虐待（疑いを含む）を見聞きして通告（通報）したことがありますか」という質問に対し、「通告（通報）したことがある」と答えた人は 13.8%、「見聞きしたが通告（通報）しなかった」と答えた人は 7.1% であり、通告（通報）しなかった理由として最も多かったのは、「虐待かどうか判断できなかった」（59.3%）で過半数を占めた[6]。ちなみに、見聞きした人全体を 100% とする

と、通告（通報）しなかった人は約3割（34.0％）に当たる。児童虐待という重い課題に社会全体が意識を向け、「見て見ぬふりをしない人」を1人でも増やすため、「189に電話をすべきだろうか」と迷う人々の背中を適切に押してくれるホットラインが必要ではないだろうか。

おわりに

　筆者は、2008年の警察政策研究センター主催のシンポジウムへの参加を契機に日本の性暴力対策の遅れに気付き、その後の性虐待サバイバーたちとの出会いにつながった。彼女らは「少子化が問題だというなら政府はもっと性虐待の対策に力を入れるべきです。性的に虐待されたせいで性交ができなくなったり、子どもを持つことができなくなったりしている被害者は大勢います」という。早い人は2、3歳から被害が始まっていたという。

　その後各地で性暴力対策の重要性を説くうち、2019年に、学生時代のテニスサークルで同期だった友人の塾員から幼児期の子どもを性暴力から守るための絵本の企画を提案され、2021年2月、絵本『おしえて！　くもくんプライベートゾーンってなあに？』の発刊に至った（筆者監修）。塾がつないでくれた人脈に感謝したい。そして、1人でも多くの子どもたちに、この絵本が伝える知識と勇気が届くことを願ってやまない。

1）　アントニオ・グテーレス国連事務総長の声明「女性に対する暴力の防止と救済をCOVID-19に向けた国家規模の応急対応のための計画の重要項目とすること」（2020年4月5日、仮訳）https://www.gender.go.jp/policy/no_violence/pdf/20200410_4.pdf（2022年8月28日閲覧）、アントニオ・グテーレス国連事務総長メッセージ「女性及び女児をCOVID-19への対応の中心に」（2020年4月9日、仮訳）https://www.gender.go.jp/policy/no_violence/pdf/20200415_1.pdf（2022年8月28日最終閲覧）。
2）　内閣府男女共同参画局HP「DV（ドメスティック・バイオレンス）と児童虐待──DVは子どもの心も壊すもの」https://www.gender.go.jp/policy/no_violence/dv-child_abuse/index.html（2022年8月14日最終閲覧）。
3）　日本赤十字社愛知医療センター名古屋第二病院　性暴力救援センター日赤なごやなごみ「2016年1月5日～2021年12月31日統計報告」。
4）　「香川県児童虐待死亡事例等検証委員会検証報告書（平成29年度発生事案）」（平成

30 年 11 月）。
5)　野田市児童虐待死亡事例検証委員「野田市児童虐待死亡事例検証報告書（公開版）」
　　（令和 2 年 1 月）。
6)　東京都福祉保健局 HP「インターネット福祉保健モニターアンケート結果『児童虐
　　待』について」https://www.metro.tokyo.lg.jp/tosei/hodohappyo/press/2021/10/27/05.html
　　（2022 年 8 月 27 日最終閲覧）。

参考文献
川崎二三彦（2006）『児童虐待——現場からの提言』（岩波新書）岩波書店。
廣川まさき（2022）『チャイルドヘルプと歩んで——虐待児童を救い続けるアメリカ最大
　の民間組織に日本が学べること』集英社。

第*10*章 積立方式の年金制度の問題点
その失敗の歴史

星田淳也

はじめに

　本書ひいては本シリーズ全体を通しての大きなテーマは、「社会の秩序は変化し、価値観も流動する。それゆえに『政策を考える』という学問自体も常に変化が求められる」ということである。この主張は正しい。本書の出版のわずか30年前（1993年）にはインターネットですら一般的に使われていたとはいい難く、もちろん携帯電話は一般に普及していなかった。最初のスマートフォンであるiPhoneが初めて発売されたのが2007年であり、16年しか経っていない。現在においてはインターネットはもちろんスマホの存在も前提に社会が構築されている。たかだか30年、そして16年で、社会はこれほどまで変わる。その中で、社会の変化と無関係にこれまでの政策ないし「政策を考える同じ手法」がいつまでも妥当し続けると考える理由はない。

　しかしながら、時代、社会の秩序、価値観、また科学技術、それらのすべてが変化しても、なお変わらない政策、変えてはならない政策がある。本章はそのことについて年金制度を例に説明するものである。

　筆者は厚生労働省出身で社会保障政策や労働政策を専門としているが、これまで数多くの学生、また学生ではない同僚や友人たちから年金制度について次のような主張を聞いてきた。

　　日本の年金制度は賦課方式、つまり「現役世代から高齢者に仕送りする」という方法で運営されている。少子高齢化が進んでいるということは支え手である現役世代が減り、年金を受け取る側である高齢者が増え

るということなのだから、賦課方式の年金制度は日本で持続不可能。これを解決するには、各世代が自分たちの老後のために貯蓄・投資するという積立方式に転換すればよい。

　この後にも出てくるので、これを命題Aと呼ぼう。命題Aにおける制度の説明部分すなわち賦課方式というものの説明、また日本の年金制度は賦課方式で運営されているという点は事実である。そこが事実であれば「一見」命題Aは当然に成り立つようにも思えるし、これまで私に命題Aのような主張を述べてきた学生や友人たちが日本において「特殊なサンプル」と考えなければならない根拠は見当たらないから、おそらくはそれなりの割合の日本人がこのように考えていると予想できる。現にたとえば国会においてもそういう質疑（新しいものでは2021（令和3）年2月17日衆議院予算委員会における藤田文武議員の質問を参照されたい）がなされている。

　この命題Aがもし正しいのであれば、なぜ日本の年金制度は賦課方式であり続けているのだろうか。これに対して答える必要がある（し、これに対して答えるのが本章である）。まず「命題Aが理解できないほど官僚や政治家たちが無能なのだ」という答えはありそうにない。なぜなら命題Aは、一読して特に難しいことも書かれていない、たかだか5〜6行そこそこの主張だからである。

　答えの候補の1つとして、「賦課方式の年金制度を一度採用してしまえば最後、積立方式に転換するのが非常に困難なのだ」というものがあり得る。これは正しい主張であるし後でもう少し掘り下げるが、日本が年金制度を積立方式に転換しない理由はこれではない。

　その答えは、「きわめて長期間にわたる社会保障制度である年金制度において、積立方式は、そもそも望ましくないのだ」というものである。そしてこれこそが、「今後はインフレ等の大きな経済変動は決して起きないか、あるいはいつ何が起きるかが事前に100％の精度で予測できる」といえない限りは（これはつまり「ドラえもんのタイムテレビが実際に発明されない限りは」というのとほとんど同義だが）、少子高齢化が進行しようが科学技術の発展があろうが変わらない、変えてはならない政策である。つまり命題Aの事実

の説明は正しいが主張部分はそもそも完全に誤りなのだ。これが筆者が本章で説明する内容である。ただし字数の制限があるので、積立方式の理論的な欠点と過去の歴史について主に解説するが、いくつかのことは詳しく論ずることができない。つまり「こういう理由で積立方式はダメだ」と述べるわけだが、「ではなぜ賦課方式の方がマシだといえるのか」には一言しか触れられないのが残念である。（また命題 A の事実の説明の後の「賦課方式であれば、少子高齢化が進めば支え手が減り、受け手が増える」という部分は実は論理必然ではなく、隠されたある前提が置かれているのだが、これについても本章では触れることができない）。

Ⅰ　年金制度の概観

　日本の年金制度の詳細な解説は字数の関係上行わない。厚生労働省のホームページほかに多数の資料があるので参照されたい。ここでは「日本に限らず、およそ年金制度とはどういうものか」について簡単に解説する。そして日本の制度でも障害年金や遺族年金の制度があるし、類似の制度を有する国も多いだろうが、ここでは高齢者に対する年金（日本の制度では老齢年金）を念頭に置く。日本も含めたいていの国の年金制度では高齢者が受給者の最大のボリュームゾーンである。

　高齢者に対する年金の趣旨や特徴として、（ほかにも多々あるが）ここでは以下の 2 つを取り上げる。第一に、その基本的な趣旨は、「高齢になり自分では（十分に）稼ぐことができなくなった人の生活を支えること」であること。この「自分では稼げないからこそ年金を受給するのだ」という点については後で何度も戻ってくる重要なポイントなので、きちんと理解されたい。第二に、終身の給付が行われること。「平均寿命まで」でも「95 歳まで」でもなく、また 70 歳の時点で一定額を渡して終わりというものでもない。終身の、つまり死ぬまでの給付であることがポイントである。第一と第二を合わせて、「自分では稼げない高齢者の生活を、彼らが亡くなるまで支えられるように制度を整えている」わけである（年金制度の目的は実は「お金を渡す」ことではないのだが、この点についても本章では立ち入らない。以下では

「年金制度はお金を渡すことで一定の生活を可能とするものだ」ということを前提に考える)。

　さて、上記の第一で見たとおり「年金を受け取る者は自分では十分に稼げない」前提を考えると、年金として支給するお金を本人の現在の稼ぎ以外の「どこか」から持ってくる必要がある。どこから持ってくることが可能だろうか。1つには、「若い時、働ける時に、自分あるいは自分たちの世代で貯め、そして運用して増やしたお金」ということが考えられる。高齢期になってそれを取り崩すわけである。2つ目としては、その時点で稼いでいる人々から仕送りを受ける、つまり現役世代から所得を移転するという手段もあり得る。

　「自分たちの若いころよりさらに前の世代が貯めたものから、無関係な自分たちが支給を受ける」といった言葉遊びのような非現実的な選択肢を除けば、年金制度の運営を可能とする方法はこの2つ、またその組み合わせがすべてであり、これ以外にはない。この前者を積立方式、後者を賦課方式と呼ぶ。積立方式か賦課方式あるいはその組み合わせ以外に年金制度はつくれないというのも重要なポイントであるので、きちんと押さえていただきたい。年金制度はお金のやりとりがすべてであり、お金を確保する方法は限られる（お金は空中から湧いてこない）という当たり前のことをいっているだけである。

　この「積立方式なのか賦課方式なのか」という問いは、「財源は保険料なのか、税金も投入されているのか」といった問いとは別次元の話である。たとえば日本の年金制度は保険料を基本としつつ税金も投入されて運営されているが、「現在の稼得世代が稼いだ分から、現在の年金受給世代にお金が移転している」という構図が基本であることに変わりはない。その手法として「基本的に保険料によるが一部は税とする」というやり方を選択したに過ぎない。よって日本の年金制度は賦課方式だということである（なお、日本の年金制度における積立金についてはこの後で補足する）。

　次に積立方式と賦課方式のそれぞれの年金制度はどのように運用されるかを見ていこう。

まず、簡単に説明できる賦課方式の方から。現役稼得世代すなわち働いており収入がある世代からある年に保険料なり税金なりという形で年金制度に投入される総額が、受給者全体がその年に年金として受け取る総額に等しい。これは単純である（なお、日本の制度は基本的にこういう構造なのだが、相当額の積立金が別途積み上がっておりその運用益等もあるので、ある年に実際に受給者全体が受け取る年金総額は現役世代が同じ年に年金制度に投入する総額より若干多くなっている。割合としては賦課方式部分の方がはるかに大きいため、日本の制度は賦課方式といえるということである）。

　積立方式の年金制度とは、各世代が現役稼得世代である間に収入の一部を積み立て、それを運用して増やしつつ、年金受給世代に到達して以降はそれを（引き続き運用しつつも）取り崩していくという制度である。日本の制度の例で仮に積立方式とした場合、制度全体としては現在の日本の賦課方式年金制度における積立金よりはるかに多額の積立金が積み上がることになる（当然だ。それが「積立方式」である）。積立方式では世代間でお金は移動しない。

　ここで、「はじめに」で述べた答えの候補すなわち「賦課方式の年金制度を一度採用してしまえば最後、積立方式に転換するのが非常に困難なのだ」という点について述べる。結論からいえば、これは事実である。上記のとおり積立方式では、賦課方式にはない多額の積立金が必要となる。現在の日本を例に挙げると，日本の年金制度は約 200 兆円規模の莫大な積立金を有している（厚生労働省年金局 2022, 10）が、積立方式で追加的に必要となる積立金の規模として厚労省は約 500 兆円を見込んでいる [1]。積立方式に転換する時点の高齢者をすべて見捨てる（年金をチャラにする）のでない限りは、現役世代はそれら高齢者への年金を負担し続けなければならない。なぜなら彼ら自身は賦課方式として年金保険料を負担してきており、積立方式の年金を持っていないので、彼らに対しては現役世代から所得を移転する賦課方式で年金を支払い続ける必要があるからである。そしてこれに加えて、現役世代は新たに自分たちの年金のための追加的な積立を行わなければならない（日本の制度の例ではその約 500 兆円のことである）。負担が二重になっていることからこれをそのまま「二重の負担」と呼ぶが、このような二重の負担に耐える

ことが難しいことから、賦課方式の年金制度を積立方式に転換することは困難なのである。なお、積立方式に移行するにもかかわらずこの二重の負担を「行わなくてすむ方法がある」という（積立方式を推奨する議論として稀に行われる）主張が決して成立しないのは、「お金が空中から取り出せます」という主張が成立しないのと同様である。つまりそのような主張は1つの例外もなく粉飾決算の提案に過ぎない。

　そしてこの点、日本の制度に関してであるが、今述べたものとは別の「二重の負担は問題とならない」という主張がある。提案の一例は要旨「積立のために新たに必要となる額を負債として『年金清算事業団』に移して年金清算事業団債を発行し、現役世代の積立金をこの年金清算事業団債の購入に充てて運用する。また新たに年金目的の新型相続税を設立し、その税収ほかにより、100〜200年という長期間で負債の償還を行う」（鈴木 2012, 130–150）といった複雑なものであり、これのポイントは「長期間で負債の償還を行えば、国民1人1人の毎年の負担額は比較的小さくなる」ということのようだ。また同様に、「賦課方式から脱出するためには、ただちに完全積立方式にする必要はない。すなわち、年金第Ⅰ世代（引用者註：年金制度創設直後、自分たちが若い時には年金の負担をほぼないしまったく行わなかったが、老齢期になった後で給付だけを受ける世代のこと）の給付の債務の負担のすべてを改革時の現役世代だけに負わせる必要はない。その後の数世代に分担させればよい」という主張もある（八田・小口 1999, 23）。これらは要するに「（500兆円規模であっても）数世代にわたって薄く広く負担させれば、負担感はそれほど感じない」といっているだけである。日本の制度であれば、500兆円を仮に100年かけて移行しても単純計算で毎年5兆円の負担増が生じるのだが、5兆円という金額を100年間にわたり毎年追加的に徴収されて、国民が負担感を感じることがないなどということがあり得るのか、読者の1人1人が判断されたい。筆者には馬鹿げた主張であるように思える。

　しかしながら、この「二重の負担」の問題は本章の主たる関心事ではないので、これ以上は立ち入らない。繰り返しになるが本章の主張は「積立方式は望ましいが二重の負担が生ずるから積立方式に移行できない」ということではなく、「積立方式の年金制度はそもそも望ましくないのだ」ということ

だからである。

II　積立方式の理論的な弱点

　ここでは、積立方式に実際上はともかく理論的にどのような弱点が考えられるかを見ていく。

　単純化して、ここでは積立方式を以下のような制度としよう。a（20）歳からb（65）歳までの$b-a$（45）年間、収入の一部を積み立ててプールし、b（65）歳になるまでそれを運用しておく。b（65）歳になった年以降は、それまでに積み立てまた運用してきた資金から、運用を続けつつ毎年一定額の支払いを死ぬまで受け取る。ここで死ぬ年をc（87）歳とすれば、つまりは$b-a$（45）年間で積み立てかつ運用した資金を、$c-b$（22）年間で取り崩すというものである。なお、ここで括弧の中の数字は一例である。イメージしやすいように設定した。

　積立方式としては、個人単位のものと世代単位のもの（つまり同じ年か、近い年に生まれた者全体で資金をプールする方法）が考えられるが、個人単位では上記c歳が個々人によって変わってくるため、b歳になった時点で毎年いくら取り崩すことが可能なのかが確定できない。そのため、ここではより現実的な、世代単位の積立方式を考えることにする。世代単位であれば、世代の平均として年金給付を終了するc歳としてはb歳時点でのその世代の平均余命を想定して少し長めに見ればよく、個人単位の積立方式よりは対応が容易である。世代全体の平均余命が、取り崩しを始めた以降に想定外に延びてしまう（もともと長めに見ているにもかかわらず、それよりも大幅に延びてしまう）ことはあまりありそうもなく、この点の制度リスクは小さいと考えてよいだろう。少なくとも「個々人が何歳まで生きるのか事前にはわからない」という不確実さとはレベルが異なる。

　さて今、この世代がb歳に達した時点で、それまでの運用益と合わせて1人当たりx円の資金が積み立てられているものとする。また想定金利（この資金を運用してこれだけの利潤が毎年得られると想定する数値）をrとする。ごく単純化すれば、世代として1人当たり毎年y円を取り崩し、c歳になった

時点で運用益も含めてちょうど資金が尽きることが実現できれば、基本的に
この積立方式の年金制度を成立させることが可能である（実際は平均余命だ
けでなく「どれだけの割合の者が現にいつ死ぬか」が重要になってくるが、そう
いったことはここでは捨象し、単純化して考えることにする）。とすると、すで
に積み立てられたx円と想定平均寿命cを所与とすれば、想定金利rを設
定すれば自動的かつ一義的に毎年の取り崩し額y円が定まるということで
ある。実際にyがどれくらいの額になるかの計算の詳細は参考コラム1に掲
げたので、ご興味ある方は参照されたい。

〈参考コラム1〉 y円はいくらになるか

b歳に達した時点で、総額x円積み立てられている。毎年y円取り崩して、残額を金利
rで運用する。よって$b+1$歳では、b歳の時点で$x-y$円となったものを$(1+r)$倍し
て総額$(1+r)(x-y)=(1+r)x-(1+r)y$円が残っている。ここからさらにy円を取り
崩し、同様に残額を運用する。

$b+2$歳では、総額$(1+r)\{(1+r)x-(1+r)y-y\}=(1+r)^2x-(1+r)^2y-(1+r)y$円と
なる。

$b+3$歳では、総額$(1+r)\{(1+r)^2x-(1+r)^2y-(1+r)y-y\}=(1+r)^3x-(1+r)^3y-$
$(1+r)^2y-(1+r)y$円

……

これを続けて、c歳では、$(1+r)^{c-b}x-(1+r)^{c-b}y-(1+r)^{c-b-1}y-\cdots-(1+r)^2y-$
$(1+r)y$円

c歳の時点でちょうどy円が残っている（y円を取り崩すとちょうど0円になる）こと
から、これがyに等しいので、「$=y$」という数式となる。yを含む項を右辺に移せば、
$$(1+r)^{c-b}x=y\{(1+r)^{c-b}+(1+r)^{c-b-1}+\cdots(1+r)^2+(1+r)+1\}$$
右辺のyに係る項は、初項1、公比$1+r$、項数$c-b+1$の等比数列の和であることに注
意して、それは$\dfrac{(1+r)^{c-b+1}-1}{r}$に等しい。

よって、$y=\dfrac{r(1+r)^{c-b}x}{(1+r)^{c-b+1}-1}$

ここで仮にxを3,500万円、$c-b$を25年、rを3％（$=0.03$）と置けば、毎年の年金額
$y=1,957,840$円となる（表計算ソフトで簡単に計算可能である）。

　積立方式というのは、取り崩し始める時点で積み上がった金額を、毎年取
り崩していくものである。この場合に「とりあえず毎年一定額を取り崩すと
いう前提を置く」ことは自然であろう。なぜなら、運用益は諸事情により毎

年変動するだろうが、「この年の運用益がたまたま少なかったから翌年の生活水準を下げよう」というように対応するのは困難であるからだ。またその際、金利、あるいは「毎年どれだけの運用益を上げられるか（＝その積み上がった金額の額面を、どれほど増やせるか）」により、取り崩す額が左右されるのは当然である。そして「取り崩し始める時点でとりあえずは金利（運用益の率）を一定値に想定して、取り崩し始める」という行動にも間違ったところはなさそうだ。これは上記の参考コラム1の具体例でいえば「1人当たり3500万円積み上がっており、とりあえずは金利を3％と想定して25年で取り崩す」という前提を置いて取り崩し始めるということである。

　ここまで書いた時点ですでに、積立方式の年金制度に関して素朴な疑問が浮かび、そして嫌な予感がするのである。まず、そもそも運用に失敗して、あるいは恐慌といった経済危機により運用益がマイナス、つまり積立分が毀損されるような事態はもちろん大問題であり、積立方式の年金制度は直ちに維持困難となるのだが、ここではそのような運用の失敗や経済危機がないとしても嫌な予感がするのだ。すなわち、「想定した金利を実際の運用益が継続的に下回れば、まずいことが起きそう」ということである。参考コラム1に掲げた具体例で、その後に運用益が下がってしまった場合にどうなるか、参考コラム2に記述した。

〈参考コラム2〉運用益が継続的に下がってしまった場合
　参考コラム1で述べたように、取り崩す時点で1人当たり3500万円積み上がっており、それを想定金利3％で25年かけて取り崩す前提で取り崩し始める。1年で1,957,840円取り崩すことになる。
　さてここでいま、10年目までは想定どおり金利3％で推移したとする。しかし、11年目に金利（実際の運用益）が1％まで落ち込み、その後15年間、その金利が続いたとする。ここでは単純化のために物価は一定とする。
　10年目の残額は、2459万2,630円である。その時点で金利が1％になった。仮にその瞬間に想定金利を見直して残り15年で取り崩すことにしたとすると、取り崩し額は年に167万936円と、実に28万7,000円も減ることになる。仮に金利が下がったのを一時的な変動に過ぎないと見なして（これは非常にあり得ることである。金利や運用益は毎年変動するものだからだ）、もとの額を3年間引き出してから想定金利を引き下げる対応をしたとすると、事態はもっと深刻である。その後の12年間の取り崩し額は年に159万9,289円にまで減ってしまう。

いうまでもないが、金利や運用益が下がることと物価とはほとんど関係がない。つまり金利が下がれば（運用益が減れば）単純に生活を切り下げなければならなくなるということだ。後者のケースでは、最初の13年間に比べて後の12年間は年金額が18.4%も下がってしまう。

参考コラム2で起きた後者の事態はつまり、年金受給を開始してから13年間は月々16万3,000円（≒195万7,840円÷12か月）で生活していたのに、ある日突然「今月からは13万3,000円（≒159万9,289円÷12か月）で暮らしてくれ」といわれるということである。手元に入る現金が急に2割近くも減って、各個人は対応できるものだろうか。とりわけ、どんどん年を取り、自分の医療や介護のために負担はむしろ増える方向であるという前提で、こんなことが可能だろうか。

このような事態を避けるために、「では最初から想定金利を相当程度低く見ておけばよい」という反論があり得る。（マイナス金利はさておき）現状の日本のような「金利0%」を想定すれば、それ以上に金利が悪化することはあまり考えなくてよさそうだ。

理論上はそうなのだが、参考コラム1の例でいえば単純に3,500万円を25で割って、毎年の取り崩し額は140万円となるということである。先ほどの例の後半12年間よりさらに少ない額だ。「想定金利が下がったためにこれまでより生活水準を切り下げざるを得ない」という問題こそ生じないが、もともと「切り下げられた水準」で生活することになる。制度への支持が得られるとはとても思えない。

ここまで述べたことは、積立方式の年金制度、特に毎年の年金額を具体的に計算してみた時点で思い浮かぶ「素朴な疑問」について論じたものである。しかし積立方式の欠点として知られている最も典型的なものはそれとは異なり、「インフレーションへの対応が困難」ということである。仮に、想定金利また実際の運用上の金利よりも物価上昇率 p の方が高いという状況（これが通常想定されるインフレーションである）を考えてみよう。この場合であっても、取り崩す額（＝年金受給額）y は変わらない。その場合には、受け取る額面が同じでも物価が上がったのだから年金受給者の実際の生活は貧しく

図 10-1　年金マンガにおける積立方式の欠点の説明部分
出典：マンガで読む公的年金制度　第 05 話「賦課方式と積立方式」
（厚生労働省）

なる。当然のことである（なおこの点、「金利の自由化後は、金利はインフレに
連動して上がるようになった。すなわち積立は、インフレでも目減りしなくなっ
たのである」という主張もある（八田・小口 1999, 24）。この主張は換言すれば
「インフレやデフレが発生しても、その分だけ金利が上下し、よって預金もその分
増減するのだから、インフレやデフレは個々人の実生活に影響を与えない、ひい
ては経済の状況を測る指標とはならない」ということであるが、筆者としては、
2022 年現在世界的に進行しているインフレの状況を見るだけで、金利自由化後で
あろうがなかろうがこの主張が現実社会において成立しないのは誰の目にも明ら
かであるように思える）。

　インフレに対応できない、という積立方式の欠点は広く知られたものであ
り、たとえば厚生労働省の年金マンガにおいても真っ先に取り上げられてい
る（図 10-1）。

　ここで注意すべきは、そしてこれこそが積立方式の最大の欠点なのだが、
「積立方式の年金制度では、給付水準に問題が生じたとしてもそれを改善す
る方法がない」ということだ。なぜなら、Ｉで繰り返し確認したとおり、年
金受給者は自分では稼げないからこそ年金を受け取っていることを踏まえれ
ば、積み立てられた資金を運用以外で増やす方法は「稼いでいる現役世代か
ら所得移転を受ける」以外にはないからだ。現役世代から所得移転を受けれ
ば、それを賦課方式と呼ぶのであってそれは積立方式ではない。

ここで、読者は「積立方式が悪く見えるように、積立方式にとって不利な事態だけを取り上げている。積立方式にとって有利な展開もあるのではないか」と思われたかもしれない。

　積立方式に対して不利な事態のみを論じたのはそのとおりである。想定金利より実際の運用益が下がる、また運用益より物価の上昇が大きいインフレーションが起きるというのは、いずれも積立方式の年金制度に不利な想定である。逆の場面、つまり、想定金利より実際の運用益が上がる、また運用益より物価の上昇が小さいあるいは物価が下落する（デフレーションの場面）、ということがあれば、それらは積立方式にとって有利な変化であり、積立方式の年金を取り崩し始めた当初の想定よりも、どこかの時点で年金受給者の生活水準を上げることが可能になるだろうという指摘は正しい。

　私が積立方式に不利な場面ばかりを取り上げた理由は、「積立方式にとって悪いことが起きれば、積立方式の年金制度というものは維持できない」ということを示すためである。国民の大半が加入する公的年金制度において「ギャンブルを行う」わけにはいかないのだ。ある世代は、たまたま想定金利より実際の運用益が大きかったから当初の想定より豊かになってよかったですね。別のある世代は、想定金利より実際の運用益が小さくて高齢者の生活が成り立たなくなってしまって残念でした、運が悪かったですね。これでは完全にギャンブルである。賭博（とりわけポーカー）において有り金すべてを賭けることを「オールイン」というが、各世代の老後の生活について、運用益が想定金利を下回らないこと、インフレや不況が起きないことにオールインで賭けることは適切な政策とはいい難い。しかしそれを強いるのが積立方式の年金制度だということになる。

　ところで公的年金制度は、国民を広くカバーし、途切れることなく継続する制度である。つまり、「ある世代は年金制度の対象ですが、次の世代は対象ではありません（公的年金制度でカバーしません）」ということはない。年金制度は連綿と続いていく。ということは、これが積立方式の年金制度ならどうなるか。それはつまり上記のギャンブルを「毎年毎年休むことなく行う」ということである。勝つ可能性がどんなに高い賭けであっても、可能性100％でない（リスクが少しでもある）限りは、「賭け続けるといつかは負け

る年がある」ということは明らかである。かつ、これまでに見てきたことは、「積立方式では、この賭けに負ければその時点で高齢者の生活が成り立たなくなることを甘受するしかない」ということである。繰り返しになるが、年金制度はそもそも「自分では稼げない人に対して」お金を支給する制度であり、積立方式の年金制度では給付レベルに支障が生じた場合に給付レベルを上げる手段が存在しない、つまり上記「高齢者の生活が成り立たなくなることを甘受する」以外の選択肢がないのだ。

　制度を100年持続させれば、その間に「100年に一度の経済危機」「100年に一度のインフレ」が起きるのは通常のことである。積立方式の年金制度では、そのような経済危機やインフレが起きた時にたまたま生きていた高齢者を見捨てざるを得ない。これらのことを合わせて考えれば、積立方式は「どこかの時点で維持できないことになる」ことが理論的には最初から明らかである制度だということになる。

　このように、理論的に考えれば、積立方式の公的年金制度を長期間継続して安定的に運用することは難しそうだという結論に至る。では理論はさておき現実社会ではどうだったのか。歴史を見てみよう。

Ⅲ　積立方式の年金制度の失敗の歴史

1　ドイツ

　ドイツではビスマルク時代に完全積立方式の年金制度がスタートした。しかし二度の世界大戦を経たインフレーションの影響により、1955年の報告では、高齢者に対する年金は平均賃金の30%程度に過ぎず、多くの高齢者の生活はぎりぎりパンが手に入るレベルとなっていた。これを受け1957年に、年金制度を賦課方式に徐々に移行する改革が成立した（Börsch-Supan *et al.*; Federal Social Insurance Office　2014）。

2　スウェーデン

　完全積立方式で始まったスウェーデンの年金制度は、高齢者の生活を十分に支えることができなかった（たとえば工場労働者であった年金受給者の年金

額は、1920年にはその時点での工場労働者の平均賃金の8.1%に過ぎなかった）ことから、1935年と1957年に制度改正を行い、賦課方式に移行した（Hagen）。

3　アルゼンチン

1994年に民営化された積立方式の年金制度について、積み立てられていた年金の原資が2008年の金融危機により大きな損失を被ったことから、2008年11月に国営化するとともに、賦課方式に移行（Hinz *et al*.; Reuters Staff 2008）。

4　ハンガリー

1997年に導入された年金の「第二の柱」である積立方式の強制加入部分について、2008年の金融危機により年金の原資が激減したことを理由に廃止。第一の柱である賦課方式部分のみとなった（Freudenberg *et al*. 2016）。

5　ポーランド

1997年に改正（1999年に施行）された年金制度においては、従来からの賦課方式の「第一の柱」に加え、民間年金基金会社に積み立てた年金の運用を委ねるという制度である「第二の柱」が作られ、この第二の柱に高齢層は加入できないが、中年層は加入することもしないことも可能であり、若年層は加入が義務付けられた。しかしながら、「（2008年の）金融危機が深まるにつれ、資産価値は急落し、運営コストは10%にものぼり、年金に大きな穴があいた。政府が借金（国債）によって穴埋めする必要が生じた」（Cohen and Cienski）。2014年2月に民間年金基金会社の運用資産の51.5%を国の制度（賦課方式の「第一の柱」部分）に取り入れる決定がなされ、積立方式の年金は任意加入の部分として残ることとなった（OECD 2015）。

6　日本

厚生労働省の説明を引用する。「厚生年金の場合、1942（昭和17）年の制度発足当初（当時は労働者年金保険）には、財政方式として積立方式の一つ

である平準保険料方式が採用された。ここでの平準保険料（率）とは、将来にわたって一定（率）で収支均衡が図られるような保険料（率）のことである。しかし、戦後の1948（昭和23）年、急激なインフレのなかで、インフレによる積立金の目減りや負担能力などを考慮し、平準保険料率よりも低い暫定的な保険料率が設定され、1954（昭和29）年に抜本的な法律改正が行われた際にも、急激な保険料負担の増加を避けるため、再度、平準保険料率よりも低い保険料率が設定された」（厚生労働省）。「この時点で純粋な積立方式からは乖離」（厚生労働省年金局 2016）。つまり積立方式から賦課方式に移行したということである。

7　どう評価するか

　これらの事実をまとめると、日本も含め各国において、現に積立方式が維持できなかったという歴史があるということである。

　上記の中では、特に4のハンガリーと5のポーランドの例が重要である。これらの国で1997年にわざわざ積立方式の年金（ないし年金部分）を導入したのは、予想される高齢化に備えるためである。しかしながら、2008年のリーマン・ショックから始まった世界的な金融危機により、積立方式部分が大いに毀損されたため、結局は元の賦課方式の年金制度に戻ったということである。挑戦したがうまくいかなかったのだ（なお、これらの国では私企業が積み立てられた年金の運用に当たったが、問題が起きた理由は「私企業だったから」ではなく、その投資先の株式と債券の価格が急激に下落したことによる。つまり国の機関が運用を行っていたとしても問題から逃れられたわけではなかった）。

　そしてこれは「世界のいろいろな国でそんな経験があった」というだけではない。上記6のとおり日本においても経験済みのことなのだ。確かに終戦後の急激なインフレーションという特殊事情があるとはいえ、日本においても積立方式で始まった年金制度を維持することができずに結局は賦課方式に移行し、そしてそれ以来賦課方式で長く運営を続けてきたというわけである。

　前記IIで見たとおり年金の理論は「積立方式の年金制度はインフレや経済変動の際に維持が困難」と予想する。歴史を振り返ると、積立方式の年金制度では実際にそのとおりのことが起きてきており、まさに死屍累々と形容す

るのがぴったりの有り様である[2]。つまりこの点で年金の理論の予想は正しく、他のたとえば「インフレが起きればその分金利も上がるので、積立方式の年金制度に支障はない」という理論が誤っているということは、歴史が示している。

8 積立方式は失敗しても国民の信認を得やすい？

なお、積立方式を推奨する議論においては、受給額の目減りにより年金受給世代の生活が困難となった場合について、「運用資産を資金化する時点で資産が値下がりしていて給付が少なくなっても、……当該世代は少ない給付を甘受することが前提……（であり、）国民の信認を維持・確保しやすい」という主張もなされている（玉木 2014, 422）。つまり積立方式の欠陥とされる「インフレほかの経済変動に対応できない」という点については、対応ができなくてもその前提で国民は制度を受け入れており問題は生じないのだから、理論的に欠陥たり得ないという主張である。

しかしこの節で述べたことは、その理論的な主張が歴史的には成り立ってこなかったという事実を示している。これまで経済変動に積立方式はうまく対応できなかったし、かつその場合に「少ない給付（＝生活が成り立たないこと）を甘受しよう」とはならなかったのである。なるわけがない。今ここに、これまで義務を果たし、きちんと年金を積み立ててきた高齢者世代がいるとする。経済が安定していれば彼らは年金で生活が成り立つはずだったのに、彼らの責任ではない経済変動が起きた結果、年金の実質額が目減りして彼らの生活が突然に成り立たなくなった。そして年金制度内には、他の世代が積み立ててきた莫大な積立金が手つかずで残っている。「積立方式なのだから、彼らの世代はどんどん飢え死にするけどそれは彼らの選択、仕方ない」とならず、「それら高齢者の生活を維持するためにこの積立金を流用しよう」となるのは、別に浅はかでも詐欺でも何でもない、普通の政治である。むしろ「正しく機能した政治」だろう。

ここまでに紹介した他の積立方式推奨論もそうだが、社会科学において「理論的にはこうなるはずだ」という主張を行う場合には、現実の歴史での裏付けが必要であるように筆者には思える。たとえば「インフレが起きれば

その分金利も上昇するから、インフレが預金や積立金の実質額に影響を与えることはない。これが経済の理論だ」、あるいは「生活が成り立たなくなった世代からも積立方式は納得が得やすい」と主張するのは自由だが、現実の日本の、そして世界の歴史がそうでないことを示している時に、その主張に説得力を感じるのはかなり難しい。

おわりに

　ここまで述べてきたことを端的に要約すると次のとおりである。

　まず、高齢者が典型だが「自分では十分に稼げない」者に金銭を支給することで彼らの生活を成り立たせるのが年金制度である。この場合、自ら稼ぐということができない受給者に渡す金銭をどこかから持ってこなければならない。自分たち（の世代）があらかじめ貯めておき、必要となった時点でそれを取り崩していくのが積立方式、受給者がその時点での稼得世代から所得の移転を受けるのが賦課方式である。年金制度を可能とする方法は積立方式か、賦課方式か、あるいはその組み合わせかしかあり得ない。積立方式のやり方では、「年金額に対して物価が急騰する（インフレーション）」「積み立てられた年金自体が毀損する（金融危機等の経済変動）」「取り崩し始めた当初の想定金利を実際の運用益が継続的に下回る」といった際に運営が困難になると理論は予想する。自分で稼げない受給者がそれまでに積み上がったものを取り崩すのみという積立方式の年金制度の特性上、それらのような問題が発生した場合には積立方式を放棄して賦課方式に移行する以外に対処するすべがない。そして歴史をひもとけば現に理論が予想するとおりのことが起き、日本も含めいくつもの国で積立方式の年金制度から賦課方式の年金制度に移行してきているのだ。理論の予想どおり、積立方式の年金制度は維持できなかったという歴史的事実があるのである。

　つまりは、インフレーションや経済変動をあらかじめ防ぎ切ることが可能にならない限りは、積立方式は「年金制度として望ましくない」のである。これこそが、時代が変化しても変わらない、そして変えてはならない、賦課方式の年金制度の理由づけである。

賦課方式から積立方式に移行するために二重の負担が生じ、どの世代であってもそのような負担をする合意が取れないのは事実であるが、それが日本において年金制度を積立方式に転換しない理由ではないのである。積立方式の年金制度が日本で実現しないのは政治家がダメだからでも官僚が無能だからでもない。積立方式が望ましくないので積立方式に移行しないということである。「望ましくない制度を実現しない」という点で、むしろ日本の政治と行政はうまく機能しているのだ。

　なお、積立方式が望ましくない制度ということを論じてきたが、「なぜ少子高齢化が進んでも『積立方式よりも賦課方式の方が』望ましいのか」については、字数の制限上論ずることができなかったため、読者としてはやや消化不良ぎみかもしれない。簡単に述べれば、「人口ないし人口構成の将来推計は他の推計等と比較して確度が高いため、かなり前から備えることが可能」「積立方式と異なり、その時点での給付水準を改善する手段がある」ということなのだが、本章においてはこれ以上立ち入ることができない。別の機会に論じたいと考えている。

1)　厚生労働省によれば、「過去期間分の給付債務500兆円」（厚生労働省「［年金制度の仕組みと考え方］第2　公的年金制度の財政方式」）。
2)　なお、こちらも説明は省くが、シンガポールといった小国で積立方式の年金制度が長く運用されている例がないわけではない。

参考文献

香取照幸（2017）『教養としての社会保障』東洋経済新報社。
香取照幸（2021）『民主主義のための社会保障』東洋経済新報社。
権丈善一・権丈英子（2009）『年金改革と積極的社会保障政策──再分配政策の政治経済学Ⅱ　第2版』慶應義塾大学出版会。
厚生労働省「［年金制度の仕組みと考え方］第2　公的年金制度の財政方式」https://www.mhlw.go.jp/stf/nenkin_shikumi_02.html（2022年8月8日最終アクセス）。
厚生労働省「いっしょに検証！　公的年金〜年金の仕組みと将来──マンガで読む公的年金制度」https://www.mhlw.go.jp/nenkinkenshou/（2022年8月8日最終アクセス）。
厚生労働省年金局（2016）「委員からお求めのあった事項について」（平成28年1月19日第34回社会保障審議会年金部会　参考資料2）。
厚生労働省年金局（2022）「年金制度基礎資料集」（2022年7月）。

鈴木亘（2012）『年金問題は解決できる！　積立方式移行による抜本改革』日本経済新聞出版社。

玉木伸介（2014）「公的年金の積立方式に関する金融の観点からの検討」『季刊社会保障研究』第 49 巻第 4 号。

八田達夫・小口登良（1999）『年金改革論　積立方式へ移行せよ』日本経済新聞社。

Börsch-Supan, Axel H. and Christina B. Wilke, "Reforming the German Public Pension System", https://cis.ier.hit-u.ac.jp/Japanese/publication/cis/dp2004/dp226/text.pdf（2022 年 8 月 8 日最終アクセス）.

Castanheira, Micael and Vincenzo Galasso, "Which reforms for a fair and sustainable pension system?", https://www.cairn.info/revue-reflets-et-perspectives-de-la-vie-economique-2011-3-page-187.htm（2022 年 8 月 8 日最終アクセス）.

Cohen,Norma and Jan Cienski, "Poland pension reform reversal highlights public disillusion", https://www.ft.com/content/8ddeb5bc-6293-11e3-bba5-00144feabdc0（2022 年 8 月 8 日最終アクセス）.

Federal Social Insurance Office（2014）"History of Social Security in Switzerland - Expansion of Social Security in Europe", https://www.historyofsocialsecurity.ch/synthesis/1957（2022 年 8 月 8 日最終アクセス）.

Freudenberg, Christoph, Tamás Berki and Ádám Reiff, "A Long-Term Evaluation of Recent Hungarian Pension Reforms", https://www.mnb.hu/letoltes/mnb-wp-2016-2-final-1.pdf（2022 年 8 月 8 日最終アクセス）.

Hagen, Johannes, "A History of the Swedish Pension System", http://uu.diva-portal.org/smash/get/diva2:621560/FULLTEXT01.pdf（2022 年 8 月 8 日最終アクセス）.

Hinz, Richard, Asta Zviniene, Sergiy Biletskyy and Tatyana Bogomolova, "The Long Term Impact of the Financial Crisis on Public Pension System Financing: Stress Testing Models of Mandatory Pension Systems in Middle Income and Developing Countries", https://www.cepal.org/sites/default/files/events/files/hinz.pdf（2022 年 8 月 8 日最終アクセス）.

OECD "Pension at a Glance 2015, Poland", https://www.oecd-ilibrary.org/social-issues-migration-health/pensions-at-a-glance-2015/poland_pension_glance-2015-71-en;jsessionid=RfVrM2MuC0niZaeNzoRw7MvE_NW-EWuNyKWJZ1fu.ip-10-240-5-167（2022 年 8 月 8 日最終アクセス）.

Reuters Staff（2008）"FACTBOX: Argentina's private pension funds system", https://www.reuters.com/article/us-argentina-pensions-facts-1-idUSTRE49L5ER20081022（2022 年 8 月 8 日最終アクセス）.

第 III 部
新しい社会状況と法制度

第11章

障害者政策から未来の社会を創造する
ソーシャルインクルージョンの実現に 向けた課題解決のありかた

塩田琴美

はじめに

　「障害者政策」は、障害者のみが対象となる政策なのだろうか。障害者政策は、その名の通りに、一見して障害者に対しての給付や支援を行う制度・政策とも捉えられる。しかし、障害者に対する差別等の規制も取り扱っており、読者の皆さんにとっても生活をする上でごく身近なものであるといえる。障害者政策を推し進める上で難しさを伴うのが、障害者に対して元来根付いている文化・慣習の撤廃や差別に対する意識の変容である。国際的にも社会課題となっている障害者に対する差別について、日本では 2013 年には障害者差別解消法（内閣府）や合理的配慮の制度が施行された。しかし、障害者側が仮に差別をされたと感じても、差別したとされる非当事者側は差別の認識を持つことなく、その言動や行為が行われていることもある。また、合理的配慮をとっても、配慮を求められている側は、どのような状況下で何の配慮をしたらよいかが不明であることも多い。社会生活を送っている中で無意識に差別や配慮に欠ける言動や行為をしていることが起きうるのである。

　現代においては、共生社会、ソーシャルインクルージョンなどの言葉が用いられているように、障害者の社会参加が促進されつつある。しかし、これまで保護という措置の下、社会から隔離されてきた障害者にとって、生活しやすいような社会や生活環境ではないのが現状である。そのため、障害者は生活する上で様々な障壁と向かい、課題を抱えることになる。その様々な課題解決に向け環境を整備していくことに、「障害者のため」ということが理由でしばしば反発を伴うことさえもある。特に、こうしたケースを考える際

に、よく自分ごとにして考えるようにと求められることもあるが、自分が無経験なことを正面から向き合いにくいように思う。しかし、COVID-19感染拡大下の中で、皆さんが置かれた状況は障害者のことを理解できる機会でもある。例えば、在宅にて過ごす生活を強いられたときに、社会に求めたものは以前と同じであっただろうか。皆さんが制約を感じた生活は、社会参加の機会が少ない在宅での生活が中心の障害者にとっては、普段通りの日々でもある。また、皆さんが日常のなかで車椅子体験や目をつぶり1日の生活を送る経験をしてみるだけでも、いつもとは異なるポイントに気付くことができるだろう。このように、普段と変わらない生活をしていると気づきにくいが、障害のない人向けに設計された制度・政策は障害者には優先度が低いこともあり、立場が変わればその人にとって必要な制度・政策は変わるのである。

　一方で、障害者が移動しやすいように設置されたエレベーターは、ベビーカーユーザーや重い荷物を持っているときなど誰にでも有用である。障害者のために施行された制度・政策により障害のない人々も恩恵を受けていることもある。特に、現代では、高齢化社会や医療の技術革新により救える命が増えた一方、障害を有する層は増加傾向にある。この先、皆さんが疾患や障害と向き合う生活を送ることがあるかもしれないことを考え、誰にでも生活がしやすいと思える社会にしていくためには、社会にとって何が必要かを考えながら、この章を読み進めてもらいたい。

I　障害者政策の概要

1　障害者政策の対象

　内閣府（令和3年度版『障害者白書』）によると日本の国民の7.6%が障害を有しているとの報告がされている。しかし、障害者とは誰のことを指すのか、その定義は今もなお確立されていない。実質、定義があっても、人を一線を引いて区分することの難しさが現実にあるだろう。そのため、国や地域によっても異なる場合があり、障害者をどう定義するかにはその制度や政策が実施される国や地域の社会的背景等様々な要因が影響する。

　障害の捉え方にはいくつかの考え方があり、現在のところでは、WHO

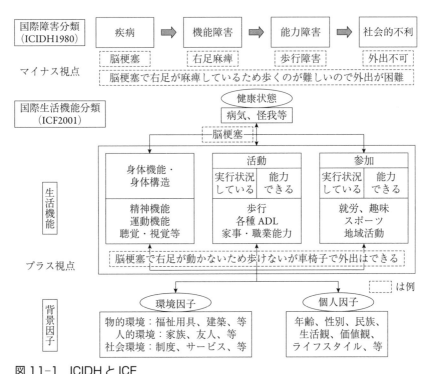

図 11-1　ICIDH と ICF

出典：WHO ICIDH および ICF を参考に筆者が作成。

（世界保健機関）の障害の捉え方に基づく医学モデルと社会モデルに大別される。医学モデルは、「障害は疾病や病気など個人の問題から生じる医療やケアが必要となる」という考えが根底にあり、医学的基準いわば診断に基づき分類が行われる。このモデルは、1980 年に WHO において採択された「機能障害・能力障害・社会的不利の国際分類」（ICIDH：国際障害分類、図 11-1）が基盤となっている。医学モデルは、診断に基づくために客観性が担保されやすく、障害者手帳の発行や支援・サービス受給にあたって今でも用いられている。

　しかし、診断上、同じような症状や機能レベルを持っていても、その人の置かれた環境により障害・障害者となるかは異なる。医学モデルでは個人の機能障害に注目されているため、必ずしも医学的な所見がその人の生活する上での障害と一致するわけではないと考えられている。そのため、WHO で

は 2001 年に「国際生活機能分類」（ICF：生活機能構造モデル、図 11-1）を採択し、このモデルが社会モデルとして用いられることになった。ICIDH では、これまで個人の機能障害をマイナス面で捉え分類していたのに対し、ICF では生活機能をプラスの面から見る視点を加え、環境因子等の観点が加えられた。よく障害者は、障害を「持っている」人と呼ばれることも多いが、障害は障害者個人が持ちたくて持っている訳ではなく、社会モデルでは環境や社会によってもたらされていると捉える。そのため、社会モデルで障害を扱っていくことは、障害を個人単位ではなく社会の問題として捉えることになるため、政策として扱うことの意味付けがより明確になると捉えることができる。

　さらに、障害者政策は、障害者に対し何らかの給付や支援を行う制度・政策だけでなく、家族の介護負担軽減のための制度や、障害者の雇用者等に関わる人々を対象とした制度や政策も含まれている。加えて、人そのものだけでなく障害者の生活環境を整備するための制度もある。障害者政策は、対象が障害者だけに限定されておらず、家族や周囲も対象となる「人」から、バリアフリー化等「社会環境の整備」といった物や街づくりまで広範囲を対象としている。

2　障害者政策に取り組む法的根拠

　国民に占める障害者の割合は少数にもかかわらず、障害者政策に取り組む必要性は何だろうか。その理由として、日本国憲法の三大原理の 1 つとして「基本的人権の尊重」（第 11 条）を掲げているように、人は自分らしく生きるための「人権」を生まれながらにして持っていることがある。そのため、障害者政策は、様々な要因により障壁を感じ生きづらさを抱える人々や、障害者と障害のない層のあらゆる差異をなくし、平等かつ公平な社会をつくり、自分らしく生きるための支援を行う政策と考えることができる。

　特に、日本国憲法では三大権利として、生存権（第 25 条　健康で文化的な最低限度の生活を営む権利）、教育を受ける権利（第 26 条　教育を受ける権利）、参政権（第 15 条　政治に参加する権利）の存在がある。生存権とは、誰もが人間らしい生き方ができる権利であり、国は社会福祉や社会保障を整える義務

が課せられている。加えて、1993年には障害者基本法が制定され、この障害者基本法は「全ての国民が、障害の有無にかかわらず、等しく基本的人権を享有するかけがえのない個人として尊重されるものである」を理念に掲げている。また、障害者基本法第11条においては、障害者のための施策に関する基本的な計画（障害者基本計画）の策定が定められている。2018年に策定された第4次障害者基本計画（内閣府）では、「共生社会の実現に向け、障害者が自らの決定に基づき社会のあらゆる活動に参加し、その能力を最大限発揮して自己実現できるよう支援」することを理念として、アクセシビリティ向上、障害者施策の意思決定過程における障害者の参画、障害者本人による意思決定の支援およびハード・ソフト両面から差別解消に向けた環境整備等の方向性や数値目標が示されている。

　さらに、日本は2006年12月に国連総会にて採択された国際連合「障害者の権利に関する条約」（障害者権利条約）に、140番目の締約国として2014年に批准している。この条約は、障害者に関する初めての国際条約であり、障害者の人権や基本的自由の享有を確保し、障害者の権利の実現のための措置等を規定している。締約国に対しては、市民的・政治的権利、教育、保健、雇用の権利、社会保障、余暇活動など、様々な分野における取り組みを求めている。この条約では、障害者に対しての直接的な差別だけでなく、「合理的配慮」や障害者が他の人と平等に、自立した生活を送れるための地域社会への包容についても定めている。こうした規定の立案に際し、これまでは政府や障害のない層が主体となり制定されていた。しかし、この条約の特徴的な点として、障害当事者が発信していた「"Nothing About Us Without Us"（私たちのことを、私たち抜きに決めないで）」を尊重する形で、起草の段階から障害者団体の意見も取り入れていることにある。締約国は、条約締結後も国連に設置されている「障害者権利委員会」に、定期的に条約に基づく義務の履行等に関する報告書を提出し、国内外からモニタリングが行われるシステムとなっている。このように、日本での障害者政策は、日本国憲法および障害者権利条約に基づき、それらを根拠として実施されている。

3　障害者政策の歴史

（1）　障害者政策の変遷

それぞれの時代での象徴的な出来事や社会的な課題があり、制度や政策は制定されてきた。障害者政策に関する法律や制度ができた年代を追っていくことにより、障害者政策の歴史をひもとくことになる（図11-2）。細かい法制度の成り立ち等詳細は割愛するが、障害者政策の重要な転換を時代ごとに区分すると、「家族による保護責任（隔離）」、「施設化・当事者運動」、「ノーマライゼーションの概念の普及・障害者の自立」、「社会参加・包摂」の時代と捉えることができる。障害者政策は2000年代に入り、新たな法の制定や見直しなど、目まぐるしく変化を遂げている政策の1つといっても過言ではないだろう。

①「家族による保護責任（隔離）」時代（第二次世界大戦後まで）

戦前・戦中まで、日本には国家的な障害者の政策はなく、軍事扶助法（1917年制定、1937年改定）による傷痍軍人を対象とした制度に限られた。この時代は、家族に依存した形での「保護」といえば聞こえはよいかもしれないが、家族に保護責任を強く求め、障害者は隔離された形での生活を送っていた。

②「施設化・当事者運動」時代（第二次世界大戦後から1960年代）

1946年の第二次世界大戦後に国民憲法ができたことにより、軍人ではなく一般の障害者を対象とした国家的な政策がはじまった。1960年には、障害者の定義が変更され、身体障害が中心であったのに加え、戦前・戦中は保護されるよりも、取り締まりの対象となっていた精神障害者が含まれるようになった。また、この時代まで、家族の保護下で障害者は生活を送っていたが、家族負担の軽減を図るために、施設入所に向けた政策（施設化）が取られる。しかし、施設の生活は障害者にとっては心地よいものではなく、時に非人間的な扱いを受けるために、1960年代後半から、脱施設化に向けた障害者による抗議運動が行われるようになる。

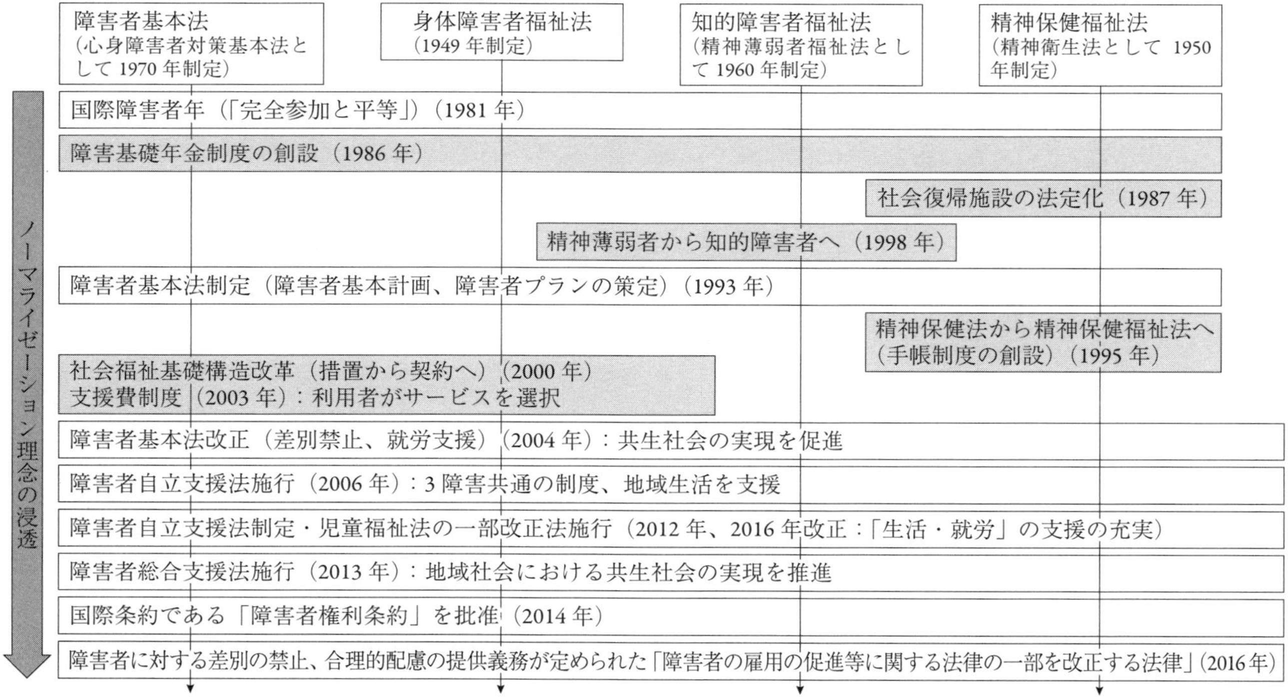

図 11-2 障害者政策の沿革

法律の区分（制定年）

- 障害者基本法（心身障害者対策基本法として 1970 年制定）
- 身体障害者福祉法（1949 年制定）
- 知的障害者福祉法（精神薄弱者福祉法として 1960 年制定）
- 精神保健福祉法（精神衛生法として 1950 年制定）

主な経緯

- 国際障害者年（「完全参加と平等」）（1981 年）
- 障害基礎年金制度の創設（1986 年）
- 障害者基本法制定（障害者基本計画、障害者プランの策定）（1993 年）
- 精神薄弱者から知的障害者へ（1993 年）
- 社会福祉基礎構造改革（措置から契約へ）（2000 年）
- 支援費制度（2003 年）：利用者がサービスを選択
- 障害者基本法改正（差別禁止、就労支援）（2004 年）：共生社会の実現を促進
- 障害者自立支援法施行（2006 年）：3 障害共通の制度、地域生活を支援
- 障害者自立支援法制定・児童福祉法の一部改正法施行（2012 年、2016 年改正：「生活・就労」の支援の充実）
- 障害者総合支援法施行（2013 年）：地域社会における共生社会の実現を推進
- 国際条約である「障害者権利条約」を批准（2014 年）
- 障害者に対する差別の禁止、合理的配慮の提供義務が定められた「障害者の雇用の促進等に関する法律の一部を改正する法律」（2016 年）

- 社会復帰施設の法定化（1987 年）
- 精神保健法から精神保健福祉法へ（1995 年）
- 精神保健福祉法（手帳制度の創設）

（左側の矢印）ノーマライゼーション理念の浸透

出典：厚生労働省「障害保健福祉施策の歴史」（令和元年度）を参考に筆者が作成。

③「ノーマライゼーションの概念の普及・障害者の自立」時代（1970 年代から 2000 年代）

　当事者らが人間らしい生活を求め、1970 年代には、障害者政策の変遷の中で重要な概念となる「ノーマライゼーション」の考え方が日本に取り入れられた。N・E・バンク＝ミケルセン（N. E. Bank Mikkelsen）が提唱した「ノーマライゼーション」は、社会が障害者の生活を特別視しない、「ノーマル」になることで、障害者も障害のない人と同様の権利を与えられ、当たり前の生活を社会で送ることができるというのが基本的な考え方である。合わせて、国連総会で国際障害者年（1981 年）が採択され、「完全参加と平等」のスローガンが掲げられ、理念ではなく実現することが強調された。これまでの保護（隔離）や施設入所ではなく障害者を 1 人の普通の市民として受け入れるという考えの基盤ができたことにより、障害者政策は大きな転換期を迎える。

　1990 年代には人生を自分で選択できる自己決定権の尊重や、在宅福祉サービスの充実等「自立生活」の実践に向けた本格的な体制づくりが行われた。ここでいう「自立」とは、誰にも頼らずにすべてを自分で行うのではなく、必要な助けを借りて障害者本人が人生を自ら選択し、その決定が尊重され社会生活を送れることをさす。障害者が自立した生活を送れるために、2000 年に「介護保険法」（厚生労働省）が施行されたが、それ以前は支援内容は一定の基準に基づき行政側が決めていた「行政による措置」としての扱いであった。しかし、障害者の福祉サービスにおいては、2003 年に法改正され、サービスではなく「支援費制度」が導入される。その支援費を用いて自分に合ったよりよいサービスを求め、そのサービスを提供する事業者を自ら選び、利用者と事業者との間で契約し決める「契約と支援費制度」が取り入れられ新しい制度設計が始まる。2005 年には「障害者自立支援法」が成立し、「利用者本位」、「施設から在宅へ」という考えがより強調された。

④「社会参加・包摂」時代（2000 年代以降）

　これまでは、障害者が対象の給付等が中心であったが、ノーマライゼーションは、「障害者が変わる」という側面ではなく、障害者がありのままで、社会で生活ができるように「周囲・社会が変わる」という視点も持ち合わせ

ている。また、障害者が社会に参加し、より自立するためには、社会の心の
バリアフリーが必要となる。2013 年は「障害を理由とする差別の解消の推
進に関する法律（障害者差別解消法）」が成立し、日本は 2014 年に国際条約
である「障害者権利条約」を批准し、社会への包摂を推進する動きを加速さ
せた。さらに、2021 年の 2020 東京オリンピック・パラリンピックの招致も
あり、共生社会の促進や社会的包摂に向け、障害者を対象とした様々な取り
組みがなされてきた。障害者政策の歴史の中でも、「ノーマライゼーション」
と「自立」は重要な概念として認識され、障害者の生活、障害者政策や支援
において取り込まれている。

　また、今回、割愛したが、障害者政策の歴史をより深く理解する上では、
その制度の背景、理念や哲学、思想を知ることも有益である。代表的なもの
に、ジョン・ロールズ（John B. Rawls）の「正義論」、マイケル・サンデル（Mi-
chael J. Sandel）の「共通善論」、アマルティア・セン（Amartya Sen）の「公共福
祉論」等、自由と平等、公正、正義とは何かを考え、その上で国家や社会が
果たす役割等にも触れることも大切である。

II　障害者政策の理念と評価

1　障害者政策の評価

　障害者政策においても他の政策と同様に、2001 年に制定された「行政機
関が行う政策評価に関する法律」（総務省）が適用され、政策評価を行うこ
とが求められている。この法律では、効果的かつ効率的な行政の推進および
国民に説明する責務が全うできるように制定されている。一方で、障害者政
策においては、対象者のニーズ調査等のスクリーニング・事前評価、政策内
容、ニーズに合った適切な支援となっているのか、またその効果について事
後の評価が必要となる。しかし、障害者に関する研究においては、障害者の
状況や課題を明らかにするための事例研究、当事者研究や支援・ケア方法に
ついての研究は行われてきたが、障害者政策に関する研究はこれまで積極的
に実施されてこなかった。文献情報・学術情報検索サービス CiNii Articles
（国立情報学研究所）で、「障害者政策」とキーワード検索を行うとわずか 17

本である。加えて、障害者の諸問題が社会課題となるゆえんはその課題の複雑性にあり、政策実施にあたっては複数の省庁が関与しているために包括的な評価が行いにくい。さらに、対象となる障害者が少数でありかつ障害特性や社会的背景等のバックグラウンドも異なるため、対象自体の属性のばらつきが大きい。政策等の介入効果を見るにも、ベースライン（元々の基準値）が定められないことから、政策介入による変化が見えにくく、また量的な分析や客観的な評価が難しい。そのため、政策で対象とするセグメント（ターゲット）、そのニーズの把握の制度・政策の設計（どのような制度・政策とするのか）から、政策実施後の効果判定まですべての段階で、評価に関して難しさを伴っている。

2 政策対象者の選定とニーズ評価の難しさ

(1) 政策対象者の選定の困難さ

　障害者をどう定義するか、その定義づけの難しさを冒頭に示したが、政策において対象を選定する際に、「障害者」をカテゴリー化することに、メリットとデメリットが生じる。そのため区分をしてしまうことで対象外となるケースもあり、必要なサポートが課題を抱えた人に届かないことがある。その一例として、近年では、発達障害や診断まではいかないグレーゾーンとされる層も増えてきている。発達障害者は、生活や社会との適応において様々な障害を抱えるが、現行制度では発達障害者に限定した障害者手帳はなく、精神障害者保健福祉手帳での取得となるケースをよく見受ける。発達障害においてはそのレベルも様々ではあるが、重複の障害がない限り高学歴の人や人の手助けなく生活できる人も多い。目に見える障害でもないため周囲からも認知されにくいことや、調子がよいときは問題なく生活したり高いパフォーマンスを発揮できることもある一方で、季節や環境により心身の不調が変動することもあり、社会モデルとして障害となるケースである。こうしたケースでは、社会に適合できないまま適切な支援を受けられずに閉じこもってしまい、家族の支援に依存した生活とならざるをえないこともよくある。医学モデルに基づき「障害者」とただ線引きをするのではなく、社会における何らかの要因が障害となり、生きづらさを抱えた人に対して、社会モデルの

視点から支援対象を選定することも必要となるだろう。

（2）　多様な背景を持つ少数派

　障害者白書（内閣府）等による障害者として区分して数値的に表したものを見る限り、障害者の割合は少ない。近年では、ソーシャル・ネットワーキング・サービス（SNS）等で誰もが発信できる社会となりつつある。しかし、そうしたツールを用いて障害者自身が権利を主張（セルフアドボカシー）したくても、言語や身体・認知機能の障害を有していることもあるために、コミュニケーション自体が課題になることも多い。仮に、障害者が発信をしても、少数であるために自分ごとの課題として認識されないがゆえに、共感や拡散がされにくいこともある。

　また、障害者のニーズや状況調査は一般的には、省庁や自治体からの委託事業として行われることが多い。しかし、障害者関係の調査を受託する団体が必ずしも課題を抱えた障害者との間のネットワークや専門的知識を持っていないために、適切な対象者のニーズの把握ができないことがある。加えて他の分野と比較し障害者分野の研究に精通した研究者は少ないために、そのニーズの拾い上げや効果の判定に際し、正しく解釈がされていないこともある。近年では、調査手法としてインターネット等での調査が行われていることもあり、パソコンを保持していない場合や、閉じこもりがちで何らのコミュニティにも参加しておらず社会と隔離状態にある最も課題を抱えていそうな層へのアプローチができていないこともある。

　さらに、障害者と一括りにしても、上下肢の障害、聴覚障害、視覚障害、知的障害、精神障害などがあり、障害の種別に応じたニーズは多様である。また、障害の程度も、軽度なものから重度、下肢障害でも車椅子の有無、介助や医療的ケアが必要場合等様々な機能レベルがある。また、障害の面ではなく、セクシャルマイノリティ、貧困等の社会課題が交差していることもある。

　こうした複数の個人のアイディンティが交差し、差別や不利益が起こる仕組みは、「インターセクショナリティ」と呼ばれ、課題が個人ごとに入り組んでいるため、その人に応じたニーズを把握する必要がある。個人ごとそれ

ぞれに課題が異なり、ニーズが多様になるため、分析を行うにあたっても、その障害特性、機能レベル、所得など項目ごとにセグメントに分け、量的に全体的な傾向を分析した上で、インタビュー調査等質的に個別に深く分析をしていき、誰にどのようなニーズがあるのかを把握する必要がある。

3　政策評価の困難性

(1)　ニーズが多様なことによる横断的評価の必要性

　障害当事者の種別や生活状況によって異なる多様なニーズが存在するため、障害者政策といっても、様々な政策領域が包含されている。その政策領域として、医学モデルに基づき、個人が生きる上で最も必要とされる保健・医療、福祉サービスの政策から、社会モデルへの転換に伴い、教育、雇用、住宅、交通等のバリアフリー、文化・スポーツ、情報環境整備、権利擁護等の政策に拡大された。その管轄も、保健・医療、福祉サービス、雇用は厚生労働省が所轄する一方、特別支援教育、文化・スポーツは文部科学省、住宅や交通は国土交通省、人権擁護は法務省、情報環境整備は総務省が所轄する等多岐にわたる。

　また、政策を横断する場合には、複数の省庁が障害者政策に関与し、さらには自治体がそれに基づき実施を行う。一人の障害者を取り巻く生活において、関連する省庁が異なり縦割りとなると、支援の分断や非効率さが生じる。例えば、病院のリハビリテーションを終え、地域でスポーツを行いたい希望があっても病院からの情報提供はなく（塩田ほか 2016）、ドイツのように地域でのリハビリテーションスポーツが社会保障となっていない。そのため、リハビリテーション（厚生労働省）とスポーツ推進（文部科学省）が分けられ、ニーズに対しての情報共有や支援の分断、ときに非効率的な支援となることもある。さらに、横断的ゆえに政策評価も難しくなることや、ニーズ共有や支援においてその制度間のハブとなる役割を担う組織や機関が必要となる。上記の地域でのスポーツ推進におけるケースでは、アメリカではレクリエーションセラピストが病院とスポーツの仲介をなす役割を担う。現在は、内閣府が政府全体における重要政策の統括や省庁間の総合調整の役割を担うことになっているものの対象者の生活や人生において、点でなく線で捉えたとき

に、途切れのない支援が行われることが重要となる。

（2） 法制度と実態のバランス

　対象者の選定やニーズの把握の失敗により障害当事者にとってマイナスの政策効果や不利益さえも生じる可能性がある。例えば、所得保障と支援・サービスの給付利用とのバランスはしばしば課題となる。障害者にとっては、就労が可能となれば、経済的状況や生活を改善させられる。一方で、障害者に対する社会サービスや制度には、一部で所得要件等条件が課されるものがある。例えば、重度障害者が就労をする場合には、就労できる＝自立とみなされ自治体によりその就労時間中にはヘルパー代等の給与が支払われないこともある。障害者雇用による収入といっても自身がヘルパー代を支払うとなると、働いても給与以上に支出が多くなることもある。このように、就労によって経済状況が変化すると、そのほかの支援・サービス等の利用に影響が出ることがある。

　さらに、障害者年金は障害者への所得保障を担っているが、合わせて生活保護を受給する場合もある。その場合に、就労することで障害等級が変わることが想定されるため、職に就くことに躊躇する障害者もいる。このように、福祉サービスが充実している自治体ほど、障害者の就労率が低い傾向を示すこともある。加えて、生まれながらにして障害を持つ場合には、家族が仕事を退職し介護に専念をしてきたケース等、障害者年金が一家の収入源として大きな割合を持つこともある。その場合には、障害者が成人し一人暮らしを希望しても、障害者年金が一家の収入源となっているために、家族が反対をすることもあり、障害者個人の自立を制限しかねない事態につながることも見受ける。サービスがよくても悪くても、就労や社会参加に結びつかない等、法制度と実態のバランスの評価は重要となる。近年では、人により差はあるもののこれまで保護される対象であった障害者が、自己決定でき、社会に出ていき外向きの生活が送れるように変化しつつある。制度・政策に伴う変化に合わせて、社会と障害者の生活の双方を時系列的（縦断的）に評価する指標も必要となるだろう。

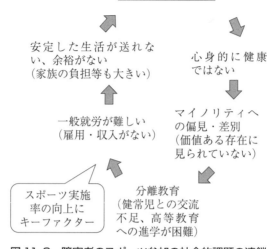

図 11-3　障害者のスポーツ参加の社会的課題の連鎖
出典：筆者が作成。

4　障害者政策とパラリンピック

　ノーマライゼーションの概念の実現には、最低限の生活の質の保障だけで
なく、余暇活動が含まれる。東京 2020 オリンピック・パラリンピックでは、
「共生社会の実現」がレガシーとして掲げられ、2013 年にはスポーツ基本法
（スポーツ庁）で定められているスポーツ基本計画に初めて障害者のスポーツ
の促進が法律の文言に記載されたのである。これに合わせるように、これま
で障害者のスポーツは福祉的な枠組みとして厚生労働省の管轄であったが、
競技の向上を含めスポーツとして取り扱うようになり文部科学省に移管され
た。また、日本財団の調査によると、日本だけではなく、カナダ、中国、ブ
ラジル等過去の開催国のいずれの国を見ても、オリンピック・パラリンピッ
クをきっかけに、差別解消法制度の制定や見直し、開催都市を中心にバリア
フリーやアクセシビリティの改善等、障害者の制度や政策の推進や改定が行
われている。日本においては、1964 年の東京オリンピック・パラリンピッ
クを契機に障害者の生活改善の扉を開けたといえる。
　しかし、日本の障害者のスポーツの実施率を見ると、障害のない層と比較

すると極めて低いのが特徴的である。さらに、「都内障害者のスポーツ実施に関する意識調査」（2021）において、スポーツへの無関心層が約 80% とその割合が多いことが課題となっている。このような無関心になる理由として、障害ゆえに自身に適したスポーツが見当たらないこと、家族の負担等の要因もあるが、金銭的な問題がある。スポーツは余暇活動であるがゆえに、障害の有無によらず大前提として生活の安定や余裕がないと、スポーツ等の余暇活動に至らないと筆者は考えている。そのため、筆者は障害者がスポーツを含め余暇活動につながらない要因として、図 11-3 のような負のループがあると捉えている。スポーツの余暇活動への参加のキーファクターとして、「教育」と「就労」が挙げられる（塩田 2022）。健常児と切り離された分離教育は、障害者にとって個別支援というメリットはあるが大学等高等教育への学力やサポート環境の適応面で進学の難しさが課題となることや、障害者が社会人となる過程での知識・スキルや素養が身につきにくくなることもある。そうした経験不足により、一般就労の採用に至らないケースもよく見受ける。そのため、障害者雇用としての給与や就労支援施設等の工賃だけでは障害者年金に頼らざるを得ず、スポーツ等余暇活動を楽しむ等生活にゆとりを持つほどの収入を得るに至らないこともある。これまでも障害者は、横断的な課題を抱えていると示したように、スポーツの分野に留まらない教育、雇用等の社会課題の連鎖を捉え、横断的な施策が必要となる。このような視点から捉えれば余暇活動の状況を調査、評価することで、障害者政策の包括的な評価につながると考えてもよいかもしれない。

III　障害者政策がもたらす課題と展望

1　障害者に対する差別と偏見

障害者政策には様々な領域があり、これまでの視点では主に障害者を対象とした障害者政策について述べてきた。障害に基づく差別は、その国際的な条約が存在するように、日本だけでなく世界における社会的課題の 1 つである。しかしながら、重要課題と位置付けられているにもかかわらず 2013 年になり障害者差別解消法が制定されるまで、障害者に対する差別は政策とし

て取り扱われてこなかった。

　差別には大きく直接的差別と間接的差別があるとされている。直接的差別とは、障害を理由に、他の人と違う取り扱い（区別）をすることであり、間接的差別は中立の基準や規則であっても、それが適用されることにより結果的には障害者に不利益が生じるなど文化的規範や社会的構造の中に落としこまれ、差別が意図せずに起きている場合がある。加えて、興味深いことに、2017 年度の「障害者に対する世論調査」（内閣府）において、「障害を理由とする差別や偏見」が「ある」との回答が 83.9％ であった。つまり、障害者に対する差別は高い割合で認識をしていても、自身の行為や言動が差別につながるとは認識していないことも多い。障害者は可哀そう、できないことが多い等、こうした無意識に根拠のない思いこみや偏見を持つことをアンコンシャスバイアス（無意識の偏見）と呼び、人の認識の中に埋め込まれた差別を解消することは難しい。一方で、新たな差別の概念として「合理的配慮」に関する規定がある。ここでいう配慮とは、その人が置かれた環境をより平等となるように、障害となる要因をできるだけ排除するために変更・調整を与えることである。合理的配慮の規定では、過度の負担とならない範囲で、「必要かつ適当な程度や内容」の配慮を求めており、この配慮を提供しないことが差別に当たるとしている。差別や格差は、障害者の権利を侵害するものであり、それを防ぐ必要がある。そのために、差別とは何かという共通認識を持つために話し合いを行う等、差別にあたる事項を示した上で、差別を禁止し、差別が起きた場合の対処の規定を作ることが必要となる。しかし、規定を作っただけでは意味もなく、これらを周知する広報や啓発活動も重要となる。

2　障害者政策の裏側で起きる差別

　2007 年には学校教育法の改正により特別支援教育制度が開始された。この制度により、障害児童・生徒の課題やニーズに応じた教育が受けられる障害者は特別支援学校へ、健常児は普通学校へと分離された教育を受けるために、その後も障害者と接する機会がなくなる。障害者との接触経験のない成人は約 50％ おり（塩田 2015）、幼少期に障害者との経験が少ないことはステ

レオタイプやアンコンシャスバイアスを持ちやすいとも考えられている。

　近年では、障害者雇用の促進のために、障害者雇用率制度があり、格差の改善に向けたポジティブアクション（「積極的改善措置」）と呼ばれる措置がとられている。しかし、いくら法整備をしても、日本では、これまで障害者との接触経験がなかったために、障害者はできることが少ないと思われ、障害者が行える仕事やサポートへの無理解から適切なジョブマッチングや業務の切り出しが行えないことが課題となっている。そのため、障害者が価値のある働き方ができずに離職率も高い現状や、法定雇用率を満たすための数合わせとして雇用する「みなし雇用」を行っている企業も未だ少なくない。このように、受け入れる側の環境にもより、制度や政策があっても運用が難しいことがある。現在ではインクルーシブ教育が推進されているように、幼少期からの関わり合いを持つことは重要である。しかし、大人になってからでも、一緒に同じ時空間を過ごすことで、その人に必要なサポートに気づく以上に、障害者の人が得意とすることも経験で分かってくることも多い。また、本人に障害のことや必要なサポートについて聞くことや話しかけることをためらう人も多いが、個人により必要なサポートは異なるため、直接話をしてみることも重要である。心地よい居場所作りには、障害の有無によらずコミュニケーションをとることが大切といえる。

3　障害者政策の展望

（1）　届かない声を拾い上げる――当事者と作る制度・政策のプロセス

　日々変化する社会の中で、私たちの抱える問題は多様化し、それぞれが複雑に絡み合っている。これまで述べてきたように、障害者は少数ながら障害特性だけでなく多彩な社会的背景があり、その上で個々における課題やニーズがある。特に、COVID-19 感染拡大下で、マジョリティがパニックとなっている中、障害者等マイノリティの実態把握が遅れている。COVID-19 感染拡大下では医療や介護スタッフの支援が滞った中、介護が必要な障害者においては家族など支援者の負担は増加した。こうしたケースでは障害者のみならず支援者も含めた支援も考える必要がある。とりわけ障害者政策においては社会におけるあらゆる状況を想定し、想定外のことが起きた場合でも対処

できるようにする必要がある。そのためには既存の制度や枠組みに縛られることなく、柔軟な対応をとることで多様な対象への支援を可能とする必要がある。しかし、必ずしも制度はすべての人や課題をカバーできるわけではなく、課題や困難を抱えているにもかかわらずその対策が行き届かないことや、あるいは支援内容が不足することもある。障害者政策においては、届かない声をいかに拾いあげ、ニーズを踏まえた支援をするかが重要になる。

　特に、制度・政策のプロセスにおいては、これまでは、障害者の周囲が障害者の意見として代弁や解釈をすることが多くあった。障害者が直接に意見を伝えやすい社会にすることで、障害者に対する過剰な配慮や差別、偏見を生み出すような誤解等も少なくなり物事もスムーズにいくことも多い。社会における複雑化している課題への対応をしていくためにも、当事者を含めた様々な属性で構成されたメンバーによる多様な価値観や視点から意見を取り入れ、社会に必要な制度・政策のプロセスを考えていくことが必要となる。

(2)　経験値を増やすことが制度・政策の運用を広げる

　近年では、テクノロジーの進化や社会環境の変化により、障害者の生活も変わりつつある。これまで医療的ケアが必要であった場合や、車椅子等物理的な問題で通学できなかった場合でも、現在ではオンラインで授業が受講できたり、障害者雇用においても在宅勤務が取り入れられるなど障害者の社会も変わりつつある。これまで述べてきたように社会レベルで問題を解決をしていくことも重要ではあるが、障害者個人の機能を高め、「できる」という経験を積むことも必要となる。

　そのために、障害者が地域コミュニティで受け入れられ、様々な経験を積める場も求められる。地域での共助や公助を重要視する制度でもある「地域包括的ケアシステム」（厚生労働省）も障害者が対象となるが、機能しているコミュニティは少ないのが現状である。障害者が閉鎖的に過ごしがちになる日本においては、障害児だけでなく、障害のない人々もまた同様に、多様な人との関わりを学ぶ機会が失われるという問題もある。例えば、障害者が公共交通機関での移動中に電車やバスが止まったとき等、障害者は有事の際に困りごとを抱えることもある。そのようなときは、車内やホーム上等身近に

いる人の手助けが必要となり、合理的配慮は必ずしも事業者だけでなく、ユーザー側に支えられて成り立つ場合もある。配慮は、突発的に必要な場合もあり、結局は人と人との関わりの中で生じてくることであり、多様な人々に触れながら何がその人に必要かを把握することが大切となる。こうしたことは法制度等で語るよりも、人との関わりの中から経験を積み、学ぶことが重要といえる。障害者に開かれた社会になることで、障害者だけでなく障害のない層のコミュニティの多様性の価値観の醸成も期待できるといってもよいだろう。

おわりに

障害者の社会参加は、物理的な側面よりも非当事者の差別や偏見により「障害」になることも多い。制度や政策によって起こった事象に対する「差別」については、禁止や防ぐことは可能になるかもしれないが、人の心の中までは介入することはできない。差別や配慮等、人によっての快不快は主観でもあり、人によって捉え方が異なることもある。互いの価値観を認め合い、差別に気づくには、多様な人が交流しコミュニケーションをとる必要がある。日頃から身近な存在と関わり合うことで、早めに困りごとに気づけ対処することができれば、個人やその世帯だけで抱え重篤化させることを防ぐことにもつながる。今日、未曾有の事態や予測不能なことが起きる時代にコミュニケーションが必要なのは、必ずしも「障害者」のためではなく、障害の有無によらずその重要さはより増している。コミュニケーションを通じて、その人の生活や社会を通しての小さな困りごとや障壁となっていることを共有しやすくすることで、多様な人々が集まり、どのようにしてそうした問題を解決していくか、1つではない答えのあり方をそれぞれの視点からアイデアを出し合い共に考えていく必要がある。人々の対話から生まれたアイデアが、イノベーションにつながり社会を変えるための筋道となることもある。特に、障害者の困りごとから生まれた温水洗浄便座やスマートフォンなどの読み上げ機能や音声認識は、今や当たり前のように社会に取り入れられている。障害者のために作られたものが、時に誰もが生活をしやすくなるように社会を

変える大きな原動力となるとも捉えられる。障害者が抱えている障壁や課題は、もしかしたら、そうした気づきを与えてくれるきっかけとなる未来への財産となるのかもしれない。

そして、人と人の助け合いだけでは限界がある場合や国家的な支えで解決した方がよいときには、制度や政策に落とし込み解決していく必要もあるだろう。人々が意見を交わす中で生まれてくる課題やニーズを反映させた制度や政策ができれば、「個別ニーズ」に配慮した形となり、社会で障壁を抱える人たちや、より質の高い生活を送ろうとする多様な人々を支える仕組みとなる期待がもてるだろう。そうなれば、必ずしも「障害者」の政策という枠組みにとらわれない形での制度・政策となり、未来にはこの政策はなくなっているか、もしかしたら違う形で改正されているのかもしれない。

日本が多様性や個人の生き方を尊重できる社会となることを願い、この章を締めくくりたいと思う。

注：本章では法令に準拠し、「障害」・「障害者」と記載をしている。また、筆者は障害を個人が「持つ、持っている」とは捉えていないため、障害を「有する・ある」と表記している。

参考文献

外務省「障害者の権利に関する条約」https://www.mofa.go.jp/mofaj/gaiko/jinken/index_shogaisha.html（最終アクセス：2022 年 8 月 24 日）。

北川雄也（2018）『障害者福祉の政策学——評価とマネジメント』晃洋書房。

厚生労働省「国際生活機能分類——国際障害分類改訂版」（日本語版）https://www.mhlw.go.jp/houdou/2002/08/h0805-1.html（最終アクセス：2022 年 8 月 24 日）。

厚生労働省「合理的配慮指針」https://www.mhlw.go.jp/stf/houdou/0000078980.html（最終アクセス：2022 年 8 月 24 日）。

厚生労働省「障害福祉施策の動向について」https://www.mhlw.go.jp/content/12200000/000551396.pdf（最終アクセス：2022 年 8 月 24 日）。

厚生労働省 社会・援護局 障害保健福祉部 企画課、障害福祉政策の動向について令和元年度、「障害保険福祉施策の歴史」https://www.mhlw.go.jp/content/12200000/000551396.pdf（最終アクセス：2022 年 8 月 24 日）

厚生労働省「地域包括ケアシステム」https://www.mhlw.go.jp/stf/seisakunitsuite/bunya/hukushi_kaigo/kaigo_koureisha/chiiki-houkatsu/（最終アクセス：2022 年 8 月 24 日）

サンデル、マイケル（2010）『これからの「正義」の話をしよう——いまを生き延びるた

めの哲学』（ハヤカワ・ノンフィクション文庫）早川書房。

塩田琴美（2015）「障害者の接触経験と障がい者スポーツ参加意欲・態度との関係性」『日本保健科学学会誌』18（2）、64-72。

塩田琴美（2022）「障害者のスポーツ参加のもつ意義——多様性のプラットフォームとしての地域スポーツの可能性」秋山美紀・宮垣元『ヒューマンサービスとコミュニティ——支え合う社会の構想』勁草書房。

塩田琴美・徳井亜加根（2016）「特別支援学校に通学する幼児・児童・生徒のレクリエーション・スポーツの実施に関する基礎調査」『日本保健科学学会誌』19（3）、120-128。

下地ローレンス吉孝、石原真衣・熊本理抄・森山至貴・山内明美（2022）『現代思想 2022年5月号特集＝インターセクショナリティ——複雑な〈生〉の現実をとらえる思想』青土社。

衆議院「日本国憲法」https://www.shugiin.go.jp/internet/itdb_annai.nsf/html/statics/shiryo/dl-constitution.html（最終アクセス：2022年8月24日）。

杉本敏夫監修、立花直樹・波田埜英治・家髙将明編（2021）『社会福祉——原理と政策（最新・はじめて学ぶ社会福祉；4）』ミネルヴァ書房。

セン、アマルティア（2011）『正義のアイデア』明石書店。

総務省「行政機関が行う政策の評価に関する法律」https://www.mhlw.go.jp/wp/hakusyo/kousei/12/dl/1-02.pdf（最終アクセス：2022年8月24日）。

東京都「都内障害者のスポーツ実施に関する意識調査」https://www.sports-tokyo-info.metro.tokyo.lg.jp/seisaku/details/awareness_survey.html（最終アクセス：2022年8月24日）。

内閣府「令和3年版障害者白書　障害者の全体的状況」https://www8.cao.go.jp/shougai/whitepaper/r03hakusho/zenbun/pdf/ref2.pdf（最終アクセス：2022年8月24日）。

内閣府「障害者基本計画（第4次）」https://www8.cao.go.jp/shougai/suishin/pdf/kihonkeikaku30.pdf（最終アクセス：2022年8月24日）。

内閣府「障害者に関する世論調査」https://survey.gov-online.go.jp/h29/h29-shougai/2-2.html（最終アクセス：2022年8月24日）。

内閣府「障害を理由とする差別の解消の推進に関する法律」https://www8.cao.go.jp/shougai/suishin/law_h25-65.html（最終アクセス：2022年8月24日）。

日本財団パラサポウェブ「パラリンピックは社会を変える！今こそ学びたい過去大会のレガシー」https://www.parasapo.tokyo/topics/28431（最終アクセス：2022年8月24日）

文部科学省「第4 日本の障害者施策の経緯」https://www.mext.go.jp/b_menu/shingi/chukyo/chukyo3/siryo/attach/1295934.htm（最終アクセス：2022年8月24日）。

文部科学省「1. 特別支援教育をめぐる制度改正」https://www.mext.go.jp/a_menu/shotou/tokubetu/001.htm（最終アクセス：2022年8月24日）。

山村りつ（2019）『入門障害者政策』ミネルヴァ書房。

ロールズ、ジョン（2010）『正義論　改訂版』紀伊國屋書店。

第12章 変革期の行政法

長谷川福造

はじめに

　2022年8月時点で、日本国内で効力を持つ法律は2,000余りにのぼる[1]。「行政事件訴訟法」や「行政手続法」のように名称に「行政」を含む法律はいくつかあるが、「行政法」という名前の法律はない。犯罪と刑罰について定めた「刑法」や契約などの財産関係と家族関係を規律する「民法」は、まさにその名称の付いた法律があり、大学の授業科目もそれに対応している。「行政法」とは、性質に基づき法律を分類した枠組みであって、いわば表札やラベルと言ってよいかもしれない。一見するとあいまいな「行政法」だが、それが時代の変化にどのように立ち向かっているのか。この章では、専門用語や基礎知識の解説を織り込みながら、変革期の行政法の現在と未来を見ていく。

I　行政法の仕組み

1　行政法理論の歩み

　法制度の背景を知るために、まずは日本における行政法理論をさかのぼってみよう。行政に関する著作の歴史を紐解いていくと、1895年の織田萬『日本行政法論』[2]にたどり着く（佐々木 1952, 48）。明治維新を経て、法制度設計の分野においても近代化が急速に進んだが、1890年の大日本帝国憲法施行と第1回帝国議会開会から5年目に、早くも行政法の体系的枠組みが示されたのである。20世紀に入るとドイツ行政法の理論構成が持ち込まれ[3]、

235

わが国で発展していく。そのため、行政法の分野では今でもドイツの理論とのつながりが深い。

この100年以上の間、行政法学の議論では、法治主義を行政の分野でどのように適用していくかが最大の関心事であった（藤田 2005, 3）。最新の体系書でも、「法律による行政の原理」や「法律の留保」という基本理念を糸口に行政法の全体構造が解説されている。「行政活動は、法律に基づいて法律に従って行われなければならない」というのが原則的なルールである、ということをまずは押さえておこう[4]。

2 行政法の機能

次に、法学的視点から「行政法の機能」を一言で表すと、ある一定の場面で行政機関は特定のことを「しなければならない（作為義務）」「してはならない（禁止）」「することができる（許可）」といったかたちで行動のルール（行為規範）を、法律が前もって定めておくことで、行政活動を立法府（国会）が制御する作用となる。国民の代表者が立法府を構成していることから、我々国民が行政活動をコントロールすることになる。

例えば、危険な状況にある空家を調べるために、一定の条件を満たしていれば市町村長が職員らに空家への立入調査をさせることができるが、これは空家法[5]という法律の9条2項が定めている。こうした規律の入口となる一定の場面や条件のことを「法律要件」と呼び、出口となる行動や処分に関する決まりを「法律効果」と呼んでいる。法律要件と法律効果に関する条文の文言を綿密に読み解くことが「解釈」であり、民法や刑法と同じく、裁判所の判例や学説で議論が展開されている。

その一方で、世の中の問題を公共的観点から規律やルールによって適切に解決していくにはどうすればよいか、という政策的検証も行政法の機能に含まれる。この点は、民法や刑法と少し異なるかもしれない[6]。法学の世界では解釈論と立法論をしばしば切り分けて考察しているが、行政法はその両方を守備範囲にしている。その意味で、行政法は総合政策学との関連が深い分野と言えよう。このような前提を踏まえ、次節からはドイツにおける変革期の制度改定を三つ紹介して、立法政策と行政法がどう関わっているかを具体

的に見ていく。

II　オンライン・アクセス法（Onlinezugangsgesetz）

1　新法制定の背景と概要

コロナウイルス感染症パンデミック（Coronapandemie）の副次的効果として、ドイツで行政のデジタル化に関する課題が顕在化した[7]。デジタル行政への注目が集まったという流れは日本や他の先進各国と同様であろう。ドイツでは、既に 2017 年にオンライン・アクセス法（Gesetz zur Verbesserung des Onlinezugangs zu Verwaltungsleistungen（Onlinezugangsgesetz - OZG））[8] が制定されていたが、デジタル化の進捗は必ずしも順調ではなかった。2019 年にドイツのマインツ大学（Johannes Gutenberg-Universität Mainz）に筆者が研究滞在した際、行政法・公法の教授陣や研究者たちと意見交換した中で、「ドイツでは行政手続のデジタル化はあまり進んでいない」という言葉が印象的だった。実際のところ、各種のデータにおいても行政の電子化に関するドイツの序列は芳しくない[9]。欧州を代表する技術大国ドイツが、エストニアなどの電子国家の動きの後塵を拝している状況は興味深い。

そのさまざまな要因の一つに連邦制が挙げられる。ドイツは連邦制国家であり、国内には全部で 16 の州（Land）がある。ビールで有名なミュンヘン（München）は、バイエルン自由州（Freistaat Bayern）の州都であり、首都のベルリン（Berlin）は単独で都市州を形成している。それぞれの州ごとに憲法があり、議会、政府および裁判所が設置されている。ドイツの州は、日本の都道府県よりも責務や権限の範囲が広い。こうした連邦制の特質に起因して、行政サービスの電子化を統一的に進めることが困難であるとされてきた（Rüscher 2017, 1530–1531）。しかし、行財政の構造改革の流れの中で、1990 年代後半から行政の電子化への取組みが始まった。このタイミングは、日本の電子政府への取組みとほぼ重なる。

2020 年の春以降、感染症がドイツでも拡大する中で、例えば、電子ファイルの導入が進んでいない行政機関の事務処理能力が非常に限定された結果、必要な許可証や証明書を発行できなかったなどの問題点が、国家法規監理委

員会（Nationaler Normenkontrollrat: NKR）の報告書で指摘された（NKR 2020, 24）。ドイツ連邦政府は、当初モバイルワークを想定していなかったため、共同作業やビデオ会議を行うための十分なネットワーク容量や機器が不足するなど根本的な問題を抱えていた。これに対応するかたちで、例えば連邦雇用庁は、短時間労働の申請を支援するための新しいアプリや基本手当の受給資格を迅速に確認するための「デジタル・パイロット（Digital-Lotsen）」を開発した[10]。

オンライン・アクセス法の特徴の一つとして、ポータルサイトを介した電子的な行政サービスの提供の期限を、2022年末と明記している点が挙げられる（1条1項）。対象となるサービスは575件にのぼるが[11]、改革は必ずしも順調に進んでいない。国家法規監理委員会は、2021年9月の時点で、2022年末の期限までに全サービスの電子化は達成できず、目標の見直しを検討すべきとしている（NKR 2021, 2）。遅れの要因は、感染症の拡大だけでなく、オンライン化を実施するための決定・調整に携わる連邦と州の人員の数が多過ぎることが挙げられており、構造改革の難しさが見て取れる。

また、オンライン・アクセス法は、市町村レベルのデジタル化には触れていない。ドイツの地方自治の区割りは日本のように単一化されていないが、基礎的自治体がゲマインデ（Gemeinde）であり、日本でいう政令指定都市以外の市や町村に類似する立ち位置である。比較的規模の大きな独立市（Kreisfreie Stadt〔ケルンやフランクフルトなど〕）とゲマインデが、ここでいう市町村に基本的に当てはまる。連邦全体の憲法として機能するドイツ連邦共和国基本法（Grundgesetz für die Bundesrepublik Deutschland. 以下「基本法」という）28条2項が地方自治の保障を規定していることからわかるように、デジタル化の進め方は各自治体の判断が尊重される建前となっている。しかし、地方自治体の窓口は「市民が行政に直接接触する最も重要かつ頻繁な場所」であり、デジタル行政においても「ファーストコンタクト」となるのが通常である（Bogumil and Kuhlmann 2021, 108）。自治体が所管する行政事務の範囲は、住居の登録、育児手当の申請、建築許可証や営業許可証の発行など多岐にわたっている。電子化義務付けの対象となる575のサービスの大部分は、1万1,000以上にのぼるドイツ国内の各自治体でも提供されている。したがって、連邦と州のみならず市町村の行政も電子化していくことが、オンライン・ア

クセス法の目的に適合する（Peuker 2022, 275）。

　だがその一方で、自治体側にはキャパシティの限界も指摘されている。義務的あるいは指令的な職務は絶えず増加しているが、特に IT 分野における技能者の不足は改善されていない。例えば、スマートシティ、モビリティ革命、気候変動対策といったタスクへの対応力が十分とはいえないといった問題を抱えている。

2　ドレスデンの要求

　2021 年 3 月にドレスデンで開催された第 9 回 IT 計画評議会では、こうした背景を踏まえて、「ドレスデンの要求（Dresdner Forderungen）」[12] が示された。この声明は、以下のように中央集約化（Zentralisierung）、協力（Kooperation）および分業（Arbeitsteilung）の三つの柱から構成されている。

（1）中央集約化

　第一に掲げられた提案は、デジタル化への取組みに関する責任を連邦または州のレベルに戻すことである。これは、自治体の負担軽減と技術水準の均一化を念頭に置いている。それとともに、コンポーネントや手続を含めた一元化も目指すべきとしている。孤立した対応を自治体が別々に行うのではなく、効率的かつ費用対効果の高い職務執行を実現する枠組みである。ただし、基本法に基づく自律的な職務遂行の保障に抵触しないように、連邦や州で開発された技術を自治体のニーズに適合させていく配慮が必要となる。

（2）協力

　次に重要なのは、行政組織間の相互補完により能力の限界を払拭していくことである。連邦と州の協力に関しては、基本法 91c 条 1 項・2 項に基づいた協定によって IT 計画評議会が 2010 年に設置された。その後 2020 年 1 月に、組織的な支援を充実化させるため、FITKO（Föderale IT-Kooperation〔連邦IT 協力機構〕）が設立され、同年 8 月には、IT 計画評議会と各自治体との情報交換を行うため、FITKO 議長のもとで 14 の自治体の代表者によって構成される委員会が設置された。こうした専門の評議会や委員会を設置して行政

目的の遂行を円滑化するのは、ドイツの行政運営の特徴の一つである。

（3）分業

　協力と協調は、政治的意思と相互信頼を前提とするため責任の所在が不明瞭になることがあり、また複雑化によって時間が掛かり過ぎることがある。そこで、連邦政府と州政府による役割分担が図られた。具体的には、「建設・住宅」「家族・子ども」「移民・移住」など生活やビジネスの状況を反映した 14 のテーマごとに担当を割り振ることとなり、例えば、「法と秩序」に関しては連邦司法省とザクセン自由州が主に担当している。各州の権限がもともと大きいことを踏まえて、人的資源やノウハウを活用する手法である。目的達成に向けて、行政組織が連携と分担を柔軟に展開するのがドイツの特色といえる。

3　デジタル化の展望

　また、デジタル行政への期待を支えているのは市民と企業である。オンライン・アクセス法の実装の土台となるサービス基準は、ユーザー中心主義となる。そのため、デジタル化の成熟度に関して、ドイツでは以下のような段階的な指標が設けられている（表 12-1）[13]。

　現在、ドイツでは成熟度 3 に到達することがオンライン・アクセス法の目標に位置づけられている（Bogumil and Kuhlmann 2021, 109-110）。また、給付行政の分野では、「ノンストップ・ガバメント（No-Stop-Government）」を目指す試験的プロジェクトが進められている。例えば、2020 年 12 月に施行された

表 12-1　オンライン・アクセス法成熟度モデル

成熟度 0	情報をオンラインで利用できない状態
成熟度 1	情報の単なる電子的提供
成熟度 2	ダウンロード用の PDF 等の提供
成熟度 3	行政手続の完全な電子化
成熟度 4	ワンス・オンリーの原則（Once-only-Prinzip）

　出典：Peuker（2022, 281-282）および https://leitfaden.ozg-umsetzung.de/display/OZG/2.2+Digitale+Services+im+Sinne+des+OZG に基づいて筆者が作成。

家族手当の支給における行政手続のデジタル化に関する法律 [14] では、出生情報の提供、児童手当の申請および養育手当の申請という 3 項目の手続を「複合申請（Kombi-Antrag）」という様式でまとめて処理し、申請者の同意を得た上で電子データの送受信を可能にすることを目指している [15]。

Ⅲ　AI と行政

1　行政裁量の位置づけ

　ドイツの行政法においては、デジタル化をめぐる議論とともに、「AI と行政」も近時の大きなテーマの一つであり高度なテスト段階に入っている。具体的な運用形態として、特定の裁量判断（Ermessensentscheidung）において AI を利用することも推奨されつつある。

　「裁量」という言葉は耳慣れないワードかもしれないが、法律が行政機関に対して判断の余地を与え、判断や活動に一定の自由を認めていることを指している。わが国でも、許可や認可をはじめとする多くの行政行為の規律に裁量が組み込まれており、行政法学の考察対象の中で重要な位置を占めている。行政裁量の行使に関する AI の位置づけを行政法学のレンズを通して検証した場合どうなるか。ドイツの議論の概要を見ていく [16]。

2　ドイツにおける行政活動と AI

　実験的運用も含めて実状を概観すると、警察、建築規制および食品衛生の分野で AI の活用が模索されている。すでにバイエルンやヘッセンなど六つの州 [17] でアルゴリズムを用いた「予測警備（Predictive Policing）」が実施されており、事件発生前に現場付近に警察が到着することを目指している。また、画像認識ソフトを使って衛星画像のパターン認識を学習し、屋外エリアの違法建築物の発見を促進したり、トリップアドバイザーや Google の顧客評価を AI が分析して飲食店への検査訪問を促すことが検討されている（Tischbirek 2021, 313–314）。

　その一方で、一般的な行政判断の場面においては、連邦行政手続法（Verwaltungsverfahrensgesetz（VwVfG））35a 条が規律の柱となっている。この条文は、

2016年の課税手続の効率化を図る制度改定に歩調を合わせるかたちで新設された。「行政行為は、法規定（Rechtsvorschrift）が許容し、かつ裁量（Ermessen）と判断の余地が存在しない場合に限り、自動的な装置によって完全に発せられることができる」というこの新設条項の定めと連動して、税務と社会保障の分野で全自動的な処分の発令を可能とする条項が制定された[18]。

3　連邦行政手続法35a条の限界と課題

　一見すると、連邦行政手続法35a条は行政判断へのAIの関与についても意義深いように読める。しかし、AI技術の進歩を踏まえると、法制度上の課題や不十分な点がいくつか指摘されている。

　まず、この条項があくまでも宣言的な（deklaratorisch）規律にとどまる点が問題の発端となる。「決定過程を貫く（durchentscheiden）」利用であっても、少しでも人間が関わるなら連邦行政手続法35a条の文言からはAIの利用が制限されないからである（Tischbirek 2021, 318-319）。

　たしかに、特別法における個別の法規定が民主的な正当性を発揮し、行政のデジタル化における最初の手続的保障を確保し得ることは否定できない。その意味で、この条項は警告と制御の機能を持つといえる（Martini and Nink 2018, 1130）。

　しかし、AIを実際に活用するプロセスと照らし合わせると課題が浮き彫りになる。AIが長所を発揮するのは、人間の眼では見えにくい相関関係やパターンを、膨大なデータから高速かつ効率的に発見する場面である。こうした場面では、特に試行錯誤を重ねたシステムを使えば使うほど、判断権を持つ者がアルゴリズムに基づく推奨に従って決定するようになるだろう。人間が介在しているという形式面から見れば、これは発令の完全自動化ではない。そのため、連邦行政手続法35a条の規律の対象外となってしまう。行政の判断過程の実情に照らして、AIにコントロールされた（KI-gesteuert）行政行為のリスクを踏まえた法規制が必要となってくる（Tischbirek 2021, 321）。

　また、こうした議論と並行して、学習型AIの場合、自己拘束性という理念の出発点の正しさが問題として浮上する。すなわち、AIの学習の進展に伴い理論構成が変化し動的に最適化されていくが、データの追加に応じてパ

ターンと相関関係を新たに計算し直す過程で、裁量の法的問題が生じるのである。

　例えば食品衛生管理の場面を考えてみよう。評価対象となった飲食店がいったんは問題なしと判定されたにもかかわらず、ほんの数日後に、アルゴリズムの変化によって立入検査を推奨されるという事態も起こり得る（Tischbirek 2021, 323）。こうした最終的な計算結果を直視すると、平等原則との緊張関係も生まれてくる。ただ、その一方で、アルゴリズムの動的な変化によって最適な判断が算出されるならば、利活用は正当化され得る。その意味で、裁量的 AI の法的評価においては、そのシステムが合理的な結果をもたらすか否かが重要性を帯びてくる。

　AI は、膨大なデータを常に高速で再構成し、相関関係とパターンを可視化することから、裁量権の行使の際に AI が創造的な力を持つことになる（Tischbirek 2021, 328）。そのため、技術上のメリット・デメリットを事前に評価し、利活用の指標を提示するのは立法府の使命であるともいえよう。人間と機械の相互作用を包括的に評価することで、裁量判断の違法性を判断していくことが必要となる[19]。

IV　行政計画策定におけるコロナ対応

1　計画保証法（Planungssicherstellungsgesetz）の背景

　三つ目のドイツの実例として、行政計画の策定に関するコロナ対応を取り上げる。新型コロナウイルス感染症の拡大と予防対策の広がりは、行政計画の策定と承認のプロセスに対して新たな課題を突き付けた。感染症のパンデミックが広がるにつれて、ドイツ全土で市庁舎や役場が閉鎖され、人々の公共的アクセスに重大な制約が課せられるようになった（Arndt, Fischer and Heyn 2020, 910）。「このウイルスは、過去 200 年間に経験した中で最も過激な減速剤（der radikalste Entschleuniger）である」という指摘[20]に象徴される状況の中で、法的保護の確保への模索が始まった。さまざまな法分野で対応が進められたが、その代表が計画保証法（Gesetz zur Sicherstellung ordnungsgemäßer Planungs- und Genehmigungsverfahren während der COVID−19−Pandemie（Planungssicherstellungsgesetz - PlanSiG）21）COVID-19 流行時における秩序ある計画手続と認可手続の保証のための法律）である。

2 計画保証法の内容と実効性

　計画保証法は、2020 年 5 月に 2021 年 3 月 31 日までの限時法として制定された 22）。ドイツ連邦政府と議会が感染拡大にいち早く対応したことは、特筆に値する。行政計画の手続が直面した問題は、市民参加の要点となる申請書類の公開に関するものであった。インフラ整備や改修についてどのような建設計画が進んでいるか知ることが、近隣住民などの関係者にとって非常に重要だからである。各種文書へのアクセスをどのように保証するか、庁舎内の執務室の外での供覧は可能なのか、接触制限がある中ですべての法的要件が充足されるように手続をどのように整理すべきかといった問題点が指摘された（Wysk 2020, 905）。この問題に対して、計画保証法はインターネット上の公開への置き換えについて明文の根拠を設けるとともに、インフラ計画の事業主体の営業機密に関する異議申立てを制度化することで、利害関係者の法的利益を保護することとした（2 条 1 項・2 項、3 条 1 項）。

　また、住民参加の確保に関しては、オンライン審議（Online-Konsultation）が定められた（5 条）。住民や利害関係人からの意見聴取と異議申立てをオンラインで実施する法的根拠を確立したのである。行政計画を策定する過程で審理や議論を行う場として、従来ドイツでは討議期日（Erörterungstermin）などの手続があった。多数の人々が集合せずに議論を行うために、インターネットを経由した情報提供と書面での意見表明を法律が定めたのである。また、ビデオ会議による実施も可能とされた。

　計画保証法の実績として、例えば、ドイツ鉄道では 2020 年に約 30 の手続が停止するのを防ぐことができた。具体的には、騒音防止用の防音壁、鉄道高架橋および S バーン（都市近郊鉄道）の改修工事と新築工事が進捗しており、ビデオ会議や会議の一般公開も行われた（Stüer 2021, 648）。

　こうしたオンラインの活用に対しては、インターネットにアクセスできない市民やテクノロジーとの接触に不安を感じる市民の利益保護を問題視する意見がある（Stüer 2021, 648）。たしかに、2021 年時点でドイツ国内の約 95 パ

ーセントの世帯が帯域クラス毎秒 50 メガビット以上のブロードバンドを利用できている [23) ことから懸念は少ないとも言えるが、文字を主体とする手続が広がることによって議論と審議の機会が少なくなることには注意を要する。ビデオ会議の拡充などにより、市民が可能な限り意思決定プロセスに参加し手続保障を確保していくことが重要である。

おわりに

　ここまで近時のドイツにおける動きを概説してきた。これらの実例を踏まえて、変革期の行政法のあり方を読者はどのように捉えたであろうか。最後に、行政法の未来を見据えた展望を、二つの視点から筆者なりにまとめておきたい。

1　理論的枠組みの再構成

　一つ目は、理論的枠組みの再構成である。従来の行政法理論では、手続保障と透明性確保が制度設計の指標として主に機能してきた。透明性確保に関してわが国の行政手続法 1 条 1 項は、「行政上の意思決定について、その内容および過程が国民にとって明らかであること」と定義している。これらの視点は行政法理論の精緻化に大きく貢献しており、これからもその重要性は変わらない。

　今後はさらに、受容とバランス調整というキーワードを組み込むことが有効だと考える。「受容（Akzeptanz）」は、ドイツにおける住民参加の議論で近時着目されている要素である（Zeccola 2019, 100–102）。国民や市民が手続に参加し、あるいは参加する機会を整備することで行政判断に対する人々の心構えが形成されていく点を重視している。実際には、情報提供・住民意思の尊重といった構成要素を束ねるかたちで機能すると考える。従来の透明性確保を動態的に捉えているとも言えよう。また、バランス調整もしばしばドイツで示されている要素である（Zeccola and Augsten 2022, 447–448）。多数の利害関係者が絡み合う中で、特定の判断に迫られるのが行政である。行政計画に関して言えば、早期の情報提供によって関係者が対等な立場で向き合う機会を

整えることが重要であろう。受容とバランス調整を理論の要素に組み込むことで、行政に対する信頼の確保と向上にもつながる。もとより、ドイツと日本は行政組織や統治構造が異なり、社会情勢にも相違点がある。しかし、理論構成の淵源がドイツであることを踏まえると、そこで展開されている議論で導き出された理念は、わが国でも有効に機能すると考える。

2　隣接領域や行政実務との連携

　もう一つは、隣接領域や実務との連携である。ドイツを代表する行政法の学術雑誌『Die Verwaltung』の副題は「Zeitschrift für Verwaltungsrecht und Verwaltungswissenschaften（行政法と行政学に関する雑誌）」であり、行政法学と行政学は複合的に捉えられている。日本においても 1990 年代頃から両者の協力と調和に関する議論が徐々に高まっている [24]。また、都市行政の領域では、法学と政治学の連携も活発化している [25]。ドイツの例で掲げた AI だけでなく、環境問題、住宅やインフラの整備、治水と水利用、災害対策と安全保障、スマートシティやドローンの活用をはじめとする情報法、現代型訴訟などの都市行政の課題を解決するには、行政法理論だけでは限界がある。行政学や政治学にとどまらず、公共政策学・公共経済学など行政にまつわる学術領域は多岐に及ぶ [26]。行政裁量の枠内で最適な判断を行うメカニズムを考えていく際には、法学的視点も有用であろう。さらに、実際に行政実務に携わる人々が直面している課題や発想も重要である。官庁や役所だけでなく、国会・地方議会といった立法組織、さらには個別の行政運営に利害を持つ人々との継続的な協力と協働も必要である。バランス調整や受容といった新たな指標を念頭に置いた議論を展開することで、行政法学が貢献できる場面が増えていくのではないか。学術と実務の垣根を越えて、関連する領域が協力して知恵を出し合うことが変革期に必要であると考える。

1)　政府が管理する「e-Gov」サイト上に登録されている法律の数は、2022 年 8 月 31 日時点で 2,088 件にのぼる。
2)　織田（1895）。この著作は、当時のフランス行政法学のスタンダードをほぼ網羅している（橋本 2020, 8）。

3）　美濃部（1903）と上杉（1904）がその代表である。

4）　行政による補助金制度においては、特定の法律を根拠とするのではなく、予算に基づいて金銭給付が行われることがある。その意味で「法律の留保」が及ぶ範囲に議論があるが、ここでは法律の役割を把握するため基本的な概要を示した。

5）　正式名称は「空家等対策の推進に関する特別措置法」であり、2014 年 11 月 27 日に公布された。

6）　もっとも、民法や刑法においても法改正や制度改定によって社会問題の解決が効果的に行われている。また、刑事法領域では刑事政策という分野もある。学術領域における比重の相違としての一つの見方をここでは示した。

7）　この項の論旨は、主に Guckelberger（2021, 566）を参考にしている。

8）　Vom 14. 8. 2017（BGBl. I S. 3122, 3138）.

9）　国際連合における 2020 年の電子政府発展度指標（E-Government Development Index: EGDI）では、日本は第 14 位、ドイツは第 25 位であった。また、欧州連合の電子政府ベンチマーク（eGovernment Benchmark 2022）では 35 か国中 21 位であり、隣接するオーストリア、オランダ、ベルギーおよびフランスを下回っている。

10）　Die Corona-Pandemie als Stresstest für die öffentliche Verwaltung, https://initiatived21.de/ag-blog-die-corona-pandemie-als-stresstest-fuer-die-oeffentliche-verwaltung/（2022 年 8 月 31 日閲覧）。

11）　IT-Planungsrat（IT 計画評議会）, „Die Umsetzung des Onlinezugangsgesetzes（OZG）.“ https://www.it-planungsrat.de/foederalezusammenarbeit/ozg-umsetzung（2022 年 8 月 31 日閲覧）。

12）　IT-Planungsrat, „So geht Zukunft. Digital“, https://www.it-planungsrat.de/fileadmin/it-planungsrat/der-it-planungsrat/fachkongress/fachkongress_2021/Tag_2_Kommunaleverwaltung_weiterdenken.pdf（2022 年 8 月 31 日閲覧）。

13）　IT-Planungsrat, "OZG-Reifegradmodell" https://leitfaden.ozg-umsetzung.de/display/OZG/2.2+Digitale+Services+im+Sinne+des+OZG（2022 年 8 月 31 日閲覧）。

14）　Gesetz zur Digitalisierung von Verwaltungsverfahren bei der Gewährung von Familienleistungen（BGBl I 2020, 2668）.

15）　BT-Drs. 19/21987.

16）　ここでは、AI（人工知能）の意義に関しては、「知的な機械、特に、知的なコンピュータプログラムを作る科学と技術」（『平成 28 年版・情報通信白書』233 頁）や「大量の知識データに対して、高度な推論を的確に行うことを目指したもの」（『人工知能学会設立趣意書』（1990 年））という概括的概念を念頭に置いて論を進めていく。

17）　バーデン＝ヴュルテンベルク、バイエルン、ヘッセン、ニーダーザクセン、ノルトライン＝ヴェストファーレンおよびベルリン都市州での実施が確認されている（Knobloch 2018, 13）。

18）　公課法（Abgabenordnung（AO））155 条 4 項と社会法典（Sozialgesetzbuch（SGB））10 編 31a 条が、これに当てはまる（Tischbirek 2021, 317）。一連のドイツの全自動化立法に関しては、須田（2019, 1）が詳細に分析している。

19) 今後は「AIのアルゴリズムを説明してもらう権利」に関しても議論と検討が必要で
あろう（岡田 2020, 103）。行政と AI の関わり方についての近時の論稿として、横田
（2019, 9）と松尾（2019, 121）がある。

20) Interview mit dem Soziologen Hartmut Rosa über Covid-19, Der Tagesspiegel, 24.3.2020. https://
www.tagesspiegel.de/politik/soziologe-hartmut-rosa-ueber-covid-19-das-virus-ist-der-radikalste-entschl
euniger-unserer-zeit/25672128.html（2022 年 8 月 31 日閲覧）。

21) Vom 20. 5. 2020（BGBl. I S. 1041）.

22) 現在は、1 条から 5 条までの効力が 2022 年 12 月 31 日までとされ、それ以外の効力
は 2027 年 9 月 30 日をもって終了するとされている（現行の 7 条 2 項）。

23) Bundesministerium für Verkehr und digitale Infrastruktur（連邦交通・インフラ省）公式ウ
ェブサイト https://www.bmvi.de/SharedDocs/DE/Artikel/ZukunftBreitband/breitbandatlas-langb
ericht.html（2022 年 8 月 31 日閲覧）。

24) 行政法学者の視点による 1990 年代の検討として阿部（1994, 25）がある。また、
2000 年代においては、石森（2001, 95）などがある。

25) 久松弥生編（2019）の各論稿を参照。

26) 公共経済学と行政学との関わりについては、小西（1999, 1 以下）を参照。

参考文献

阿部泰隆（1994）「行政学と行政法学の対話」『年報行政研究』1994 巻 29 号、25 以下。

石森久広（2001）「総合管理学と行政法学の対話〈素描〉──「効率」「政策」「協働」を
素材として」『アドミニストレーション』8 巻 1・2 号、95 以下。

上杉慎吉（1904）『行政法原論』有斐閣。

岡田安功（2020）「「AI のアルゴリズムを説明してもらう権利」について」『静岡大学教育
研究』16 巻、103 以下。

織田萬（1895）『日本行政法論』六石書房。

小西砂千夫（1999）「公共経済学・財政学研究における行政学との接点について──政府
活動の根拠、国と地方の関係、予算制度」『産研論集』26 号、1 以下。

佐々木惣一（1952）『日本国行政一般法論（一）』有斐閣。

人工知能学会（1990）『人工知能学会設立趣意書』。

須田守（2019）「処分全自動発布手続と調査義務」『法学論叢』184 巻 4 号、1 以下。

総務省（2016）『平成 28 年版・情報通信白書』。

橋本博之（2020）「明治近代化と行政法学──織田萬『日本行政法論』をめぐって」大橋
洋一・仲野武志編『法執行システムと行政訴訟──髙木光先生退職記念論文集』弘文堂、
3 以下。

久松弥生編（2019）『都市行政の最先端──法学と政治学からの展望』日本評論社。

藤田宙靖（2005）（初出 1983）「行政と法」藤田宙靖『行政法の基礎理論（上）』有斐閣、
3 以下。

松尾剛行（2019）「都市行政と AI・ロボット活用」久松弥生編『都市行政の最先端──法

学と政治学からの展望』日本評論社、121 以下。

オット・マイヤー原著（1903）美濃部達吉訳『独逸行政法』東京法学院。

横田明美（2019）「行政による AI の利活用と行政法学の課題」自治実務セミナー 2019 年
1 月号、9 以下。

Arndt, Malte, Maximilian Fischer and Benjamin Heyn（2020）„Bauleitplanverfahren nach dem Pla-
nungssicherstellungsgesetz（PlanSiG）," *NVwZ* 2020, 910.

Bogumil, Jörg and Sabine Kuhlmann（2021）„Digitale Transformation in deutschen Kommunen – Das
Beispiel der Bürgerämter und was man daraus lernen kann," *Die Verwaltung* 54, 105.

Guckelberger, Annette（2021）„Automatisierte Verwaltungsentscheidungen: Stand und Perspektiven,"
DÖV 2021, 566.

Knobloch, Tobias（2018）*Vor die Lage kommen: Predictive Policing in Deutschland – Chancen und Ge-
fahren datenanalytischer Prognosetechnik und Empfehlungen für den Einsatz in der Polizeiarbeit*, 13.

Martini, Mario and David Nink（2018）„Subsumtionsautomaten ante portas? - Zu den Grenzen der Au-
tomatisierung in verwaltungsrechtlichen（Rechtsbehelfs-）Verfahren," *DVBl* 2018, 1128.

Nationaler Normenkontrollrat（NKR）（2020）*Krise als Weckruf*, Jahresbericht, 24.

Nationaler Normenkontrollrat（NKR）（2021）*Monitor Digitale Verwaltung #6*, 2.

Peuker, Enrico（2022）„Die Digitalisierung der Kommunalverwaltung," *DÖV* 2022, 275.

Rüscher, Daniel（2017）„Der digitale Zugang der Bürger zum Staat durch das Onlinezugangsgesetz,"
Deutsches Verwaltungsblatt 132（24）, 1530.

Stüer, Bernhard（2021）„23. Planungsrechtstag und Luftverkehrsrechtstag 2021," *DVBl* 2021, 647.

Tischbirek, Alexander（2021）„Ermessensdirigierende KIZum Einsatz intelligenter Systeme in der ermes-
sensermächtigten Verwaltung," *ZfDR* 2021, 307.

Wysk, Peter（2020）„Planungssicherstellung in der COVID-19-Pandemie," *NVwZ* 2020, 905.

Zeccola, Marc（2019）„Die Akzeptanz im Verwaltungsverfahren – Ein Beitrag zur Aufwertung der
Akzeptanz als Rechtmäßigkeitsvoraussetzung," *DÖV* 2019, 100.

Zeccola, Marc and Laura Augsten（2022）„Der verwaltungsrechtliche Erörterungstermin – vom Herz-
stück zum Hindernis zeitgemäßer Öffentlichkeitsbeteiligung?," *DÖV* 2022, 442.

第13章 情報プライバシーの法的保護

斉藤邦史

はじめに

　プライバシーとはなにか。最近の最高裁判決を担当した調査官は、「プライバシー概念については様々な見解があるが、従前の判例（最二小判平成15・3・14民集57巻3号229頁、最二小判平成15・9・12民集57巻8号973頁等）に照らせば、プライバシーは、判例実務上、他人に知られたくない私生活上の事実又は情報をみだりに公開されない利益又は権利であると理解されているものと解される」との総括を試みている（村田 2021）。

　これは、多くの人々の直観とも整合する簡明な定式化であり、法的な評価としてもそれなりの説得力があるようにも感じられる。しかし、よく考えると、なお未解決の問題があることに気づかされる。

　第一に、「公開」とはなにか。公に開示すること、すなわち公表が該当することは間違いないとしても、特定少数の第三者だけに情報が開示された場合は、ここでいう「公開」に含まれるのだろうか（もちろん、含まれる、とする用語法もあり得る。最判昭和56年4月14日民集35巻3号620頁参照）。仮に含まれないとすると、特定少数の第三者に対する情報開示は、プライバシーの侵害にはなり得ないのだろうか。

　第二に、「私生活上の事実又は情報」とはなにか。もちろん、「プライバシー」という単語には「私的」という意味が含まれるから、「私生活」という限定を付すこと自体には相応の理由がある。しかし、そうだとすると、「私生活」とはなにか、という検討がさらに必要になるから、そこにはいわば先送りされた問題が残っている。たとえば、ある人が刑事裁判で有罪判決を受

けたという事実（いわゆる前科）は、「私生活上の事実」だろうか。あるいは、企業のデータベースからある人の氏名が漏えいしたとして、氏名は「私生活上の情報」に該当するだろうか。さらに、前科と氏名が、いずれも「他人に知られたくない」と感じられるとしても、「知られたくない」理由は同じだろうか。知られること自体に苦痛を感じる内容の情報と、悪用されない限り内容を知られること自体では実害が想定しがたい情報とを、区別する必要はないだろうか。

　以上のような問題意識から、プライバシーの侵害に関する最高裁の判例については、2つの系列に分類する見方も主張されている。ここでいう2つの系列とは、「1つは『プライバシーに属する情報』を公表する行為について比較衡量で判断するものであり、いま1つは、本人が任意に提供した『プライバシーに係る情報』を特定第三者に開示する行為について、比較衡量を経ることなく、無断での開示を原則として違法とするものである」（曽我部2021）。この分類は、先にみたようないくつかの問いに、一定の解答を試みる枠組みである。

　本章では、この枠組みに依拠して、「自律としてのプライバシー」と「信頼としてのプライバシー」を対比する立場から、最高裁の判例法理を考察したい。

I　「自律」としてのプライバシー

　最高裁が、プライバシーに「属する」情報（事実）という表現を用いた判例では、内容が機微にわたる、センシティブな情報の取り扱いが問題となっている。以下では、印刷物の出版による公表とインターネット上の発信に関する近時の最高裁判例を紹介することで、具体的な判断の手法を検討する。

1　印刷物の出版──家庭裁判所調査官論文事件（最判令和2年10月9日民集74巻7号1807頁）

①事案の概要

　X（当時17歳）は、ナイフをリュックサックの中に入れて持ち歩いたとい

う非行事実に係る銃砲刀剣類所持等取締法違反保護事件（「本件保護事件」）について家庭裁判所に送致されたが、不処分により終了した。Xは、先天的な発達障害の一種であるアスペルガー症候群（「本件疾患」）の診断を受けていた。

　Y1は、家庭裁判所において勤務していたが、本件保護事件を題材とした論文（「本件論文」）を執筆した。Y1は、本件論文の執筆に当たり、症例報告としての学術的意義が弱まることを懸念し、本件疾患の診断基準に合致するエピソードをそのまま記載していた。また、本件論文には、対象少年の家庭環境や生育歴に関して具体的な記載がされ、学校生活における具体的な出来事も複数記載されていた。

　本件論文には、対象少年の非行事実の態様、母親の生育歴、小学校における評価、家庭裁判所への係属歴および本件保護事件の調査における知能検査の状況に関する記載部分があり、これらの記載部分には、対象少年である被上告人のプライバシーに属する情報（「本件プライバシー情報」）が含まれていた。

　Xは、この公表等によりプライバシーを侵害されたなどと主張して、Y1、雑誌出版社Y2および書籍出版社のY3に対し、不法行為に基づく損害賠償を求めた。

②判旨

　「プライバシーの侵害については、その事実を公表されない法的利益とこれを公表する理由とを比較衡量し、前者が後者に優越する場合に不法行為が成立するものと解される（最高裁平成元年（オ）第1649号同6年2月8日第三小法廷判決・民集48巻2号149頁、最高裁平成12年（受）第1335号同15年3月14日第二小法廷判決・民集57巻3号229頁）。そして、本件各公表がXのプライバシーを侵害したものとして不法行為法上違法となるか否かは、本件プライバシー情報の性質及び内容、本件各公表の当時におけるXの年齢や社会的地位、本件各公表の目的や意義、本件各公表において本件プライバシー情報を開示する必要性、本件各公表によって本件プライバシー情報が伝達される範囲とXが被る具体的被害の程度、本件各公表における表現媒体の性質など、本件プライバシー情報に係る事実を公表されない法的利益とこれを公

表する理由に関する諸事情を比較衡量し、本件プライバシー情報に係る事実を公表されない法的利益がこれを公表する理由に優越するか否かによって判断すべきものである」。

「……家庭裁判所調査官は、裁判所の命令により、少年の要保護性や改善更生の方法を明らかにするため、少年、保護者又は関係人の行状、経歴、素質、環境等について、医学、心理学、教育学、社会学その他の専門的智識を活用して調査を行う（同法8条2項、9条）のであって、その調査内容は、少年等のプライバシーに属する情報を多く含んでいるのであるから、これを対外的に公表することは原則として予定されていないものというべきである」。

「本件プライバシー情報は、Xの非行事実の態様、母親の生育歴、小学校における評価、家庭裁判所への係属歴及び本件保護事件の調査における知能検査の状況に関するものであるところ、これらは、いずれも本件保護事件における調査によって取得されたものであり、上記規定の趣旨等に鑑みても、その秘匿性は極めて高い。また、Xは、本件公表の当時、19歳であり、その改善更生等に悪影響が及ぶことのないように配慮を受けるべき地位にあった。さらに、本件保護事件の性質や処分結果等に照らしても、Xにおいて、本件保護事件の内容等が出版物に掲載されるといったことは想定し難いものであったということもできる」。

「他方において、本件掲載誌における論文特集の趣旨は、本件疾患の臨床知識を共有することをもって、研究活動の促進を図るとともに、本件疾患に対する正しい理解を広めることにあったところ、上告人Y1は、このような論文特集のための公募に応じ、本件保護事件を題材とした本件論文を執筆したものである。上告人Y1は、社会の関心を集めつつあった本件疾患の特性が非行事例でどのように現れるのか、司法機関の枠組みの中でどのように本件疾患を有する者に関わることが有効であるのかを明らかにするという目的で本件論文を執筆しており、その内容が上記論文特集の趣旨に沿ったものであったこと、本件各公表が医療関係者や研究者等を読者とする専門誌や専門書籍に掲載する方法で行われたこと等に鑑み、本件各公表の目的は重要な公益を図ることにあったということができる。そして、精神医学の症例報告を内容とする論文では、一般的に、患者の家族歴、生育・生活歴等も必須事項

として正確に記載することが求められていたというのであり、本件論文の趣旨及び内容に照らしても、本件プライバシー情報に係る事実を記載することは本件論文にとって必要なものであったということができる」。

　「また、本件論文には、対象少年やその関係者を直接特定した記載部分はなく、事実関係の時期を特定した記載部分もなかったのであり、上告人Y1は、本件論文の執筆に当たり、対象少年であるXのプライバシーに対する配慮もしていたということができる」。

　「……本件論文に記載された事実関係を知る者の範囲は限定されており、本件論文が医療関係者や研究者等を読者とする専門誌や専門書籍に掲載するという方法で公表されたことからすると、本件論文の読者が対象少年をXと同定し、そのことからXに具体的被害が生ずるといった事態が起こる可能性は相当低かったものというべきである」。

　「以上の諸事情に照らすと、本件プライバシー情報に係る事実を公表されない法的利益がこれを公表する理由に優越するとまではいい難い。したがって、本件各公表がXのプライバシーを侵害したものとして不法行為法上違法であるということはできない」。

③検討

　（ア）プライバシーに「属する」情報

　本判決は、「プライバシーに属する情報」を「プライバシー情報」と略称したうえで、Xの「非行事実の態様、母親の生育歴、小学校における評価、家庭裁判所への係属歴及び本件保護事件の調査における知能検査の状況」に関するプライバシー情報について、「その秘匿性は極めて高い」としている。

　一連の最高裁判例におけるプライバシーに「属する」情報という概念は、憲法学説で主張される「プライバシー固有情報」に照応しているようにも見受けられる。「プライバシー固有情報」は、「思想・信条・精神・身体に関する基本情報、重大な社会的差別の原因となる情報」と説明される。このような情報について手厚い保護が主張される背景には、プライバシーを人格的な「自律」の要件と位置付ける考え方がある（佐藤 2008）。なお、最判平成26年3月24日判時2297号107頁は、「神経科の医院への通院、その診断に係

る病名、神経症に適応のある薬剤の処方等を内容とする」「精神的健康（い
わゆるメンタルヘルス）に関する情報」を、「プライバシーに属する情報」と
表現している。

（イ）比較衡量論

　最高裁は、殺人等の事件で起訴された未成年者に関する雑誌記事が問題と
なった長良川推知報道事件判決（最判平成 15 年 3 月 14 日民集 57 巻 3 号 229
頁）で、「プライバシーの侵害については、その事実を公表されない法的利
益とこれを公表する理由とを比較衡量し、前者が後者に優越する場合に不法
行為が成立する」との判断基準を示していた。このとき、具体的な比較衡量
に際しては、「本件記事が週刊誌に掲載された当時の被上告人の年齢や社会
的地位、当該犯罪行為の内容、これらが公表されることによって被上告人の
プライバシーに属する情報が伝達される範囲と被上告人が被る具体的被害の
程度、本件記事の目的や意義、公表時の社会的状況、本件記事において当該
情報を公表する必要性など、その事実を公表されない法的利益とこれを公表
する理由に関する諸事情を個別具体的に審理し、これらを比較衡量して判断
することが必要である」とされた。

　これに先立つノンフィクション「逆転」事件判決（最判平成 6 年 2 月 8 日
民集 48 巻 2 号 149 頁）では、最高裁は「プライバシー」には言及しておらず、
「公表されない法的利益」の具体的な内容を、「前科等にかかわる事実の公表
によって、新しく形成している社会生活の平穏を害されその更生を妨げられ
ない利益」としたうえで、「前科等にかかわる事実を公表されない法的利益
が優越するとされる場合」という判断基準が示されていた。学説には、この
ような「更正を妨げられない利益」を、プライバシーとは異質なものと考え
る立場も根強い（木村 2021）。

　しかし、長良川推知報道事件判決は、「逆転」事件判決を参照してその判
断基準を敷衍しながらも、これを「プライバシーに属する情報」の公表一般
に拡張した定式として位置付けたものと理解されている。以降、「プライバ
シーに属する情報」の公表に関する事例では、プライバシー侵害の成否を判
断する基準として、比較衡量が定着している。

（ウ）「自律」としてのプライバシー

本判決は、Yによる各公表の目的は、「重要な公益を図ることにあった」としたうえで、「本件プライバシー情報に係る事実を記載することは本件論文にとって必要なものであった」と評価している。そして、「本件論文の読者が対象少年をXと同定し、そのことからXに具体的被害が生ずるといった事態が起こる可能性は相当低かった」ことに言及し、「本件プライバシー情報に係る事実を公表されない法的利益がこれを公表する理由に優越するとまではいい難い」として、不法行為の成立を否定した。

最高裁は、Xに生じ得た「具体的被害」の可能性として、「X又はXと面識のある者等が、本件論文又は本件書籍を読んで、対象少年をXと同定し、本件各公表がXの改善更生に悪影響」を及ぼすような事態を想定したようである。すなわち、本件で検討の対象とされた「プライバシー」は、社会的差別により生き方の自己決定を妨げられるべきではない、という意味での「自律」に関わるものであり、その性質は人格権または人格的利益ということができる。

もっとも、学説の中には、「調査官がその職務を行うには、少年本人から極めて機微にわたる情報を聞き出す必要がある」ことに注目し、「本判決の事例は、早稲田大学名簿提出事件以上に、信頼違反が本質的な問題」と評価して、「もし信頼関係の破壊が本件における不法行為の本質であれば、本件においては不法行為の成立を認めるべきではなかったか」と疑問を提起する見解もみられる（森脇 2021）。しかし、Y1がプライバシー情報に接したのは、裁判所の職員としての立場に基づくものであり、少なくとも本件で認定された事実の範囲内では、Xが個人としてのY1を信頼して情報を開示する立場にあったと評価すべき具体的な根拠には乏しいように思われる。

2　インターネット上の情報発信──ツイッター事件（最判令和4年6月24日裁判所ウェブサイト（令和2年（受）第1442号））

①事案の概要

Xは、旅館の女性用浴場の脱衣所に侵入したとの被疑事実で逮捕され、建造物侵入罪により罰金刑に処せられた。Xが上記被疑事実で逮捕された事実

（「本件事実」）は、逮捕当日に報道され、その記事が複数の報道機関のウェブサイトに掲載された。本件各ツイートは、いずれも上記の報道記事の一部を転載したものである。

　Ｘは、プライバシーに属する事実をみだりに公表されない利益等が侵害されていると主張して、ツイッターを運営する被上告人に対し、人格権ないし人格的利益に基づき、本件各ツイートの削除を求めた。

②判旨

　「個人のプライバシーに属する事実をみだりに公表されない利益は、法的保護の対象となるというべきであり、このような人格的価値を侵害された者は、人格権に基づき、加害者に対し、現に行われている侵害行為を排除し、又は将来生ずべき侵害を予防するため、侵害行為の差止めを求めることができるものと解される（最高裁平成13年（オ）第851号、同年（受）第837号同14年9月24日第三小法廷判決・裁判集民事207号243頁、最高裁平成28年（許）第45号同29年1月31日第三小法廷決定・民集71巻1号63頁参照）」。

　「そして、ツイッターが、その利用者に対し、情報発信の場やツイートの中から必要な情報を入手する手段を提供するなどしていることを踏まえると、上告人が、本件各ツイートにより上告人のプライバシーが侵害されたとして、ツイッターを運営して本件各ツイートを一般の閲覧に供し続ける被上告人に対し、人格権に基づき、本件各ツイートの削除を求めることができるか否かは、本件事実の性質及び内容、本件各ツイートによって本件事実が伝達される範囲と上告人が被る具体的被害の程度、上告人の社会的地位や影響力、本件各ツイートの目的や意義、本件各ツイートがされた時の社会的状況とその後の変化など、上告人の本件事実を公表されない法的利益と本件各ツイートを一般の閲覧に供し続ける理由に関する諸事情を比較衡量して判断すべきもので、その結果、上告人の本件事実を公表されない法的利益が本件各ツイートを一般の閲覧に供し続ける理由に優越する場合には、本件各ツイートの削除を求めることができるものと解するのが相当である」。

　「原審は、上告人が被上告人に対して本件各ツイートの削除を求めることができるのは、上告人の本件事実を公表されない法的利益が優越することが

明らかな場合に限られるとするが、被上告人がツイッターの利用者に提供している
しているサービスの内容やツイッターの利用の実態等を考慮しても、そのように解することはできない」。

「本件事実は、他人にみだりに知られたくない上告人のプライバシーに属する事実である。他方で、本件事実は、不特定多数の者が利用する場所において行われた軽微とはいえない犯罪事実に関するものとして、本件各ツイートがされた時点においては、公共の利害に関する事実であったといえる。しかし、上告人の逮捕から原審の口頭弁論終結時まで約8年が経過し、上告人が受けた刑の言渡しはその効力を失っており（刑法34条の2第1項後段）、本件各ツイートに転載された報道記事も既に削除されていることなどからすれば、本件事実の公共の利害との関わりの程度は小さくなってきている。また、本件各ツイートは、上告人の逮捕当日にされたものであり、140文字という字数制限の下で、上記報道記事の一部を転載して本件事実を摘示したものであって、ツイッターの利用者に対して本件事実を速報することを目的としてされたものとうかがわれ、長期間にわたって閲覧され続けることを想定してされたものであるとは認め難い。さらに、膨大な数に上るツイートの中で本件各ツイートが特に注目を集めているといった事情はうかがわれないものの、上告人の氏名を条件としてツイートを検索すると検索結果として本件各ツイートが表示されるのであるから、本件事実を知らない上告人と面識のある者に本件事実が伝達される可能性が小さいとはいえない。加えて、上告人は、その父が営む事業の手伝いをするなどして生活している者であり、公的立場にある者ではない」。

「以上の諸事情に照らすと、Xの本件事実を公表されない法的利益が本件各ツイートを一般の閲覧に供し続ける理由に優越するものと認めるのが相当である。したがって、Xは、Yに対し、本件各ツイートの削除を求めることができる」。

③検討

（ア）検索事業者の先例

最高裁は、グーグル事件決定（最決平成29年1月31日民集71巻1号63頁）

で、「児童買春をしたとの被疑事実に基づき逮捕された」という事実は、「プライバシーに属する事実である」としたうえで、検索事業者による検索結果提供行為の違法性については、「当該事実を公表されない法的利益と当該URL等情報を検索結果として提供する理由に関する諸事情を比較衡量して判断すべき」としていた。ここでいう比較衡量は、長良川推知報道事件判決を踏襲したものだが、他方で削除請求の要件としては、「当該事実を公表されない法的利益が優越することが明らかな場合には、検索事業者に対し、当該URL等情報を検索結果から削除することを求めることができる」として、いわゆる「優越の明白性」を求めていた。

　このような判断基準を導いた背景として、グーグル事件決定は、検索事業者による「情報の収集、整理及び提供」について、「プログラムにより自動的に行われるものの、同プログラムは検索結果の提供に関する検索事業者の方針に沿った結果を得ることができるように作成されたものであるから、検索結果の提供は検索事業者自身による表現行為という側面を有する」と評価した。また、検索事業者による検索結果の提供については、「現代社会においてインターネット上の情報流通の基盤として大きな役割を果たしている」ことを指摘し、特定の検索結果の削除は、「一貫性を有する表現行為の制約であることはもとより、検索結果の提供を通じて果たされている上記役割に対する制約でもある」としている。

　検索結果の提供を、「プライバシーに属する事実」の公表、すなわち「検索事業者自身による表現行為」と整理することは、必ずしも自明ではない（高橋 2019）。グーグル事件決定は、検索結果の削除請求を、あえて「人格的な権利利益と検索事業者の表現行為の制約との調整」（髙原 2017）という図式に引き寄せて構成することで、長良川推知報道事件判決で示された比較衡量の手法を継承したといえる。

（イ）「優越の明白性」基準の不採用

　グーグル事件決定で採用された「優越の明白性」基準は、削除請求が認容される場合を絞り込むものであるから、長良川推知報道事件で示された基準よりも表現の自由を手厚く保護する結果を導く。その根拠については、「差

止請求や削除請求の場合は、事後的な損害賠償請求の場合とは基準が異なる」（髙部 2017）という理解や、「検索事業者は検索結果の元記事についての詳細な情報をもたないという特殊性を考慮したもの」（曽我部 2018）との理解も有力に主張されていた。

本件の原判決（東京高判令和 2 年 6 月 29 日判時 2462 号 14 頁）は、「ツイッターは、その検索機能と併せて、現代社会においてインターネット上の情報流通の基盤として大きな役割を果たしているということができる」との評価に基づき、「ツイッター上の投稿記事の削除を求めることができるのは、比較衡量の結果、当該事実を公表されない法的利益が優越することが明らかな場合に限られる」として、グーグル事件決定を踏襲して「優越の明白性」基準を採用していた。

これに対して、本判決は、「ツイッターの利用者に提供しているサービスの内容やツイッターの利用の実態等を考慮しても、そのように解することはできない」との理由により原判決を破棄し、「優越の明白性」基準を採用しなかった。このような判示は、グーグル事件決定の「優越の明白性」基準が、「インターネット上の情報流通の基盤」という検索エンジンに固有の役割によるものという理解（鈴木 2017 など）に親和的と受け止められているように思われる（曽我部 2022）。

（ウ）人格権と人格的利益

本判決は、「個人のプライバシーに属する事実をみだりに公表されない利益は、法的保護の対象となる」というグーグル事件決定の表現を踏襲しながらも、「このような人格的価値を侵害された者は、人格権に基づき、加害者に対し、現に行われている侵害行為を排除し、又は将来生ずべき侵害を予防するため、侵害行為の差止めを求めることができる」として、削除請求の根拠が、人格権に基づく妨害排除請求権または妨害予防請求権であることを示唆する表現を補足している。

従来から、プライバシー侵害に基づく削除請求は、人格権に基づく差止請求の一態様と理解されてきた（栗田 2021）。その背景には、「人格権を物権と同じような支配権とみる考え方」があり、人格権が差止請求を基礎づける根

拠になり得るのは、物権と同様の「排他性を持った権利」であるためと考えられてきた（山本 2018）。

これに対して、グーグル事件決定は、「個人のプライバシーに属する事実をみだりに公表されない利益」と「人格権」の関係に言及しないまま、削除請求の成否を検討していた。そのため学説では、「プライバシーについて、それが権利であるかどうかや、排他性を有するものであるかどうかに言及することなく、差止請求をなし得るものであることを認めている」との理解から、「人格的利益に基づく差止請求も認められると考えてよい」との解釈も有力に主張されている（商事法務研究会 2022）。本判決は、このような解釈の可能性を否定するものではないとしても、事案の解決として、より伝統的な構成に依拠したものであろう。

II 「信頼」としてのプライバシー

最高裁が、プライバシーに「係る」情報という表現を用いた判例では、必ずしも秘匿性は高くない個人情報の取り扱いが問題となっている。以下では、第三者に対する個人情報の開示（目的外利用）と、過失による個人情報の漏えいに関する最高裁判例の紹介を通じて、具体的な判断の手法を検討する。

1 個人情報の第三者提供——早稲田大学江沢民講演会事件（最判平成 15 年 9 月 12 日民集 57 巻 8 号 973 頁）

①事案の概要

Ｙは、大学等を設置する学校法人である。Ｙは、江沢民・中華人民共和国国家主席の講演会を計画し、大学の学生に対し参加を募ることとした。本件講演会の参加の申込みは、学内の事務所等に備え置かれた本件名簿に、希望者が氏名等を記入してすることとされた。本件名簿の用紙には、学籍番号、氏名、住所および電話番号の各記入欄が設けられていた。

Ｘらは、本件講演会への参加を申し込み、本件名簿にその氏名等を記入して、参加証等の交付を受けた。

Ｙは、警視庁から、警備のため、本件講演会に出席する者の名簿を提出す

るよう要請を受けて、本件名簿の写しを提出した。Yは、このような本件名簿の写しの提出について、Xらの同意は得ていない。

②判旨

「本件個人情報は、早稲田大学が重要な外国国賓講演会への出席希望者をあらかじめ把握するため、学生に提供を求めたものであるところ、学籍番号、氏名、住所及び電話番号は、早稲田大学が個人識別等を行うための単純な情報であって、その限りにおいては、秘匿されるべき必要性が必ずしも高いものではない。また、本件講演会に参加を申し込んだ学生であることも同断である」。

「しかし、このような個人情報についても、本人が、自己が欲しない他者にはみだりにこれを開示されたくないと考えることは自然なことであり、そのことへの期待は保護されるべきものであるから、本件個人情報は、Xらのプライバシーに係る情報として法的保護の対象となるというべきである」。

「このようなプライバシーに係る情報は、取扱い方によっては、個人の人格的な権利利益を損なうおそれのあるものであるから、慎重に取り扱われる必要がある」。

「本件講演会の主催者として参加者を募る際にXらの本件個人情報を収集した早稲田大学は、Xらの意思に基づかずにみだりにこれを他者に開示することは許されないというべきであるところ、同大学が本件個人情報を警察に開示することをあらかじめ明示した上で本件講演会参加希望者に本件名簿へ記入させるなどして開示について承諾を求めることは容易であったものと考えられ、それが困難であった特別の事情がうかがわれない本件においては、本件個人情報を開示することについてXらの同意を得る手続を執ることなく、Xらに無断で本件個人情報を警察に開示した同大学の行為は、Xらが任意に提供したプライバシーに係る情報の適切な管理についての合理的な期待を裏切るものであり、Xらのプライバシーを侵害するものとして不法行為を構成するというべきである」。

「原判決の説示する本件個人情報の秘匿性の程度、開示による具体的な不利益の不存在、開示の目的の正当性と必要性などの事情は、上記結論を左右

するに足りない」。

③検討

（ア）プライバシーに「係る」情報

本判決は、「学籍番号、氏名、住所及び電話番号」について、「個人識別等を行うための単純な情報であって、その限りにおいては、秘匿されるべき必要性が必ずしも高いものではない」との評価を示しつつ、「このようなプライバシーに係る情報は、取扱い方によっては、個人の人格的な権利利益を損なうおそれのあるものであるから、慎重に取り扱われる必要がある」と指摘した。ここでは、秘匿性の低いいわゆる単純情報について、「プライバシーに属する情報」ではなく、「プライバシーに係る情報」との表現が採用されている。また、「人格的な権利利益」の侵害そのものは未だ生じておらず、「おそれ」にとどまっていることを読み取ることもできる。

そして、「Xらに無断で本件個人情報を警察に開示した同大学の行為は、Xらが任意に提供したプライバシーに係る情報の適切な管理についての合理的な期待を裏切るものであり、Xらのプライバシーを侵害するものとして不法行為を構成する」と判示している。これは、「人格的な権利利益」とは別に、「任意に提供したプライバシーに係る情報の適切な管理についての合理的な期待」を保護することにより、不法行為の成立を認めたものと読むべきであろう。このような本判決の判断は、「プライバシーに属する情報」に関する一連の最高裁判例とは異なり、比較衡量論を採用しなかったものと理解されている（窪田編 2017）。このことは、「プライバシーが侵害されたことに伴う不利益の程度を問題としていない」とも表現できる（山下 2018）。

（イ）「情報の適切な管理」についての「合理的な期待」

本判決で、「合理的な期待」の保護に際して比較衡量が排された背景には、「被害者自身がみずからの意思で相手方に対して個人情報を開示していた」ことが指摘される。本件で、本人が情報を「任意に提供」した行為には、第三者への開示を望まないという意思が織り込まれていたと考えられる。したがって、提供を求めた相手方は、本人の信頼を惹起していたのであるから、

これを裏切ることは許されない。この点は、「個人情報の開示・不開示に関する一種の合意が形成されている」として、「情報不開示という契約上の不作為義務に対する違反として処理することができた」とも指摘される（潮見 2009）。

　もっとも、最近では、「この合理的な期待が生じる原因は、本人が任意に委ねたことに限られない」ことが指摘されている。すなわち、「個人情報保護制度が定着した今日では、第三者経由で収集した個人情報も含め、個人情報を取り扱う主体に対しては、適切な管理に対する合理的な期待が認められる」といえる。そして、「この場合であってもおよそ比較衡量が排除されるわけではないが、まずは同意を得ることが求められ、同意取得が困難だった場合に優越的利益による正当化が検討される」と考えるべきであろう（曽我部 2021）。

　いずれにせよ、本判決で最高裁が保護したのは、「人格的な権利利益」そのものではなく、あくまでも当事者間の信頼関係に基づく「合理的な期待」である（窪田編 2017）。本判決が、個人情報の「開示について承諾を求めることは容易であったものと考えられ、それが困難であった特別の事情がうかがわれない」ことを強調していることからは、信義則上の説明義務違反としての側面が再認識されるべきであろう。

（ウ）「信頼」としてのプライバシー

　本判決については、「ある情報を受け取った人物又はその機関の注意義務の問題」として、信認義務違反（breach of fiduciary）との理解も主張されている。この立場では、個人情報を取り扱う事業者が、「信頼関係に違背してしまったところに違法性が発生するのであって、自己情報コントロール権を侵害したところに非難可能性を求めるべきではない」との説明がなされる（長谷部ほか 2010）。

　アリ・エズラ・ウォルドマン（Ari Ezra Waldman）は、「自律としてのプライバシー」（privacy-as-autonomy）に「信頼としてのプライバシー」（privacy-as-trust）を対置して、個人の権利を強調する前者に偏向した従来の「通知・選択アプローチ」が機能不全に陥っていることを批判する。伝統的なプライバシー判

例が、もっぱら秘密の情報だけを保護の対象としてきた背景には、情報に対する排他的な権利の観念にとらわれていたことがあるが、プライバシー保護の根拠を信頼関係に求めることで、これを克服することができる。情報受認者（information fiduciary）の負う信認義務の本質は、サービスを利用する人々に予想できないような不利益な方法や、社会的な規範に反するような方法でデータ利用を行わないことである（Waldman 2018）。

「信頼としてのプライバシー」というコンセプトは、日本法の解釈論においても、人格的利益の周辺に位置する手段的・予防的な法益を基礎付ける理念として、補完的な理論枠組みを提供し得るように思われる。

2　個人情報の漏えい──ベネッセ事件判決（最判平成 29 年 10 月 23 日判時 2351 号 7 頁）

①事案の概要

　Xは、未成年者Aの保護者であり、Yは、通信教育等を目的とする会社である。

　Yが管理していたAの氏名、性別、生年月日、郵便番号、住所および電話番号ならびにAの保護者としてのXの氏名といったXに係る個人情報（「本件個人情報」）は、Yの業務委託先の従業員であったBの不正持ち出しにより、外部に漏えいした（「本件漏えい」）。

②判旨

　「本件個人情報は、Xのプライバシーに係る情報として法的保護の対象となるというべきであるところ（最高裁平成 14 年（受）第 1656 号同 15 年 9 月 12 日第二小法廷判決・民集 57 巻 8 号 973 頁参照）、上記事実関係によれば、本件漏えいによって、Xは、そのプライバシーを侵害されたといえる」。

　「しかるに、原審は、上記のプライバシーの侵害による上告人の精神的損害の有無及びその程度等について十分に審理することなく、不快感等を超える損害の発生についての主張、立証がされていないということのみから直ちにXの請求を棄却すべきものとしたものである。そうすると、原審の判断には、不法行為における損害に関する法令の解釈適用を誤った結果、上記の

点について審理を尽くさなかった違法があるといわざるを得ない」。

③検討

（ア）先例参照の意義

本判決は、未成年者の個人情報（氏名、性別、生年月日、郵便番号、住所、電話番号、保護者名）が漏えいした事案である。原判決（大阪高判平成28年6月29日判時2351号9頁）は、「不快感や不安を超える損害を被ったことについて主張、立証はない」ことを理由に損害賠償請求を棄却していたが、最高裁はこれを破棄するに際して、早稲田大学江沢民講演会事件判決のみを先例として挙げている。

原判決は、「不快感や不安を抱いただけでは、これを被侵害利益として、直ちに損害賠償を求めることはできない」としていた。しかし、最高裁は、「本件個人情報は、Xのプライバシーに係る情報として法的保護の対象となるというべきである」として、「本件漏えいによって、Xは、そのプライバシーを侵害されたといえる」として、原判決を破棄した。

ここでは、権利利益侵害（違法性）の判断基準は明示されていないものの、早稲田大学江沢民講演会事件を参照したプライバシーに「係る」情報という表現により、「秘匿されるべき必要性が必ずしも高いものではない」ことが示唆されるとともに、いわゆる実害としての具体的な不利益は生じていない場合でも、「情報の適切な管理」についての「合理的な期待」が保護される趣旨を示したものと解すべきであろう（加藤 2018）。

（イ）差戻控訴審による判例の解釈

ところが、本件の差戻控訴審判決（大阪高判令和元年11月20日判時2448号28頁）では、このような最高裁判決の趣旨が、正しく受け止められていないようにも見受けられる。

差戻控訴審判決は、「Yに個人情報を開示した顧客の一人であるXにとって、Xの承諾もないままにBによって故意かつ営利目的を持って本件個人情報が流出したこと自体が精神的苦痛を生じさせるものである上、その流出した先の外縁が不明であることは控訴人の不安感を増幅させるものであって、

このような事態は、一般人の感受性を基準にしても、その私生活上の平穏を害する態様の侵害行為であるというべきである」としたうえで、「……本件個人情報を利用する他人の範囲をＸが自らコントロールできない事態が生じていること自体が具体的な損害」と判示している。

　ここでは、控訴審判決に引き続き権利利益侵害（違法性）と損害の評価が混同されているとともに、「損害」を認める根拠として、「個人情報を利用する他人の範囲をＸが自らコントロールできない事態」が挙げられている。しかしながらすでにみたとおり、最高裁の判例法理について、「個人情報を利用する他人の範囲」を「自らコントロール」する権利を認めたものと理解することは適切でない。

（ウ）東京高裁による判例の解釈

　これに対して、同一の情報漏えいについて別の被害者が提起した訴訟の控訴審判決（東京高判令和元年6月27日判時2440号39頁）では、より適切な構成が提示されている。

　東京高裁は、「……本件漏えいにより自己の個人情報を取得された者に対し、自己の了知しないところで個人情報が漏えいしたことに対する不快感及び生活の平穏等に対する不安感を生じさせることになるから、かかる不安感が具体的なものでなく抽象的なものであったとしても、何らかの精神的苦痛を生じさせることは避けられない」と指摘しつつ、「さらに、控訴人らが被控訴人ベネッセに提供した本件個人情報について、自己の欲しない他者にみだりにこれが開示されることはないという控訴人らの期待は保護されるべきであり、控訴人らは、被控訴人ベネッセにおいて本件個人情報がみだりに流出することがないよう適切に管理されると信じて提供したのであるから、本件漏えいにより、このような期待が裏切られる結果となったことは明らかである」と判示している。

　これは、漏えいにより損害賠償責任が発生する実質的な根拠を、「不快感及び抽象的なものであるとはいえ不安感を生じさせるものであり、かつ、自己の個人情報が適切に管理されるであろうとの期待を裏切るもの」である点に求めるものであり、「プライバシーに係る情報の適切な管理についての合

理的な期待」に関する早稲田大学江沢民講演会事件判決の趣旨を踏まえて、法的に保護される利益の所在を特定したものである。

おわりに

　秘匿性の低い情報の目的外利用や漏えいについて、いわゆる実害が生じていない場合でも、損害賠償責任を認めるべきだと感じられることは少なくない。その理由は、「情報の適切な管理についての合理的な期待」が裏切られたことにあるのではないか。「信頼としてのプライバシー」は、「自律としてのプライバシー」を代替するものというよりも、異なる局面で実態に即した説明を提供する、追加的な理論の枠組みとして有用と考えられる。

　もっとも、最高裁の判例には、多面的な理解が可能な表現もあり、本章で示したものとは異なる解釈もある。関心のある読者は、本文中で参照した文献を手がかりとして、考察を深めていただきたい。

参考文献

加藤新太郎（2018）「判批」『NBL』1127号、99。
木村和成（2021）「判批」『新・判例解説Watch』28号、90。
窪田充見編（2017）『新注釈民法（15）債権（8）』有斐閣〔水野謙〕。
栗田昌裕（2021）「判批」『判例評論』751号、20。
佐藤幸治（2008）『現代国家と人権』有斐閣。
潮見佳男（2009）『不法行為法 I（第2版）』信山社。
商事法務研究会（2022）「インターネット上の誹謗中傷をめぐる法的問題に関する有識者検討会取りまとめ」『別冊NBL』180号、31。
鈴木秀美（2017）「判批」『ジュリスト』1507号、103。
曽我部真裕（2018）「『インターネット上の情報流通の基盤』としての検索サービス」『論究ジュリスト』25号、48。
曽我部真裕（2021）「判批」『民商法雑誌』157巻5号、44。
曽我部真裕（2022）「判批」『NBL』1230号、15。
高橋和広（2019）「判批」『論究ジュリスト』29号、70。
髙原知明（2017）「判解」『ジュリスト』1507号、121。
髙部眞規子（2017）「判批」『法の支配』187号、74。
長谷部恭男ほか（2010）「〔座談会〕プライバシー」『ジュリスト』1412号、93〔阪本昌成発言〕。

村田一広（2021）「判解」『ジュリスト』1563 号、97。

森脇敦史（2021）「判批」『新・判例解説 Watch』28 号、53。

山下純司（2018）「判批」『法学教室』449 号、123。

山本敬三（2018）「判批」潮見佳男・道垣内弘人編『民法判例百選Ⅰ　総則・物権（第 8 版）』有斐閣。

Waldman, Ari Ezra（2018）*Privacy as Trust*, New York: Cambridge University Press.

第*14*_章｜ロボット法
AI・ロボット・サイバネティックアバターと法

新保史生

I　はじめに——ロボット法とは

　ロボットは人間が造るモノであり、人間の意思によって操作される単なる
モノ（道具）と位置づけられてきた。このような「物」に関する法的課題と
いえば、あくまで製造または加工された動産としてのロボットに関する製造
物責任などが主たる検討すべき課題であった。しかし、AI の進化によって
人間が直接リアルタイムで操作しなくても、プログラムが判断をして動作す
る「自律型ロボット」（新保 2022a）が社会において利用されるようになると、
現行の法令やその解釈では対応できない問題や新たな法制度が必要になる。
例えば、ロボットを制御する際に不正確な情報に基づく動作により事故が発
生したとき、その原因となったデータや情報そのものの製造物責任を問うこ
とは現行の製造物責任法の射程外である。

　安全・安心なロボット共生社会を迎えるためには、ロボットの利用をめぐ
る社会制度の整備や法的課題の検討に着手しなければならない。ロボットを
実際に導入し実社会において利用するにあたっては、技術開発に従事する研
究者そして産業界にとっても、安定した法基盤および倫理的に解決が必要な
課題の方向性について明確な指針が示されることも必要である。AI および
ロボット（特に自律型ロボット）と法をめぐる課題を体系的に認識・把握し、
具体的な法的課題を検討する法分野として、「ロボット法」[1] が提唱され研
究が進められている。

II　ロボットの定義

　「ロボット」の定義を明記している「法律」は現行法では存在しない。「ロボット」について何らかの規定を有する現行法令もそれほど多くなく、個別用途におけるロボットの定義が明記されているのは、産業用ロボット（労働安全衛生規則36条31号）および気象用ラジオ・ロボット（電波法施行規則2条43号）等に限られる。

　ロボットと言えば、アイザック・アシモフの短編小説『われはロボット（I Robot）』（1950年公刊）が有名である。「ロボット」という用語の出自は、1920年にチェコの作家であるカレル・チャペック（Karel Capek）の「ロッサム万能ロボット会社」（R.U.R（Rossumovi Univerzalni Roboti））という戯曲に遡る。人造人間を描くにあたり、「隷属」を意味するチェコ語の Robota（労働）という用語を用いたことが最初である。

　わが国における現時点における定義は、JIS B 0134：2015「ロボット及びロボティックデバイス―用語」（製造業及び非製造業の両環境において運転するロボット及びロボティックデバイスに関する用語について規定）において「産業用ロボット」を、「自動制御によるマニピュレーション機能又は移動機能をもち、各種の作業をプログラムによって実行でき、産業に使用される機械」と定義している[2]。

　国際的には、この規格の元となった ISO 8373：2012（Robots and Robotic Devices—Vocabulary（IDT））において、産業用ロボットの定義とともに様々なロボットの定義がなされている。

　体系的な定義の試みとしては、2006年に経済産業省「ロボット政策研究会報告書」が、ロボット三条件を示している（ロボット政策研究会 2006）。「センサー」、「知能・制御系」および「駆動系」の三つの要素技術があるものを「ロボット」と定義し、別の言葉で示すとすれば、「知能化した機械システム」という表現が適切であるとしている。さらに、「次世代ロボット」を「次世代産業用ロボット」（多品種変量生産の現場で、人間の代わりとして、または、人間と協調して働くことができるロボット）と「サービスロボット」（清掃、警備、福祉、生活支援、アミューズメント等多様な用途に関し、サービス

事業や家庭等の場において、人間と共存しつつサービスを提供するロボット）に分けて定義を試みている。

　これら産業用ロボットの定義に加え、特許庁による定義がある。ロボット技術を大きく「ロボットを構成する基本的な技術である要素技術」と「ロボットを実際に活用する際に必要となる応用技術」に分類し、要素技術については全体構造技術、部分構造技術、制御技術、知能化技術、コミュニケーション技術の五つの大区分を設定している。また、各区分の中に合計で25の中区分を設定し、応用技術については、三つの中区分と33個の小区分を設定している。

　なお、この定義は時代とともに変遷を遂げている。平成13年度特許出願技術動向調査報告書では、「マニピュレーション機能を有する機械」あるいは「移動機能を持ち、自ら外部情報を取得し、自己の行動を決定する機能を有する機械」をロボットと定義していた。これに加えて、平成18年度の調査報告書では、「コミュニケーション機能を持ち、自ら外部情報を取得し、自己の行動を決定し行動する機能を有する機械」が新たに追加され、移動やマニピュレーション機能を保持していなくても、人と対話する機械をロボットとして取り扱うこととなった。

　この定義の変遷が意味するところは、ロボットには、「センサー」、「知能・制御系」および「駆動系」の三つの要素技術が必要であるとする前述の定義に関し、スマートフォンのセンサーと物を動かす知能・制御系のアプリケーションを利用することで、動力を伝達し実際に物を動かす駆動系の要素がなくても、IoTの普及により接続された端末を動かすことができたり、人工知能による会話ロボットなど知能・制御系のみでロボットとして機能するものもある。つまり、既存の定義にはおさまらないロボットの活用が、AIの進歩とIoTの普及によって出現しつつあることを意味する。

　以上から、「産業用ロボット」については明確な定義があるにせよ、汎用性ある「ロボット」の定義は存在しない。従来のロボットの定義の範疇に含まれないロボットの普及も今後想定される。

　なお、ロボット法の第一人者であるワシントン大学のライアン・ケイロ（Ryan Calo）（Calo 2016）は、ロボットの定義（3要素）として、（1）周囲の環

境を認識できること、(2) 認識した情報を処理する能力を有すること、(3) 周囲の環境に直接対応して活動できるように組織化されたもの、これを、「知覚、思考、活動の 3 要素パラダイム（sense, think, act paradigm）」と呼称している（Calo 2015）。その上で、ロボットに関する従来からの技術的定義を、身体性（embodiment）、創発（emergence）、社会的相互作用（social valence）に整理し、それぞれの要素に係る問題について検討を行っている。

Ⅲ　ロボット法が目指すもの

ロボットをめぐる法的課題は、検討・議論すべき問題が体系的に認識・把握されつつある 3)。

「ロボット法」の主な目的は、ロボットを利用するにあたり支障となる規制、必要な規制の不備（法の欠缺）、ロボットを利用するに伴い生じた法的責任等を、現行法の解釈を中心に検討することが主たる目的と考えられているように思える。例えば、公道で自動走行を実施する際に確認が必要な法令を把握し整理することは当然のことながら必要ではあるが、そのための研究や検討をするためにロボット法としての新たな法分野が必要であるということではない。

ロボットに関する法的な課題や法律問題は、今になって出現するようになった新しい問題ではない。インターネットの出現に伴い「サイバー法」が議論された当初のように、「サイバースペース」という未知の領域に係る問題を手探りで議論を始めた頃と現在の状況は異なる。

いつでもどこでもネットワークにつながる社会を「ユビキタスネットワーク社会」4) と呼んでいたが、何がロボットかを意識せずにロボットや人工知能が利用される社会が「ロボット共生社会」であり、社会の様々な場面で日常的にネットワークに接続された自律型ロボットが利用されるロボット共生社会は、ユビキタス・ロボット社会とでも呼ぶべきものである。

つまり、ロボット法として検討が求められているのは、ロボットと人工知能（AI）、モノのインターネット（IoT）などとの組み合わせにより、従来とは異なる自律型のロボットなどの普及に伴い生ずることが想定される新たな

課題への対応であり、ロボットの利用に伴い社会や制度の変革が大きく求められる事例にも対応すべく、ロボット共生社会における法制度や社会制度のあり方について考えることにある。法学の基礎理念や法的思考などにおいても、ロボットをめぐる新たな問題に関する議論は、法学のパラダイムシフト[5]に向けた端緒になる可能性もある。

IV 法領域別の課題概観

　ロボットをめぐる法的課題は、個別の問題が検討[6]されている。しかし、ロボット法が体系的な学問領域として認知されるには至っていないため、まずは、どのような課題を検討すべきか全体像を把握する必要がある。そこで、法領域別の法的課題について、現時点における国内外の先行研究を調査し具体的に議論されている課題の整理を試みてきたが、以下のような問題が現時点で議論が必要であることを確認するに至っている（新保 2016c）。

　憲法の領域では、①安全保障（軍事利用やテロ対策、自律型兵器、ドローン）、②プライバシー、肖像、個人情報保護（ビッグデータ解析）、③法の下の平等（AIの判断によって差別的な扱いを受けないこと）、④表現の自由（AIによる創作物の保護）、⑤適正手続、⑥勤労（雇用環境の変化、雇用管理と差別）。

　行政法の領域では、①ロボット行政（ロボット管理政策）、②自動走行車の公道走行、無人航空機（ドローン）規制、ロボットの制御と電波監理、③その他の行政の規制個別領域における利用と管理（産業一般（標準化）、情報通信、医療・介護、農業、金融・信用、労働、物流、エネルギー、災害、建設・インフラ管理、警察、学校など）。

　民事法の領域では、①不法行為（製造物責任、自動走行、人工知能の悪用や暴走）、②消費者保護、③契約、④知的財産（AI（人工知能）が作成した著作物の著作権、特許）、⑤医療・介護（手術、医療分野における利用、ヘルスケア、医療過誤）。

　刑事法の領域では、①犯罪（AIやロボットを利用した犯罪）、②法執行（犯罪捜査におけるAIプロファイリングの活用、犯罪予知AIを用いた犯罪予防など）。

　国際法の領域では、①ドローンの利用をめぐるルール、②国際人道法とロ

ボットなどがある。

V　サイバー・フィジカル時代の到来とアバター法

　ロボット法は、AI の進化によって検討すべき課題（新保 2020）が大きく変容を遂げてきたが、サイバー空間（仮想空間）とフィジカル空間（現実空間）が別個の空間として存在してきた時代から、両者が高度に融合し併存する「サイバー・フィジカル時代」の到来に向けて、さらに大きく変わろうとしている。

　様々なセンシング技術を用いて現実空間で取得したデータを、情報システムやコンピューティング技術によって仮想空間で処理した上で、それを実社会に還元する「サイバー・フィジカル・システム（CPS）」は 10 年ほど前から研究開発が行われている。「サイバー・フィジカル社会」では、視覚拡張技術「XR（クロスリアリティまたはエクステンデッド・リアリティ）」である、VR（仮想現実）、AR（拡張現実）、MR（複合現実）やヘッドセットが不要なホログラムを活用することで、インターネット上で展開する「メタバース（MV）」における活動が現実空間と同時に進行する。

　「メタバース」という用語は、米国のニール・スティーヴンスンが 1992 年に発表した SF 小説『スノウ・クラッシュ』が初出である。2021 年に Facebook 創業者のマーク・ザッカーバーグは社名を「Meta」に変更し、メタバースの展開を事業の主軸に据える方針を明確にしたことで、この用語の認知度が高まっている。

　現実空間においてもインターネットを介して遠隔で操作または自律的に動作する「サイバネティック・アバター（CA）」を展開した複合的・多重的かつ時間的・空間的制約を超越した活動が可能となる。そのような課題を扱う法分野として「アバター法」（新保 2021）の醸成を試みる研究もはじまっている。

VI 複合的・多重的かつ時間的・空間的制約を超越した活動と法

　これまで法は一つの現実空間やそれに付随する仮想空間について、同じ時間軸に存在する一身専属的な個人の人格を前提とする社会規範を醸成してきた。今後は、異なる規範が適用される多様な MV が同時に存在するとともに、本人のアバターとして複数の CA による活動が可能となる環境が出現し、本人の分身による多重的な活動を展開できる社会が到来する。すでにオンラインゲームにおいてもアバターで活動することができ、特定の仮想空間においてのみ利用できる通貨が利用されていたり、現実空間とは異なるルールによってその架空の世界が成立しているが、そのルールを遵守しなくてもゲームに負けるといった不利益以外の実害はない。一方、MV や CA は、ゲームのような架空の世界ではなく、我々の日常生活を仮想空間と現実空間の融合により拡張する「現実世界」として機能させることを目指すものであるため、そこで生ずる問題は現実の被害として私たちの社会生活に様々な影響を及ぼすことになる。これまでの単なる現実空間とは異なるがゆえに、実社会の法や倫理規範がそのまま適用できない場面が増えることが想定される。MV と現実空間の双方で自分の分身である CA で活動するにあたって遵守すべき社会規範や法的課題を扱う法分野がアバター法なのである。

VII サイバネティック・アバターによる授業は対面授業か

　サイバー・フィジカル時代の到来とアバター法といっても、夢物語のように感じ具体的なイメージを想像することも難しいかもしれない。慶應義塾大学湘南藤沢キャンパス（SFC）における取り組みとして執行部が順番で執筆している「おかしら日記」というものがあり、そこでこの問題について大学において具体的にどのような問題が想定されるのか、「アバターによる講義は対面授業か？」（新保 2022b）という問題の考察を試みたので、以下転載（一部修正）して紹介したい。

1 対面授業とサイバネティック・アバター

2022年度春学期から大学の授業は原則としてそれまでのコロナ禍による
オンライン授業から対面による授業となり、キャンパスにも活気溢れる環境
が戻ってきた。ここ最近の「おかしら日記」もしばしば皆さんが対面授業に
ついて言及しているのは、対面で和やかに講義を進めることができる状況に
安堵していることの表れなのであろう。

「対面授業」とはそもそも何かということについて通常疑問を持つ人はい
ないであろう。しかし、「サイバネティック・アバター（Cybernetic Avatar
（CA））」による講義は「対面」なのか「遠隔」なのか。

CAとは、自分の身代わりのサイボーグとしてのロボットや3D映像等に
よるアバターのことである。人の身体的能力、認知能力や知覚能力を拡張す
るICT技術やロボット技術を含む概念で、来るべきサイバー・フィジカル
社会において現在の私たちがスマートフォンを利用しているのと同じように
日常生活で自由自在に利用することが想定されている。最近はメタバースに
注目が集まりつつあるが、例えばオンラインゲームなどではアバターを用い
てオンライン上での様々な活動の展開が実現している。SFCの大学院政策・
メディア研究科では、大学院における成績評価のための報告会は、Gather
Townというオンラインツールによって教員と学生はアバターを用いて参加
している。

では、私のCAが教壇に立ち講義をすること、または、受講者がCAで講
義に出席することは対面講義にあたるのだろうか。それとも、アバターと私
や受講者は通信回線で接続されているにすぎないとみなされて、オンライン
講義の扱いになるのだろうか。

2 授業とは何か

そもそも大学における「授業」とは何か。授業とは、「講義、演習、実験、
実習若しくは実技のいずれかにより又はこれらの併用により行うもの」（大
学設置基準（昭和31年文部省令第28号）24条）と定められている。いわゆる
オンライン講義や遠隔授業は、「授業を、多様なメディアを高度に利用して、
当該授業を行う教室等以外の場所で履修させること」（同設置基準25条2項）

と定められている方法による授業のことをいう。

授業の方法は、学校教育法に基づいて大学が通信教育を行う場合の基準を定める「大学通信教育設置基準（昭和56年文部省令第33号）」で、①印刷教材等による授業、②放送授業、③面接授業、④メディアを利用して行う授業の4つの方法が定められている。

以上から、「メディアを利用して行う授業」のことを一般に「遠隔授業」といい、「面接授業」を「対面授業」といっている。なお、実験や実技をオンラインでも実施している場合は限られるため、オンラインで行われているのは「遠隔『授業』」ではなく実際には「遠隔『講義』」が多いと思われる。

3　出席とは

講義を受講する学生がCAで出席している場合、それは出席になるのか。それが認められないとなると、アバターが出欠の際に返事をすると、代返（本来の学生の代わりに他の学生が出席の返事をすること）と同じであるとみなされてしまうのだろうか。

これまで出席といえば、教員側は学生の出欠状況の確認、学生としては単位を取得するためにいかにきちんと出席をするかということ以外、そもそも「出席」とは何かということを真剣に考える機会はなかった。しかし、オンライン講義により、物理的な出席ではなくオンラインでの参加状況を出席と判断してすでに評価を行っている。では、物理的なCAによる出席はどのように考えるべきであろうか。

4　いわゆる60単位問題（特例としての遠隔授業）

大学設置基準32条5項に基づき、大学学部（学士課程）における卒業要件124単位数に含めることができる「遠隔（オンライン）授業」の単位数の上限は、60単位を超えないものと定められている。ただし、文部科学省大学振興課事務連絡（令和2年7月27日）や文部科学省高等教育局長「大学等における遠隔授業の取扱いについて（周知）」（令和3年4月2日）では、新型コロナウイルス感染症の感染拡大により授業計画において面接授業の実施を予定していた授業科目に係る授業の全部または一部を面接授業により予定通り

実施することが困難な場合には、大学設置基準25条1項に規定する面接授業の特例的な措置として遠隔授業を行うなどの弾力的な運用が認められている。2020年度および2021年度にオンライン授業で修得した単位については、新型コロナウイルス感染症の感染拡大による特例措置として上限の対象外となっている。また、面接授業の授業科目の一部として、同時性または即応性を持つ双方向性（対話性）を有し、面接授業に相当する教育効果を有すると認められる遠隔授業を実施する授業時数が半数を超えない範囲で行われる授業科目についても、面接授業の授業科目として取り扱い上限の算定に含める必要はないことが同文書で示されているため、SFCでは対面講義であってもオンラインも併用して実施される講義がある。さらに、中央教育審議会大学分科会では、オンライン授業の60単位規制について、教育や研究の質が保証されることを条件に緩和する特例を設けることが予定されている。

　しかし、これらの特例においても、CAによる講義をいずれの方法による授業とするのかは当然のことながら想定されていない。CAの利用など現時点では空想の世界の問題なので検討する必要はないだろうという指摘もあるかもしれないが、このような新たな法的課題を想定して検討する「新次元領域法学」の構築を目指している筆者としては、この課題は避けて通ることはできないのである。なにより、CAによる講義がオンライン扱いになると、対面と同じ環境での講義の実施を目指してCAを導入する意味がなくなるため、大学でCAを利用しようという検討の必要性すらなくなってしまうおそれもある。

5　夢の実現に向けて

　「遠隔授業（オンライン：リアルタイム、オンデマンドおよびそれらの併用）」、または遠隔と対面授業を併用する「ハイブリッド型の授業（ハイ・フレックス）」は、今後定着するであろう。しかし、オンラインでは対面でのコミュニケーションのような親近感や親密な交流ができない。CAを用いることで、そのような問題を解決しつつ、教室以外の場所からオンラインで接続していながら、対面と同じような環境で授業を行い、オンラインと対面の双方のメリットを享受することができる。

新型コロナウイルス感染症に感染したりその他の健康上の理由により、多くの人が集まる教室に行くのを躊躇せざるを得ない学生もいる。最高のオンライン講義を実施するというSFCにおける目標を達成するため、苦労しながらも試行錯誤を続けてきた教員にとっては、オンライン講義のほうが対面講義よりも教育および学習効果が高いと感じている者も多い。

　CAは、まだ社会において利用される状況にもなく、未だ研究開発の途上にある。確かに現時点ではまだ夢の段階である。目先の現実問題への対応に追われて、最近、夢のようなことを考える余裕がなくなっていることへの自戒も込めて、サイバネティック・アバターを社会実装するために必要な課題の研究にSFCの皆さんも関心を持っていただけるとうれしい。(以上、転載終わり)

VIII　アバター社会で想定される法的課題

　ブロックチェーン上で売買証明書を記録する非代替性のデジタルトークン（NFT）により、ネット上の土地が固有の価値を生み出しアメリカなどでは高額で取引され始めている。日本でも価値がないネット上の土地を売りつける「デジタル原野商法」の出現が懸念される。

　アバターによる匿名社会では、インターネットの匿名による情報発信と同様の問題も生じる。SNS等ではあくまで言語的な誹謗中傷などが問題となってきたが、CAによりリアル空間にもその影響が及ぶとなると物理的な問題や身体犯としての被害発生も想定される。仮想空間におけるコンピュータ・ウィルスは、単なる情報システムの故障や不具合から、インフラなど現実空間の活動にも直接支障を及ぼす状況へと移行していることからも、例えば、自動走行機能による自動運転車の制御システムへのウイルス感染によって搭乗者の生命の危機に直結するのと同様の問題が生ずる。

　非現実と現実の境界が曖昧になることによる問題もある。仮想空間であると思っていたら実はリアルだったという場合、またその逆の誤認を生ずる状況が出現しそうである。リアルタイム3D制作ツールである「Unreal Engine 5」では、実写と見分けがつかないほど精密な仮想都市を描くことができる。

MV 内の CG ボットや実社会の自律型 CA が、実在の人間が操作しているのか架空の人物なのかを見分けることができるだろうか。

　限りなく実写に近い状況で、かつ、バーチャルに活動ができる環境では、人間の倫理観の制約が解き放たれた状態での活動が可能になる。非現実的な倫理観がそのまま通用する MV ほど人気が高まり利用者も多くなると想定される。オンラインの FPS（対戦型のシューティングゲーム）は、戦争、殺人、暴行、破壊などをテーマにしたものが大部分を占める。アダルトコンテンツによってビデオデッキの普及が促進されたのと同じ状況も生じるだろう。

　人間が実社会では体験できないことを仮想空間で体験できる醍醐味は、それが当該仮想空間内にとどまっていて物理的な被害が生ずる可能性がないがゆえに、安心して非現実的な活動を行うことが許容されてきた。ところが、現実空間で展開する CA は、実社会での活動を仮想空間における活動のように実現することもできるため、現実空間でも仮想空間同様の問題が生ずるとなると、単なる倫理観の破綻では済まされず物理的な被害が生ずる犯罪や不正利用に直結する問題の発生も懸念される。

おわりに──科学技術の発達と法との向き合い方

　以上のように、科学技術の発達に伴い、これまで想定してこなかった問題に直面せざるを得ないことがある。現に、AI が搭載された家電製品やロボット、自動走行システムによる自動運転車の普及は着実に進展している。日常生活で普通に利用する装置やサービスに AI が搭載されていることを意識することなく、高度な科学技術が日常に浸透しつつある。

　法的課題の検討とともに、ロボットや AI の利用に伴う新たな情報セキュリティ対策を検討しなければ、インターネットの発展過程において生じた様々なセキュリティ上の脅威と同様の問題が生ずる可能性もある。例えば、自動運転の車は運転者が操作しなくても走行を続けることができる反面、自動走行システムを悪意ある第三者が不正に操作したり誤作動を発生させたり、コンピュータウィルスに感染させ運転者の意図に沿わない、あるいは意図に反する動作をさせるような状態にすることもできる。そのようなセキュリテ

ィ上の脅威は、乗車している人の生命の危機に直結する。つまり、その脅威は、インターネットのようにバーチャルな空間における問題にとどまらず、現実のものとして飛躍的に脅威の度合いが高まる。

　AIや自律型ロボットの脅威として、AIが暴走して人間に被害を与えることが指摘されることが多い。映画で描かれる脅威はまさにそれである。AIが自己を認識し自発的に防御行動をとるように進化するまでには、まだ相当な時間を要すると考えられることからも、そのような脅威が直ちに現実となる可能性は低いだろう。

　一方、今そこにある危機は、人間に脅威を与えるように人間がAIを用いることにある。敵と味方を認識して対象を攻撃をするようなAIを搭載した兵器の開発などは着々と進んでいる。

　「ロボット法」として、まず考えなければならないのは、新たに人間の脅威となるおそれがある技術について、そうならないように研究開発を制限するためのルールをつくることではなく、新たな技術が人間に脅威を及ぼすことがないように、「どのようにそれを利用する人間を規律すべきか」ということである。

1)　ロボット法全般に関する研究はPagallo（2013）、Calo（2016）が先行文献の代表例である。
2)　その他のJIS規格における定義としては、産業用ロボットのための安全要求事項を定める国際規格（ISO 10218-1及びISO 10218-2）が制定され、日本工業規格では、ロボットの設計及び製造上の安全を確保するための指針規格についてJIS B8433-1（ロボット及びロボティックスデバイス―産業用ロボットのための安全要求事項―第1部：ロボット）、ロボットシステムのインテグレーション（ロボットを他の機器や機械と組み合わせて一体化するもの）や設置における安全性を確保するための指針規格として、JIS B8433-2（ロボット及びロボティックスデバイス―産業用ロボットのための安全要求事項―第2部：ロボットシステム及びインテグレーション）が制定されている（経済産業省）。2015年3月25日「産業用ロボットの安全性に係るJISを制定・改正しました～産業用ロボットの安全性向上を目指します～」〈http://www.meti.go.jp/press/2014/03/20150325001/20150325001.html（2022年8月1日最終アクセス）〉。生活支援ロボットの規格においても、2014年2月に国際安全規格「ISO13482」が発行され、生活支援ロボットを、「移動型」「装着型」「搭乗型」の3タイプに分けて定義しているJIS B8445、B8446-1、B8446-2及びB8446-3が、2016年4月20日に制定されている。〈http://www.

meti.go.jp/press/2016/04/20160420002/20160420002-2.pdf〉。（2022 年 8 月 1 日最終アクセ
ス）

3）　ロボット法に関する体系的な研究は、Calo *et al.*（2016）、Pagallo（2013）。

4）　「ユビキタス・ネットワーク」という用語は、村上・藤沼（2000）に端を発する。

5）　「パラダイムシフト」とは、「科学革命」のことをいう（Kuhn 1962 = 1971）。トーマ
ス・クーン（Thomas Kuhn）は、専門家たちに共通した前提をひっくり返してしまうよ
うな異常な出来事を科学革命と称し、通常科学の伝統に縛られた活動と相補う役割をし
伝統を断絶させるものであると説いた。パラダイムシフトとは科学が累積的に発展する
のではなく、古いパラダイムと両立しない新しいものによって、完全に、あるいは部分
的に置き換えられる現象をいう。

6）　検討の端緒は、新保（2016a）、新保（2016b）。

参考文献

新保史生（2016a）「『ロボットと法』について考えるときが来た」『時の法令』2–3。

新保史生（2016b）「ロボットと法」『法律時報』88、2–3。

新保史生（2016c）「ロボット法学の幕開け（特集 IoT とイノベーション）」『Nextcom』27
号、29。

新保史生（2020）「AI 原則は機能するか？――非拘束的原則から普遍的原則への道筋」
『情報通信政策研究』第 3 巻第 2 号、53–70。

新保史生（2021）「サイバネティック・アバターの存在証明――ロボット・AI・サイバー
フィジカル社会に向けたアバター法の幕開け」『人工知能』36 巻、570–577。

新保史生（2022a）「法からみる自動化・自律化の進展と規制・制度整備のあり方」『運輸
と経済』2022 年 5 月号、36–40。

新保史生（2022b）「おかしら日記　アバターによる講義は対面授業か？｜総合政策学部長
補佐／教授　新保史生 2022.06.14」https://www.sfc.keio.ac.jp/deans_diary/016386.html（最終
アクセス 2022 年 8 月 1 日）。

村上輝康・藤沼彰久（2000）「ユビキタス・ネットワーク時代に向けて（特集 ユビキタ
ス・ネットワーク時代の幕開け）」『知的資産創造』8（2）、14–23。

ロボット政策研究会（2006）『ロボット政策研究会 報告書――RT 革命が日本を飛躍させ
る』2006 年 5 月。

Calo, Ryan（2015）"Robotics and the Lessons of Cyberlaw", *CLR*. 103, L. REV. 513, 529.

Calo, Ryan（2016）"Robots in American Law", *Legal Studies Research Paper* No. 2016–04.

Calo, Ryan, A. Michael Froomkin and Ian Kerr（2016）*Robot Law*, Cheltenham, UK: Edward Elgar
Pub.

Kuhn, Thomas（1962）*The Structure of Scientific Revolutions*, Chicago: University of Chicago Press（=
1971, 中山茂訳『科学革命の構造』みすず書房）.

Pagallo, Ugo（2013）*The Laws of Robots: Crimes, Contracts, and Torts*, Dordrecht: Springer（= 2018、
新保史生監訳『ロボット法』勁草書房）.

索　引

編者

新保史生 (SHIMPO Fumio)
慶應義塾大学総合政策学部教授。専門分野：憲法・情報法・ロボット法。
駒澤大学大学院法学研究科博士後期課程修了。博士（法学）。
主要著作：「サイバネティック・アバターの存在証明―ロボット／AI／サイバー・フィジカル社会に向けたアバター法の幕開け」『人工知能』36 巻 5 号（2021）。

和田龍磨 (WADA Tatsuma)
慶應義塾大学総合政策学部教授。専門分野：国際マクロ経済学、計量経済学。
慶應義塾大学経済学部卒業、ボストン大学経済学博士課程修了。Ph.D（経済学）。
主要著作："Let's Take a Break: Trends and Cycles in US Real GDP"（共著）, *Journal of Monetary Economics* 56 (6), 749–765, 2009.

著者 (掲載順)

小澤太郎 (OZAWA Taro)
慶應義塾大学総合政策学部教授。専門分野：公共経済学（公共選択論）、応用ゲーム理論。
慶應義塾大学大学院経済学研究科博士課程単位取得退学。日本公共政策学会会長、公共選択学会会長、日本経済政策学会会長を歴任。
主要著作：『経済政策論―日本と世界が直面する諸課題』（共著、慶應義塾大学出版会、2016年）。

上山信一 (UEYAMA Shinichi)
慶應義塾大学総合政策学部教授。専門分野：行政経営、政策評価、経営コンサルティング、経営戦略等。
京都大学法学部卒業、プリンストン大学大学院修了。修士（公共政策経営）。
主要著作：『「行政評価」の時代―経営と顧客の視点から』（NTT 出版、1998 年）。

印南一路 (INNAMI Ichiro)
慶應義塾大学総合政策学部教授。専門分野：医療政策、意思決定論、交渉論。
東京大学法学部卒業、ハーバード大学ケネディスクール、シカゴ大学経営大学院修了。Ph.D.
主要著作：『社会的入院の研究―高齢者医療最大の病理にいかに対処すべきか』（東洋経済新報社、2009 年）。

鈴木寛 (SUZUKI Kan)
慶應義塾大学総合政策学部教授。専門分野：公共政策、公共哲学、教育政策、医療イノベーション政策、政策形成過程、社会イノベーション。
東京大学法学部卒業、通産省、慶應義塾大学助教授、参議院議員、文部科学副大臣、文部科学大臣補佐官などを経て現職。
主要著作：『熟議のススメ』（講談社、2013 年）。

白井さゆり (SHIRAI Sayuri)
慶應義塾大学総合政策学部教授。専門分野：国際金融、金融政策、ESG 投資・経営。
コロンビア大学経済学部大学院修了。Ph.D.（経済学）。
主要著作：『SDGs ファイナンス』（日経 BP、日経プレミアシリーズ、2022 年）。

塚原沙智子 (TSUKAHARA Sachiko)
慶應義塾大学環境情報学部准教授（有期）。専門分野：環境政策。
東京大学大学院新領域創成科学研究科修了。修士（環境学）。
2005 年環境省入省。廃棄物・資源循環政策、化学物質管理政策などに従事。2021 年 4 月より現職。
主要著作：「プラスチックごみ問題と資源循環対策の動向」慶應義塾大学 SFC 研究所 xSDGs・ラボ編『SDGs 白書 2022』（インプレス R&D、2022 年）。

大磯一（OISO Hajime）
慶應義塾大学環境情報学部准教授（有期）。専門分野：情報通信政策。
京都大学経済学部卒業、2004年総務省入省。個人情報保護制度、通信サービスの消費者保護・競争政策などに従事。2020年9月より現職。復旦大学経済学院修士課程修了。修士（産業組織学）。

小笠原和美（OGASAWARA Kazumi）
群馬県警察本部長、慶應義塾大学SFC研究所上席所員。専門分野：社会安全政策、ジェンダー。
慶應義塾大学総合政策学部卒業、警察庁入庁。コロンビア大学大学院社会学科修士課程修了。（2020年4月〜2022年8月）慶應義塾大学総合政策学部教授（有期）。2022年9月より現職。
主要著作：『おしえて！ くもくん―プライベートゾーンってなあに？』（共著、東山書房、2021年）。

星田淳也（HOSHIDA Junya）
慶應義塾大学総合政策学部准教授（有期）。専門分野：社会保障、労働政策。
東京大学法学部卒業。UCLA公共政策大学院修了。修士（MPP）。
2000年厚生省（現厚生労働省）入省。年金制度（社会保障協定）、労災保険政策、感染症対策などに従事。2020年4月より現職。

塩田琴美（SHIOTA Kotomi）
慶應義塾大学総合政策学部准教授（有期）。専門分野：リハビリテーション科学、応用健康科学、スポーツ科学。
首都大学東京大学院保健科学研究科博士課程修了。博士（保健科学）、理学療法士。
主要著作：『極めに・究める・スポーツリハ』（共著、丸善出版、2019年）。

長谷川福造（HASEGAWA Fukuzo）
慶應義塾大学総合政策学部専任講師。専門分野：行政法・公法学。
京都大学大学院法学研究科法曹養成専攻（法科大学院）修了。修士（法学）、法務博士。弁護士（東京弁護士会所属）。
主要著作：「ドイツにおける計画策定手続の展開に関する考察―我が国の計画策定手続の充実化への応用を見据えて」『日本法学』86巻1号1頁（2020年）。

斉藤邦史（SAITO Kunifumi）
慶應義塾大学総合政策学部准教授。専門分野：新領域法学。
慶應義塾大学大学院政策・メディア研究科後期博士課程修了。博士（学術）。弁護士（第二東京弁護士会）。
主要著作：『プライバシーと氏名・肖像の法的保護』（日本評論社、近刊）。

シリーズ　総合政策学をひらく

公共政策と変わる法制度

2023 年 3 月 10 日　初版第 1 刷発行
2023 年 3 月 31 日　初版第 2 刷発行

編　者————新保史生・和田龍磨
発行者————慶應義塾大学総合政策学部
　　　　　　〒 252-0882　神奈川県藤沢市遠藤 5322
　　　　　　https://www.sfc.keio.ac.jp/
発売所————慶應義塾大学出版会株式会社
　　　　　　〒 108-8346　東京都港区三田 2-19-30
　　　　　　TEL 03-3451-0931　FAX 03-3451-3122
装　丁————鈴木衛
印刷・製本——株式会社理想社
カバー印刷——株式会社太平印刷社

©2023 Fumio Shimpo, Tatsuma Wada and
　　　　Contributors
Printed in Japan　ISBN 978-4-7664-2871-1

慶應義塾大学出版会

シリーズ「総合政策学をひらく」全5巻

慶應義塾大学湘南藤沢キャンパス（SFC）が、日本で初めて「総合政策学部」を 1990 年に開設してから 30 年を迎えました。シリーズ「総合政策学をひらく」は、「実践知」の学問として定義され、個々の先端的学問領域に通暁しつつも、それらを総合的にとらえ直して問題解決するために学際領域に踏み込もうとする新しい「知」＝総合政策学の「今」と「この先」を示すためのブックプロジェクトです。

言語文化とコミュニケーション
宮代康丈・山本薫 [編]   定価2,750円（本体価格2,500円）

総合政策学の方法論的展開
桑原武夫・清水唯一朗 [編]   定価2,750円（本体価格2,500円）

社会イノベーションの方法と実践
琴坂将広・宮垣元 [編]   定価2,750円（本体価格2,500円）

公共政策と変わる法制度
新保史生・和田龍磨 [編]   定価2,750円（本体価格2,500円）

以下、続刊
流動する世界秩序とグローバルガバナンス
神保謙・廣瀬陽子 [編]